DESDE RINCONES LEJANOS

Una historia épica de rechazo, gracia y liberación

PETER ILIYN

EDITORIAL JUCUM

P.O. BOX 1138 TYLER, TX 75710-1138

Editorial JUCUM forma parte de Juventud con una Misión, una organización de cáracter internacional.

Si desea un catálogo gratuito de nuestros libros y otros productos, solicítelo por escrito o por teléfono a:

Editorial JUCUM
P.O. Box 1138, Tyler, TX 75710-1138 U.S.A.
Correo electrónico: info@editorialjucum.com
Teléfono: (903) 882-4725
www.editorialjucum.com

Desde rincones lejanos: Una historia épica de rechazo, gracia, y liberación

Versión española: Iñaki Colera
Edición: Miguel Peñaloza
Publicado por Editorial JUCUM
P.O. Box 1138, Tyler, TX 75710-1138 U.S.A.

Publicado originalmente en inglés con el título *Out of the Far Corners: An Epic Tale of Rejection, Grace, and Deliverance*. Copyright © 2011 por Peter Iliyn. Publicado por YWAM Publishing, P.O. Box 55787, Seattle, WA, 98155 U.S.A.

ISBN 978-1-57658-758-4

Primera edición 2013

Impreso en los Estados Unidos

Aventuras Internacionales

Bruchko
Bruce Olson

En búsqueda del origen
Hyatt Moore y Neil Anderson

Preso en Irán
Dan Baumann

Desde rincones lejanos
Peter Iliyn

A mi papá. La historia de tu vida ha cambiado la mía.
Y a mis hijos: Lana Marie, Daniel Josiah, Paul Andrew, y
David James. Cuenten esta historia a los hijos de sus hijos…

AGRADECIMIENTOS

En primer lugar, quiero dar las gracias a mi esposa, Luba, y a nuestros cuatro increíbles hijos —Lana, Daniel, Paul y David— por su apoyo inquebrantable mientras trabajaba para terminar este libro.

También quiero expresar mi gratitud a otras muchas personas que hicieron posible esta obra: a John Sherrill, por pasar cinco días conmigo enseñándome cómo escribir un libro; a Jannie Rogers, por aguijonearme para que escribiera; a Leland París, por permitirme residir con mi familia en el campus de JUCUM en Tyler mientras empezaba a escribir este relato; a Eunice Hansen y su difunto esposo, Allan, fundadores del Christian Renewal Center en Silverton, Oregón, por permitirme utilizar sus cabañas como lugar para escribir; a Bill y Brooke Hicks, por abrirme su hogar como lugar donde escaparme y escribir; a mis editores, Scott y Sandi Tompkins, por todo el tiempo y esfuerzo que han dedicado para hacer realidad este libro; a George Otis, Jr., por sus sugerencias creativas respecto al contenido y título de mi libro; a Peter Berg, por su brillante trabajo de diseño para la portada del libro; a Luann Anderson y todo el personal de la editorial YWAM Publishing/Editorial JUCUM, por su excelente labor en la producción de mi libro; y a Barry Hon, Stu Sorenson, y Jim Musgrave, por su oportuno apoyo financiero.

También quiero darle las gracias a mi padre por los cientos de horas que pasó con nosotros, sus hijos, contando una y otra vez la historia de su vida, y las incontables horas que pasó conmigo mientras investigaba para redactar este libro. Y, por último, gracias a ustedes, papá y mamá, por sus muchas oraciones, sin las cuales este libro nunca se habría convertido en una realidad. Gracias a todos.

EL MUNDO 1933 - 1956

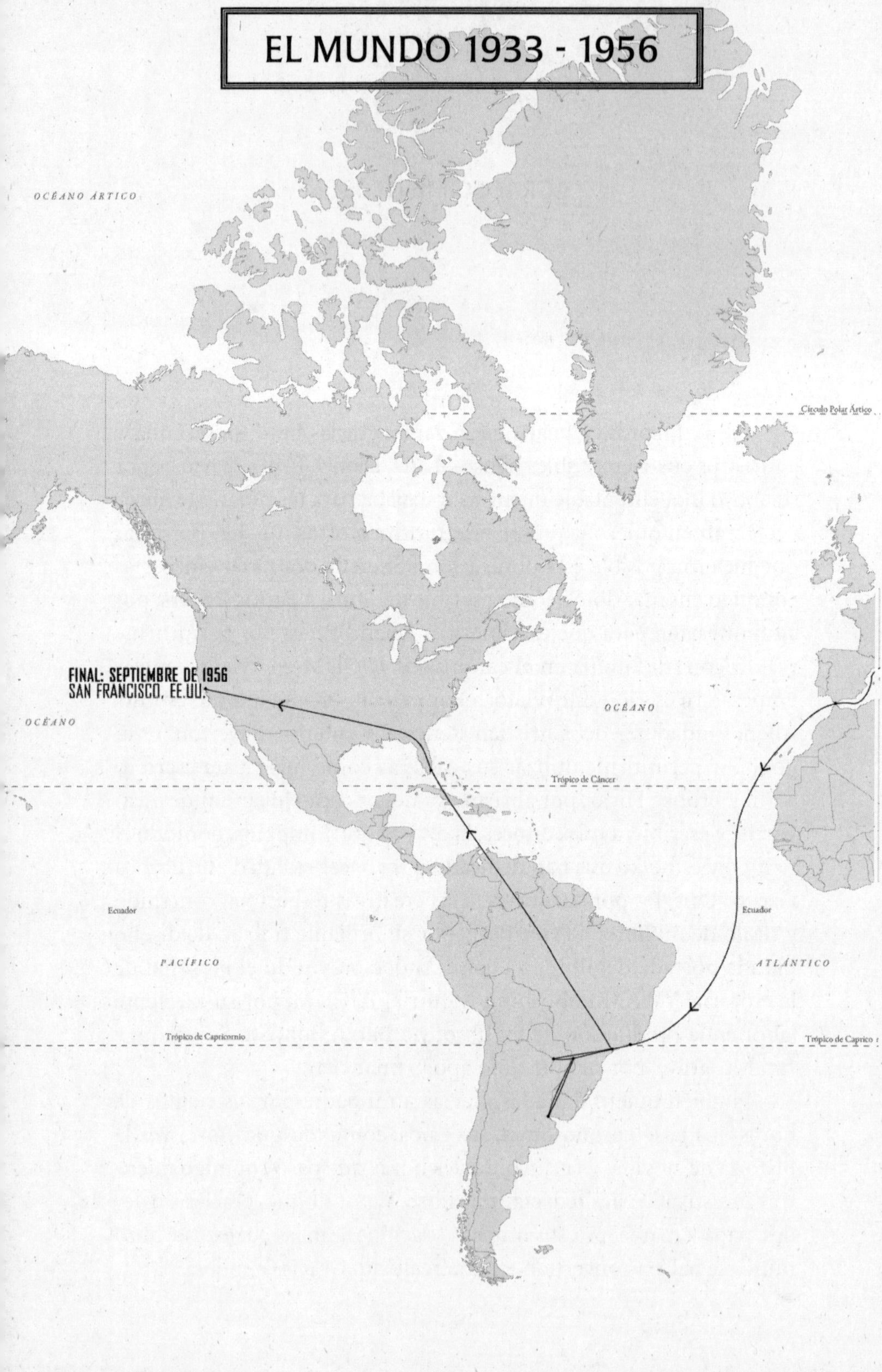

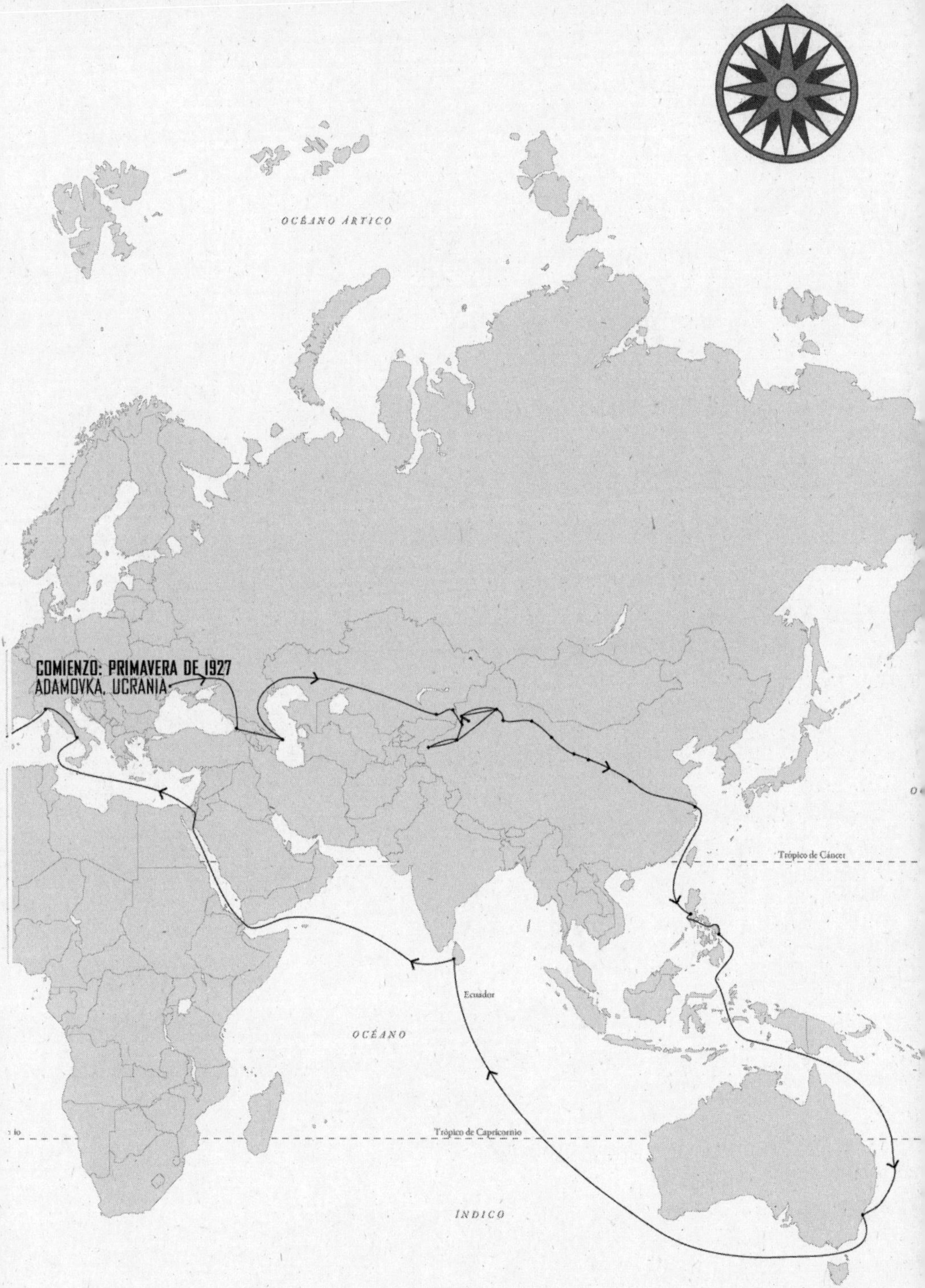

OCÉANO ÁRTICO
COMIENZO: PRIMAVERA DE 1927
ADAMOVKA, UCRANIA
Trópico de Cáncer
Ecuador
OCÉANO
ÍNDICO
Trópico de Capricornio
0 1000 Km

ÍNDICE

PRÓLOGO

Pregúntele a la nueva generación de jóvenes de hoy sobre los sucesos catastróficos del siglo XX y es probable que obtenga como resultado una mirada en blanco. ¿Lenin… Churchill… Stalin…? En los libros de texto modernos son nombres oscuros que merecen una explicación de una o dos simples páginas. Pregunte a los estudiantes de secundaria acerca de la Guerra Fría y puede que le contesten que fue aquella en la que se decidió dónde trazar la línea del Círculo Polar Ártico. Trate de buscar en Google «Cortina de hierro o Telón de acero» y puede que se encuentre con el perfil de Facebook de una banda de punk-rock, en lugar de encontrar la información sobre la división histórica entre Occidente y el Imperio soviético.

La historia del siglo XX está casi olvidada para una generación acostumbrada a la información permanentemente actual que se obtiene a través de Internet. Es hora de revivir la historia real y echar un vistazo cercano y personal a la vida de las personas que forjaron de verdad la historia del siglo pasado. Necesitamos escuchar el relato de los santos repletos de pasión y compromiso que cruzaron continentes y culturas, sobreviviendo a la brutalidad de la pobreza y la persecución, en su búsqueda de la libertad.

Y de todas estas historias, ninguna de ellas podrá cautivar su corazón y fortalecer su fe tanto como la de Vanya Iliyn. Es mucho más que el apasionante relato de cómo un niño huérfano logró escapar del puño de hierro de la tiranía de Stalin, o del viaje de su familia desde Ucrania a través de tierras prohibidas y peligrosas hasta el desierto occidental de China, o de los encuentros inexplicables y milagrosos que experimentaron a lo largo del camino. Es mucho más que eso.

Esta historia épica es un testimonio acerca de Dios. Es el relato de la fidelidad inquebrantable de Dios hacia los que sufren. Es la historia de cómo Dios pule y da forma a cada uno de los suyos hasta transformarlos a la imagen de su muy amado Hijo. Es una crónica sobre la gracia. Pues sólo el Señor Todopoderoso pudo permitir a Vanya interpretar como bendiciones las muchas magulladuras recibidas; sólo la Providencia pudo permitirle ver sus decepciones como disciplinas enviadas desde el cielo, y sus duras experiencias como pruebas de fe, venidas de mano de un Dios omnisciente y misericordioso.

A pesar de que llevo viviendo como tetrapléjica en una silla de ruedas desde hace más de cuatro décadas, todavía necesito que se me recuerde que la tierna mano de Dios está obrando en mis propias dificultades. Necesito ser cautivada por la historia de valor y fe de Vanya. Necesito aprenderla, ensayarla, y modelarla. Y usted también necesita hacerlo, querido amigo. Demasiados de nosotros nos hemos vuelto complacientes en una cultura que idolatra la comodidad. Hemos olvidado lo que significa sufrir por causa de Cristo, y hacerlo con gracia, valor y dignidad. Necesitamos aprender a sonreír, no *a pesar de* nuestros problemas, sino precisamente *gracias a* ellos.

El siglo XX ha quedado atrás, y vivimos en un mundo diferente. Vanya probablemente no lo reconocería. Retiro lo dicho. Sí que lo reconocería. Y sabría exactamente qué hacer frente a las nuevas guerras que nos traen rumores de holocausto global: con toda amabilidad conduciría a la gente hacia el Salvador, haciéndola ver que Él sigue siendo el Camino. Nos recordaría a todos la vieja historia de que Jesús ha vencido al pecado, no importa lo feo y pernicioso que haya sido; y nos haría meditar en que pronto, tal vez antes de lo que pensamos, cerrará el telón de odio y holocaustos para dar la bienvenida a Sus supervivientes.

Por último, a pesar de que lo que tiene entre sus manos es un libro de historia, quiero que sepa que los capítulos que verá a continuación siguen siendo tremendamente actuales y atractivos. Por ello, es para mí un placer recomendarle la lectura de *Desde rincones lejanos*. Una obra para todas las personas cuya alma esté raída y agotada, para todo aquel que esté contemplando las fauces de su propia aflicción. Y si ha seguido leyendo hasta aquí, eso quiere decir que es para *usted*. Continúe un poco más y usted también lo descubrirá.

Si la gracia de Dios fue suficiente para sostener a Vanya a través de tan terribles pruebas, entonces tiene que ser suficiente también para nosotros. Con Su ayuda usted *puede* sobrevivir. Y, como diría Vanya, *lo hará*. Ruego a Dios que, a través de las siguientes páginas, al igual que ocurrió con Vanya Iliyn, usted también empiece a comprender el modo por el que el Dios de la historia está tejiendo el relato de *su* vida con el hilo de su propio sufrimiento personal.

«Pues para esto fuisteis llamados, porque también Cristo padeció por nosotros, dejándonos ejemplo para que sigáis sus pisadas» (1 Peter 2:21).

Joni Eareckson Tada
Joni and Friends
verano del 2010

RESEÑA HISTÓRICA

En 1917, la revolución bolchevique se extendió por toda Rusia, dejando a su paso una importante agitación social. Vladimir Lenin, el autoproclamado líder de la revolución, ordenó que las granjas y las industrias fuesen colectivizadas. Este nuevo mundo comunista provocó que se desplazase o encarcelase a un gran número de personas. En pocos años, Ucrania y otras naciones limítrofes con Rusia, fueron engullidas por el floreciente Imperio soviético.

En 1924, con la muerte de Lenin, surgió un tirano todavía más brutal, Iósif Stalin. Sus legendarias purgas contra judíos, cristianos y numerosos enemigos reales o imaginarios hicieron que millones de personas huyeran de su patria.

NOTA DEL AUTOR

Este libro narra la dramática historia de la vida de mi padre, Vanya Iliyn, según me la relató con sus propias palabras a lo largo de un extenso proceso de investigación y entrevistas, tanto con él como con aquellos que lo conocieron. Esta es la historia de una fe perseverante en medio de una vida de increíbles dificultades.

Peter Iliyn

PREFACIO

MAYO DE 1933 — PROVINCIA DE SINKIANG, CHINA NOROCCIDENTAL

—PAPÁ, ¿DÓNDE ESTÁS?

No podía entender por qué mi padre no estaba con nosotros. Parecía que habían pasado sólo unos minutos desde que me llevaba a través de los inundados campos de arroz. Me asomé desde detrás de una enorme roca, pero lo único que pude ver fueron aquellas temidas extensiones a campo abierto, que facilitaban a las patrullas fronterizas, tanto rusas como chinas, detectar a cualquier persona que intentase escapar. Nuestro agotado grupo de refugiados había conseguido llegar con seguridad hasta ese punto en nuestro largo camino hacia la libertad. Pero mi papá estaba por ahí, en alguna parte.

—Papá, ¿dónde estás?

Una y otra vez me hacía la misma pregunta, mientras buscaba los ojos de mi hermano de doce años. Misha era siete años mayor que yo, y parecía tener siempre respuestas para todo. Seguro que él sabía por qué nuestro papá no estaba escondido con el resto de la familia.

—No tan fuerte, Vanya. Alguien podría oírnos —susurró Misha, mientras se levantaba y señalaba en dirección a los campos de arroz.

—Por ahí —dijo—. ¿Ves ese montículo? Ahí está papá, recostado.

Entorné los ojos, tratando desesperadamente de enfocarlos a la tenue luz del amanecer. Minutos más tarde, a medida que la claridad de la mañana se reflejó en los campos inundados, pude ver el montículo. Efectivamente, el abrigo de papá estaba allí tirado. Pero, ¿dónde estaba él?

Sólo cuando el sol asomó del todo por el horizonte me di cuenta de la mata de pelo negro azabache que sobresalía de su abrigo. *Esa debe ser su cabeza*, pensé. *Pero, ¿por qué no se mueve? Parece que está durmiendo, tan tranquilo, tan vulnerable.* Sentía deseos de correr hacia él. Quería sentir sus brazos a mí alrededor. Quería a mí papá.

—Vanya, baja de la roca. Alguien podría verte.

Obedecí a Misha de mala gana y me dejé caer junto a mis dos hermanas, Marusia, la mayor, y Lena, que sólo era dos años mayor. Marusia estaba siempre tranquila, incluso en medio de circunstancias terribles. Misha me contó acerca de ella que una vez, cuando tenía tres años, se cayó fracturándose gravemente la mano izquierda. Como no había médicos, su hueso roto se infectó y nunca sanó adecuadamente. Por eso su mano izquierda tenía un aspecto tan raro, como si alguien lo hubiera retorcido de forma grotesca. Su mano siempre supuraba, y el pus amarillo brotaba de una llaga persistente. Pero sabía cómo imponer respeto y, con sólo trece años, ella era en gran parte la responsable de cuidar de nosotros.

Los ojos de Lena eran tan negros como su pelo, y estaban rodeados de círculos oscuros. Aquellos ojos le hacían parecer seria, como si siempre estuviera reflexionando profundamente acerca de algo. Al mismo tiempo era una chica vivaz, que siempre tenía algo que decir. Pero ahora se sentaba con nosotros en silencio, cuatro niños hambrientos y en harapos, aferrados entre sí, con temor y esperanza.

Otras familias se acurrucaban cerca. Al ver a un padre consolar con cariño a sus hijos, mi corazón anheló el consuelo de mis propios padres. Papá yacía solo en el campo de arroz y mamá… ¿dónde estaba mamá?

Los acontecimientos de los últimos días estaban borrosos en mi mente de niño de cuatro años y medio. Podía recordar que mamá había cruzado la frontera china con nosotros. Nuestro grupo, formado por cuarenta y seis personas, tenía muy poca comida y agua cuando huyó de noche desde Jarkent, una ciudad de la República Soviética de Kazajistán, a unos veinte kilómetros de la frontera con China.

Noche tras noche, caminamos en grupo para llegar hasta aquel lugar extraño y solitario, aunque no podía recordar cuantos días habíamos tardado en total. Habían sido días terribles que deseaba olvidar. Sabía que nos habíamos perdido por el camino, y que casi morimos de sed. Algunos de los niños más pequeños parecían llorar todo el camino. Yo también lloré, pero la mayoría de las veces intenté que no se notase. Llorar no servía para nada, pero a veces estaba demasiado triste a causa del calor, el hambre, la sed, el miedo y la fatiga. Por suerte, ahora estábamos a salvo al otro lado de la frontera, y bien escondidos.

Al amanecer del día anterior, cuatro mujeres entre las que estaba mamá, se habían ofrecido para ir caminando hasta los pueblos cercanos para comprar pan. Los hombres se quedaron vigilando a los niños. Al ver marchar a mamá quise acompañarla, pero me dolían tanto las piernas que no pude dar un paso más. Lo único que podía hacer era esperar y orar. Durante muchas horas esperamos ansiosamente, oteando el horizonte, con la esperanza de que las mujeres volviesen con alimentos con los que satisfacer nuestra inmensa hambre. Cada hora que pasaba estábamos más ansiosos e inquietos. Entonces Misha dio un grito. Él fue el primero en divisar a las mujeres a lo lejos, y ambos corrimos al encuentro de nuestra madre. Para nuestro horror, mamá no estaba con ellas.

—¿Dónde está mamá? —preguntamos suplicantes.

—Ah, probablemente esté todavía buscando pan —dijo su amiga Masha—. Estoy segura de que pronto estará de regreso.

A papá se le demudó el rostro cuando se enteró de que mamá no había vuelto. En silencio, comimos el pan aplastado y redondo que nos dieron, y nuestro papá, intranquilo, pidió que nos pusiésemos a orar.

Al caer la tarde, mamá todavía no había regresado, y los líderes de nuestro grupo querían continuar la marcha. Les preocupaba estar tan cerca de la frontera. Todos sabíamos lo que podía ocurrir si nos arrestaban, los hombres serían enviados de vuelta y tendrían que enfrentarse a cárcel, palizas, y posiblemente la muerte. El líder principal de nuestra iglesia, Iván Verhovod, explicó que si queríamos estar a salvo aún tendríamos que adentrarnos mucho más en China. Aunque no sabíamos cuánto necesitaríamos avanzar, las voces de nuestros líderes transmitían una clara sensación de urgencia, mientras nos apremiaban a movernos al amparo de la oscuridad.

Nunca olvidaré la mirada en los ojos de papá cuando el grupo se dispuso a partir. Protestó en voz alta, tratando desesperadamente de convencerlos de que esperásemos a mamá, pero fue en vano. Escuché cómo Iván Verhovod le decía:

—Tenemos que partir ahora; necesitas confiar en que Dios traiga de vuelta a Pelageya.

Dividido entre el deseo de esperar a Mamá y la necesidad de seguir adelante con el grupo, papá ordenó que nos preparásemos para salir de allí. Marusia y Misha empezaron a empaquetar nuestras escasas pertenencias, y nos ayudaron a Lena y a mí a estar preparados. Yo seguí preguntándole a Misha acerca de cuándo iba a volver mamá, pero su única respuesta era una mirada llorosa, llena de dolor. Marusia se echó a llorar, pero papá parecía el más triste de todos. Nunca antes le había visto tan desconsolado, como cuando reanudamos nuestro viaje. Papá solía sonreír y cantar mientras caminábamos, pero ahora gemía y estaba notablemente decaído.

Cuando al fin nos topamos con aquel campo de enorme arroz, todavía estaba oscuro. Los líderes querían rodearlo, pero era demasiado ancho. El barro nos llegaba hasta la cintura, y caminar a través de él era lentísimo. Mientras me llevaba a través del campo, papá tropezó varias veces, dejándome caer. Finalmente, alguien notó su agotamiento y me recogió, cargando conmigo.

—¡Dense prisa! ¡Pronto saldrá el sol!

Pude ver la mirada de preocupación en el rostro de Iván mientras gritaba estas palabras. Sólo nos manteníamos a salvo gracias a la oscuridad, y ya faltaba menos de una hora para que amaneciese.

—¡Allí! —gritó alguien—. Escondámonos en aquella zanja del camino.

Al fin recordaba cómo habíamos llegado a aquella zanja fangosa. Pero ¿por qué estaba nuestro papá en medio del campo de arroz? Mi mente de niño no podía encontrarle ningún sentido. Se lo pregunté a Misha, y me respondió:

—Cuando los líderes nos dijeron que corriésemos y nos escondiésemos en la zanja, papá estaba demasiado débil para seguir adelante. Así que encontró un lugar seco en el campo y se recostó en él, para que nadie pudiera verle.

Al apoyarme contra la pared de la zanja, me di cuenta de que el barro goteaba de mis zapatos. Papá los había reparado dos veces, devolviéndomelos siempre lustrosos y como nuevos. ¿Qué pensaría ahora al verlos en tan malas condiciones? ¿Qué pensaría mamá? ¿Por qué todavía no nos había encontrado? ¿Por qué papá no se reunía con nosotros? ¿Por qué le pasaba esto a nuestra familia?

Las lágrimas rodaban por mis mejillas sucias, y ni siquiera el consuelo de mi hermano podía detenerlas.

1ª PARTE

Principios de la primavera de 1933
este de Almaty, Kazajistán

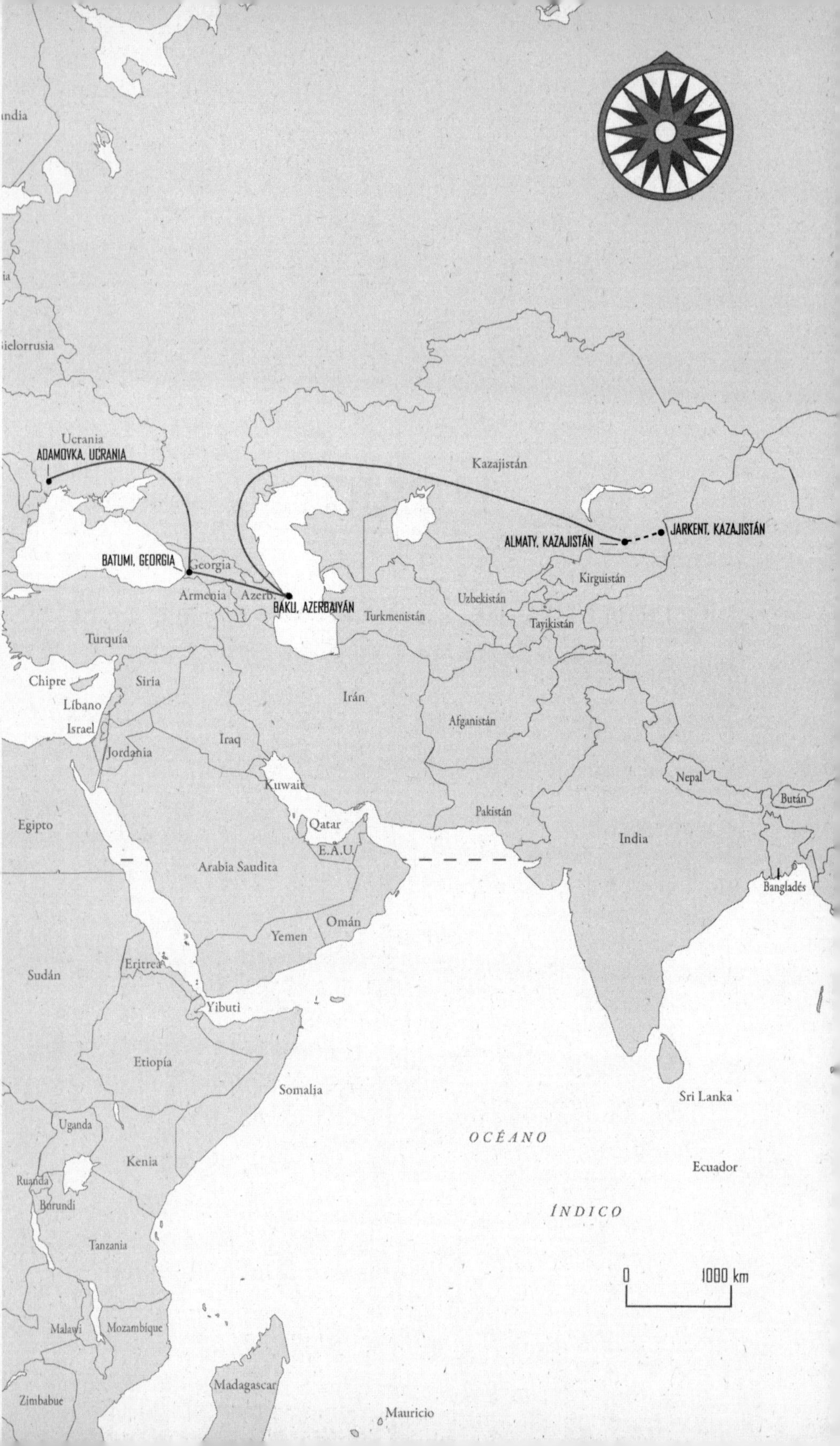

ADAMOVKA, UCRANIA
BATUMI, GEORGIA
BAKU, AZERBAIYÁN
ALMATY, KAZAJISTÁN
JARKENT, KAZAJISTÁN
Ucrania
Bielorrusia
Georgia
Armenia
Azerb.
Turquía
Chipre
Siria
Líbano
Israel
Jordania
Iraq
Irán
Kuwait
Qatar
E.A.U.
Arabia Saudita
Omán
Yemen
Egipto
Sudán
Eritrea
Yibuti
Etiopía
Somalia
Uganda
Kenia
Ruanda
Burundi
Tanzania
Malawi
Mozambique
Zimbabue
Madagascar
Mauricio
Kazajistán
Uzbekistán
Turkmenistán
Kirguistán
Tayikistán
Afganistán
Pakistán
India
Nepal
Bután
Bangladés
Sri Lanka
Ecuador
OCÉANO
ÍNDICO
0
1000 km

UNO

A LO LARGO de los primeros años de mi vida nunca hubo un momento en que mi familia se sintiese verdaderamente segura. Los mayores murmuraban sobre las purgas organizadas por un hombre llamado Stalin, y mencionaban el nombre de amigos a los que se habían llevado solo Dios sabía dónde. Nadie sabía por qué los habían trasladado. Decían que los bolcheviques no necesitaban ningún motivo. Seguramente a nosotros no nos sucedería eso. Papá siempre decía que los Iliyn eran buenos ciudadanos, cristianos que trabajaban duro y no se metían en líos. Pero los problemas, el hambre y la incertidumbre parecían perseguir a nuestra familia por donde quiera que fuera. Incluso en las mismas fronteras de nuestra patria.

El primer recuerdo que tengo de mi papá es el de verle llegar del trabajo, siempre cansado y hambriento. Trabajaba doce horas al día como electricista en la central eléctrica del pueblo. Tan pronto como abría la puerta, yo corría descalzo por el suelo lleno de barro, gritando con alegría, y me arrojaba a su encuentro, abrazándolo tan fuerte como podía.

—He atrapado un conejo, —decía papá con una gran sonrisa—, aquí tienes un poco de pan para ti y para los demás.

Después de engullir el pan duro, me gustaba mirar los oscuros ojos marrones de papá y preguntar:

—¿Dónde atrapaste el conejo? ¿Es un conejo hecho de pan? Marusia y Misha siempre se echaban a reír cuando preguntaba eso. En el pequeño pueblo de Radivka, cerca del río Ili, la risa abundaba más que la comida. Yo era demasiado pequeño como para recordar cómo habíamos llegado allí, pero Misha me contó algo acerca de la caminata de cuatro años que nuestra familia había realizado desde un pequeño pueblo llamado Adamovka, en Ucrania. También me contó que yo había nacido en Batumi, en la República de Georgia, y que habíamos llegado hasta allí con la ayuda de Dios, algo que sí había oído decir a menudo a papá y a mamá.

Nuestra casa de dos dormitorios estaba hecha de barro y paja. Pertenecía al Sovxoz, una gran granja comunal de algodón administrada por el gobierno. Nos daban comida de la cocina común, pero rara vez satisfacía el hambre que nos roía, así que mamá intentaba cultivar hortalizas para complementar nuestra pobre dieta.

Vasya, mi hermano menor, nació en este Sovxoz. Era tres años menor que yo, y un bebé enfermizo. Mamá intentaba conseguirle más leche, pero no parecía ganar mucho peso.

Junto a nosotros vivían otras cinco familias cristianas. Las seis, formábamos una pequeña iglesia que se reunía todos los domingos, a cantar canciones y escuchar la predicación, que a menudo estaba a cargo de papá, o uno de los demás hombres.

En fechas especiales, como Navidad y Pascua, viajábamos en carromatos a Jarkent, Kazajistán, para asistir a los cultos especiales de una gran iglesia. Yo siempre esperaba con impaciencia estos viajes, y me gustaba especialmente visitar al tío Mitrofan (hermano de papá) y a la tía María. El tío Mitrofan siempre nos trataba bien, y durante estos días festivos la tía María solía darnos galletas o terrones de azúcar. La primera vez que probé el azúcar fue en su casa, antes de eso nunca lo había visto.

Mitrofan y María habían sido los primeros miembros de nuestra familia en huir de Ucrania, y fuimos hasta Kazajistán siguiéndolos. Mi dedushka (abuelo) también vivía con ellos. Pero incluso días de fiesta como aquellos, *dedushka* parecía estar perdido en sus propios pensamientos. Misha decía que era porque habían matado a su esposa justo antes de salir de Ucrania.

Otra cosa que recuerdo de aquellos tiempos es a papá y a mamá hablándonos de China, un país que no estaba muy lejos de nuestro pueblo. Decían que era el lugar al que Dios nos dirigía. También contaban que en China nos darían pan blanco, azúcar, miel y leche. Así que pronto empecé a soñar con China, sus montañas de azúcar y sus campos de pan tierno y blanco.

Una noche, al arrodillarnos junto a la cama para orar antes de irnos a dormir, papá nos dijo que Dios le había revelado que al fin había llegado el momento de irnos a China.

—¡SÍ! —chillé.

—Silencio, Vanya —dijo papá—. Debemos mantener en secreto nuestros planes. Si la policía llega a enterarse de que nos vamos a China, podrían meterme a mí, o incluso a todos nosotros, en la cárcel.

Desde luego, no quería que encerrasen a papá en la cárcel, así que no se lo dije a nadie. La noche siguiente, Mamá nos dio a cada uno un pedazo extra de pan negro para comer. Entonces papá nos reunió junto a nuestra cama y se arrodilló para orar. Cuando terminó, se volvió hacia nosotros y dijo:

—Esta noche nos vamos a China.

Misha, yo, y nuestras hermanas, no cabíamos de gozo. Casi podía ya saborear el pan blanco y el azúcar de China. Aquella noche, alrededor de la once, escapamos de nuestra casa. Papá y mamá no se llevaron casi nada, sólo una muda de ropa y algo de comida. Simplemente, salimos de allí, cerramos la puerta, y nos alejamos.

A nuestra familia de siete personas se le unieron nuestros vecinos, una mujer llamada Mary Harinova, y Sonia, su madre. Papá dijo que si seguíamos avanzando llegaríamos a la frontera por la mañana. Mientras caminábamos en la oscuridad tratamos de mantenernos ocultos y, gracias a Dios, no vimos a nadie. La hierba y los arbustos cercanos a la frontera hacían que nos resultase más fácil pasar desapercibidos. Los matorrales eran tan altos que cuando papá me dejaba caminar a su lado yo no podía ver por encima de ellos.

Poco después del amanecer, llegamos al río Khorgos, que delimita la frontera con China. Papá y mamá encontraron un lugar seguro en el que pudieran descansar los niños. Pero no nos quedaba comida, y nuestros estómagos empezaron a gruñir sin pausa. Entonces, papá señaló hacia unas yurtas (tiendas de lona) de pastores que había al otro lado del río, y mamá asintió. Minutos más tarde Mamá y Sonia, otra vecina que también se había unido a nuestro grupo, atravesaron el río. Papá nos explicó que habían ido a comprar pan y, en efecto, cuando regresaron alrededor de una hora más tarde, mamá llevaba una pila de piezas calientes y redondas de pan plano. Mi sueño en cuanto al pan abundante de China se estaba haciendo realidad. Misha y yo estábamos tan emocionados cuando mamá nos entregó a cada uno un pedazo, empezamos de inmediato a atiborrar nuestras bocas hambrientas. Papá nos detuvo con una mirada fría, e hizo un gesto para que inclinásemos nuestras cabezas. Para unos niños que sostenían entre sus manos hogazas de pan caliente y tierno, aquella fue una oración larguísima.

En cuanto dijo «amén» nos lanzamos a comer, pero entonces fue mamá la que nos detuvo.

—Mientras estábamos orando, Dios me habló y me dijo que no debíamos detenernos aquí. No debemos comer hasta no haber cruzado la frontera.

Desde luego, yo no había escuchado a Dios decir nada, pero mamá parecía convencida. Nuestra vecina María protestó en voz alta e impuso sobre papá la opinión de que nos quedásemos y comiésemos el pan mientras aún estaba caliente. Yo estaba muy feliz de quedarme allí y comer, pero me preguntaba por qué papá no decía nada para defender a mamá.

Tan pronto comenzamos a comer, María salió a sacar agua de un estanque cercano. Antes de que pudiese regresar, Vasya comenzó a llorar en voz alta. Mamá trató desesperadamente de calmarlo, pero se puso a llorar aún más fuerte. Entonces oímos otro sonido, un sonido terrible, atronador, que me hizo sentir escalofríos por todo el cuerpo, ¡caballos galopando hacia nosotros!

Vasya seguía llorando, y no teníamos ningún lugar donde escondernos. De repente, dos caballos negros pasaron rápidamente casi por encima de nosotros. Yo estaba tan asustado por estas enormes bestias que dejé caer el trozo de pan que tenía en las manos. Sobre los caballos montaban guardias fronterizos rusos uniformados, ambos sonreían mientras nos miraban desde lo alto de sus monturas.

—¿Qué hacen aquí? —gritó el guardia que lucía un bigote negro y espeso— ¿Dónde creen que van? ¿A China? —Ambos hombres comenzaron a reírse a carcajadas.

Antes de que pudiese comprender lo que estaba pasando, los guardias desmontaron y comenzaron a registrar todas nuestras pertenencias, llevándose el poco dinero que mamá había traído para el viaje.

A María, que no aún había vuelto del estanque, nunca volvimos a verla. Es posible que escuchase el jaleo y huyese a través de la frontera. Su madre la llamó desesperadamente, pero fue en vano. Incluso los guardas buscaron a María, pero nunca la encontraron.

Tras quitarnos todo lo que teníamos, incluyendo el pan, los guardias nos condujeron hasta su cuartel, a unos cinco kilómetros. Nunca olvidaré cómo nos despojaron a todos y se quedaron con casi todo lo que teníamos. Antes de llegar, vi como Sonia le entregaba a mamá dos monedas de oro, rogándole que se las escondiese. Mamá se tragó una de las monedas y escondió la otra en su cabello, donde pasaron desapercibidas. Nuestra madre tenía también un billete de veinte rublos, que Misha escondió dentro de un zapato.

Los guardias se llevaron a papá y lo colocaron en una habitación separada con los demás hombres. A mamá y al resto de nosotros nos metieron en una pequeña habitación de madera, ya medio llena con otras familias que habían sido también atrapadas tratando de escapar a China. Una de ellas llevaba unos extraños gorritos y velos. Mamá nos explicó que eran musulmanes. Además de otros rusos, también había familias judías, y todos nos acurrucábamos juntos, asustados y hambrientos.

Durante los tres días que nos mantuvieron encerrados en aquella habitación, lo único que nos dieron para comer fue sopa aguada y pequeños trozos de pan duro. En ocasiones, los guardias nos dejaban salir fuera, y pasear por una pequeña área cercada, pero no había sombra y el sol de la tarde se hacía insoportable. Constantemente estábamos hambrientos y sedientos. En cierta ocasión, Misha y yo estábamos en pie cerca de la verja cuando mi hermano se percató de que los guardias estaban alimentando a sus cerdos y a sus perros. Vimos como le entregaban a un perro un pedazo de pan más grande que el que le habían dado a toda nuestra familia. Mientras el perro pasaba a nuestro lado, Misha empujo hacia arriba el borde inferior de la valla, pasó por debajo y salió corriendo tras él. Los soldados comenzaron a gritar y correr hacia Misha, pero antes de que pudieran atraparlo, había asustado al perro lo suficiente como para que éste dejase caer el pan. Recogiéndolo, Misha volvió rápidamente, se introdujo bajo la cerca y le presentó triunfalmente aquel trozo de pan a Mamá.

—No puedes hacer eso —gritó uno de los soldados.

—Tenemos hambre —dijo Misha, mientras le daba la espalda al soldado. Vi como me sonreía mientras Misha se alejaba de la cerca.

Durante aquellos tres días, siguieron llevando familias al cuartel, hasta que al fin no quedó sitio para nadie más. Desde que se lo habían llevado, no habíamos vuelto a ver a papá. Al cumplirse el tercer día, reunieron a todas las mujeres y niños en un gran descampado fuera del recinto. Aquella mañana calurosa y polvorienta debíamos ser unas sesenta personas.

De repente, Misha señaló con la mano y gritó:

—¡Miren, ahí está papá!

Los soldados conducían a los hombres junto a nosotros en dirección a la carretera a Jarkent. Mientras pasaban arrastrando los pies, papá nos saludó. No tenía buen aspecto, pero se las arregló para sonreír. Levantaban un polvo tan denso que papá no tardó en desaparecer de nuestra vista.

Los soldados nos mantuvieron en aquel descampado durante más de dos horas, sin darnos comida ni agua. Misha pidió a mamá que le dejase ir a pedir pan en las aldeas vecinas. Aunque mamá tenía miedo de que nos fuésemos antes de que Misha regresase, finalmente éste la convenció para que le dejase marchar. Yo también quería ir, pero sabía que mamá nunca me dejaría acompañarle.

No había pasado ni siquiera una hora cuando llegaron los soldados y empezaron a gritar para que nos pusiéramos en marcha. Mamá comenzó a buscar frenéticamente a Misha y a llamarle a gritos por su nombre. Pero Misha no apareció. Los soldados nos obligaron a avanzar, y mamá se puso a llorar. Yo no entendía lo que estaba pasando, pero mientras caminábamos, escuché a mamá rogar:

—Oh Dios, por favor, no permitas que pierda a mi marido y mi hijo. Tráelos de vuelta.

—Mamá, ¿a dónde vamos? —le pregunté.

—Volvemos a Jarkent —respondió mamá.

—¿Veremos allí a Papá y a Misha?

—Espero que sí, pero realmente no lo sé.

Los ojos de mamá estaban completamente enrojecidos, y por todo su cuello podía ver los surcos de las lágrimas. No paraba de secarse los ojos con las manos y mirar constantemente hacia atrás. Supuse que buscaba a Misha.

A veces los soldados nos empujaban para que caminásemos más rápido, y mamá me tomaba en brazos y me llevaba. Mis hermanas llevaban a Vasya y las escasas pertenencias que todavía teníamos. Cada vez que por el estrecho camino de tierra pasaba un camión junto a nosotros, quedábamos cubiertos de un polvo que se pegaba a nuestra piel sudorosa. Mamá nos dio la poca agua que había guardado en una pequeña lata. Los soldados no nos dieron nada. Simplemente continuaron empujándonos hacia delante.

Al acercarnos a un pequeño pueblo, vimos llegar a un camión desde detrás hacia nosotros tocando la bocina. Estaba repleto de sacos de algodón, y encaramado en lo alto de ellos, agitando las manos y gritando frenéticamente, estaba Misha.

—Estoy bien, mamá. Nos vemos en el próximo pueblo. No te preocupes por mí.

La voz de Misha fue apagándose a medida que el camión nos adelantaba dejando tras de sí una nube de polvo. Pero mamá sonreía. Dios había contestado su oración.

Los soldados empezaron a gritarnos otra vez, pero ahora lo que nos decían es que podíamos marcharnos Para nuestro asombro, se fueron dejándonos en medio de la carretera. Mamá nos explicó que se habían cansado de intentar que mujeres y niños caminásemos más rápido, y habían decidido abandonarnos a nuestra suerte. No creo que les importara si vivíamos o moríamos. Sin embargo, mi madre apresuró la marcha, y continuó apremiándonos a caminar todo lo rápido que pudiésemos, a medida que se aproximaba la noche.

Justo antes del anochecer, entramos en otro pequeño pueblo. Mamá dijo que teníamos que encontrar un lugar dónde dormir, y quizá también algo de comida y agua. Entonces vimos la silueta de un muchacho frente a la puerta de una casa abandonada. ¡Era Misha! Al acercamos, corrió hacia nosotros y nos abrazó a todos.

Las lágrimas inundaron el rostro de mamá, y Misha le preguntó:

—¿Por qué lloras?

—Se han llevado a papá a la prisión de Jarkent —dijo mamá—. No tenemos nada que comer, ni un lugar donde dormir. ¿Qué vamos a hacer esta noche?

—No te preocupes, mamá. He encontrado un lugar donde podremos quedarnos. Sígueme.

Misha nos llevó a una vieja casa abandonada, a las afueras de la aldea.

—La casa no tenía ventanas o puertas cuando la encontré —dijo Misha—, pero he fabricado unas puertas con tablas viejas, y cortinas con algunos harapos que encontré a lo largo de la carretera.

Misha incluso había conseguido heno para hacernos unas camas. Allí dentro hacía frío, pero al menos teníamos un lugar dónde pasar la noche.

Como estaba anocheciendo rápidamente, Mamá le dijo Misha que encendiese un fuego mientras ella iba a buscar comida. Se asomó por la ventana y vio las luces de una pequeña casa de campo no muy lejos.

—Me acercaré a esa casa de campo a ver si puedo conseguir canjear algunas cosas por un poco de harina.

La vi buscar en el bolsillo de su vestido y sacar con cuidado un precioso pañuelo azul. Mamá lo había estado protegiendo con cariño, ya que era un regalo que su madre le había dado algunos años antes. Al ver cómo lo acariciaba con suavidad, Marusia y yo nos dimos cuenta de que Mamá iba a cambiar su posesión más preciada para conseguir algo de comida para nosotros. ¿Cómo podía hacer tal sacrificio? Y realmente fue un gran sacrificio para ella, ya que regresó con tan sólo tres tazas de cascarilla de trigo. Misha ya había encendido el fuego, y Marusia había recogido unas pocas manzanas verdes de un árbol que había fuera. Mamá peló las manzanas y las mezcló con la cascarilla, con la esperanza de que las manzanas diesen consistencia a una especie de tortitas. No lo hicieron. Mamá lloró mientras cocinaba nuestra sencilla comida. No sé si fue a causa del pañuelo, porque echaba de menos a papá, o por nuestro incierto futuro. Estábamos tan hambrientos que no nos importó el sabor agrio de las tortitas, y nos comimos con gusto cada pedazo que mamá nos preparó.

Aquella noche, al acostarnos en nuestras camas de heno, todos teníamos un terrible dolor de estómago. Lloré durante horas mientras me retorcía de dolor. Marusia y Lena se pasaron toda la noche dando vueltas en la cama, nuestro dolor sólo empezó a disminuir cuando ya estaba amaneciendo.

Por la mañana, continuamos nuestra caminata hacia Jarkent. Después de caminar durante casi todo el día, llegamos al Sovxoz. Al acercamos a nuestra casa, nos dimos cuenta de que había personas en su interior. Misha corrió hacia la puerta y la abrió de golpe. Nos quedamos estupefactos al ver que nuestros vecinos estaban sentados alrededor de una fogata que habían construido en el suelo de tierra, justo en medio de nuestra casa, y estaban cocinando un conejo dentro de una gran olla. Ellos también se quedaron muy sorprendidos al vernos allí.

—Su casa estaba abandonada, y pensamos que se habían marchado a China —dijeron—. Por favor, perdónenos por esta intrusión.

Mamá les tranquilizó, y les hizo saber que aceptaríamos de muy buena gana compartir con ellos su sopa y su conejo hervido. Tras dar buena cuenta del conejo, todos nos quedamos rápidamente dormidos.

A la mañana siguiente continuamos hacia Jarkent. Como no teníamos dinero ni comida, nos alojamos en casas de amigos cristianos. Recuerdo que nos quedamos en casa de los Shevchenko, que fueron especialmente amables con nosotros. Alex Shevchenko tenía dieciséis años, y venía a menudo después del trabajo a jugar con Misha y conmigo. Mamá le llevaba a papá todos los días comida a la cárcel. Nos contaba que parecía muy cansado, y nos animaba a orar por él. Mi padre pasó en la cárcel otras tres semanas antes de que lo liberasen. Una vez fuera, el único trabajo que pudo encontrar fue en los campos de arroz, y precisamente con arroz solían pagarle, así que lo único que teníamos para comer era el puré de arroz y leche que nos hacía mamá.

Mientras permanecimos en Jarkent, asistimos a la iglesia con otras seis o siete familias, haciendo un total de cuarenta y seis adultos junto con los niños. Celebrábamos cultos todos los domingos por la mañana y por la tarde, y también nos juntábamos los miércoles al caer el día. Nos reuníamos en una casa alquilada, en una calle bordeada por hermosos abedules. La iglesia se encontraba junto a un gran mercado al aire libre, que no parecía cerrar nunca. Siempre estaba lleno de gente que compraba y vendía verduras, frutas, todo tipo de animales, y otras cosas. Muchos llevaban gorritos en la cabeza y tenían la piel oscura, a diferencia de los rusos, que tenemos la piel clara. Se parecían a la gente que habíamos conocido durante nuestro encierro en la cárcel, cerca de la frontera. Papá los llamaba *musulmani* (musulmanes).

Recuerdo que cuando íbamos a la iglesia solíamos pasar junto a la estación de policía, y Misha siempre me hablaba en voz baja acerca de cómo espiaban a los cristianos y buscaban cualquier oportunidad para arrestar a los que planeasen escapar a China.

Yo no lo sabía, pero papá y los demás hombres de la iglesia ya consultaban a Dios acerca de un nuevo plan de huída. Un día, tras nuestro tiempo de oración, papá nos dijo que intentaríamos volver a huir, lo que me sorprendió bastante. Si le capturaban intentando escapar por segunda vez, el castigo sería aún más severo. Papá continuaba tan débil por el tiempo que estuvo en la cárcel, no me lo imaginaba recorriendo una gran distancia. Escapar significaba tener que realizar un trayecto mucho más largo de lo que nos había supuesto regresar a nuestra casa en el Sovxoz.

Todas las noches papá oraba pidiendo fuerzas, y decía:

—Querido Dios, estoy débil y cansado, pero no quiero quedarme atrás. Por favor, háblanos también a nosotros y permítenos viajar con el resto del grupo.

Recuerdo a papá y a mamá orando a menudo con los Shevchenko y Dumanovsky hasta altas horas de la noche, pidiéndole a Dios una orientación clara sobre cuándo y cómo salir hacia China. Después de una de aquellas reuniones de oración, papá nos reunió y dijo solemnemente:

—Mañana Dios nos conducirá a China.

No conseguí dormir en toda la noche. Una vez más comencé a soñar despierto con el azúcar y el pan blanco. No podía quitarme de la cabeza el pedazo de pan tierno que había estado a punto de comerme antes de que nos capturasen los guardias fronterizos. *Esta vez*, pensé, *me comeré el pan tan pronto como lo tenga entre mis manos.*

A la mañana siguiente, papá se fue a trabajar al campo de arroz, como si de un día cualquiera se tratase.

—No queremos despertar ninguna sospecha —le dijo a mamá al salir.

Cuando regresó a casa aquella tarde, toda la familia se puso inmediatamente en acción; corríamos de un lado a otro como conejos. A mamá no le costó mucho prepararnos, ya que no teníamos muchas posesiones. Todo lo que tomó para el viaje fueron las ropas, algunas bolsas de agua, y tres hogazas de pan negro.

—Nuestro plan consiste en reunirnos con los demás en el edificio de la iglesia, y desde allí emprender el camino a China —nos explicó papá.

Al pasar frente al cuartel de policía, me puse a mirar al frente pidiéndole a Dios que pudiésemos pasar desapercibidos. Esperaba no tener que volver a ver nunca más el interior de una comisaría.

A medida que caía la noche empezaron a llegar otras personas a la iglesia, hasta que fuimos cuarenta y seis. La mayoría de los niños estábamos muy emocionados, pero el rostro de los líderes reflejaba su preocupación. Me fijé en que las madres intentaban desesperadamente apaciguar el llanto de sus bebés. Mi hermano pequeño, Vasya, se puso también a llorar. Parecía tan pequeño y enfermizo. Mamá lo tenía constantemente en brazos, y le daba a comer leche con arroz, con el fin de mantenerlo callado.

Me fijé en que no cantábamos canciones, como solíamos hacer durante los servicios religiosos. Misha dijo que era por miedo a ser descubiertos por la policía. Incluso nuestro tiempo de oración fue más silencioso de lo habitual.

Entonces, uno de los líderes tomó la palabra, y nos dijo que había recibido el siguiente mensaje de Dios: «Escuchen, hijitos míos, permanezcan firmes en su fe, porque esta noche les sacaré de aquí. Saldrán entre cánticos y con gran regocijo».

Recuerdo haber escuchado a varias personas decir:

—¿Cómo puede ser esto? Hay gente por todos lados y la policía patrulla las calles. Nos oirán y nos capturarán, y todos acabaremos en la cárcel. Esta palabra no puede ser Dios.

Pero otros, entre los que estaban papá y mamá, parecían convencidos de que Dios les había mostrado su voluntad, así que continuaron orando. Después vino otra profecía que nunca olvidaré. Uno de nuestro líderes, proclamó con fuerte voz: «Escuchen la palabra del Señor: Hijos míos, yo os sacaré de aquí a la una de la madrugada».

Esperamos, y al llegar la medianoche una tormenta repentina y violenta azotó todo Jarkent. El viento soplaba tan fuerte que pensé que los abedules del exterior se partirían. El fuerte ulular del viento ahogaba el sonido de las personas corriendo hacia sus casas desde el mercado, dejando tras de sí calles fantasmales y vacías.

Justo en aquel momento, nos llegó un último mensaje de Dios: «Hijos míos, salgan ahora, porque mi mano les protegerá».

Iván Verhovod abrió la puerta, y todos empezamos poco a poco a salir del edificio. Al adentrarnos en la rugiente tormenta Papá me tomó en sus brazos. Las hojas volaban por todas partes, y estaba empezando a llover. Podía oír el retumbar de los truenos en la distancia. Cuando terminamos de salir del edificio formábamos una fila de personas que medía dos cuadras de largo, y marchaba justo por el centro de la ciudad. Varias chicas jóvenes cerca de la parte delantera comenzaron a alabar a Dios en voz alta, pero el viento era tan fuerte que apenas podíamos oírlas.

Así fue como Dios nos sacó de Jarkent, sin que ni la policía ni nadie se dieran cuenta. Al llegar a las afueras de la ciudad, el tañido de la campana del reloj de la torre del ayuntamiento anunció que era la una de la madrugada. Dios había cumplido su promesa.

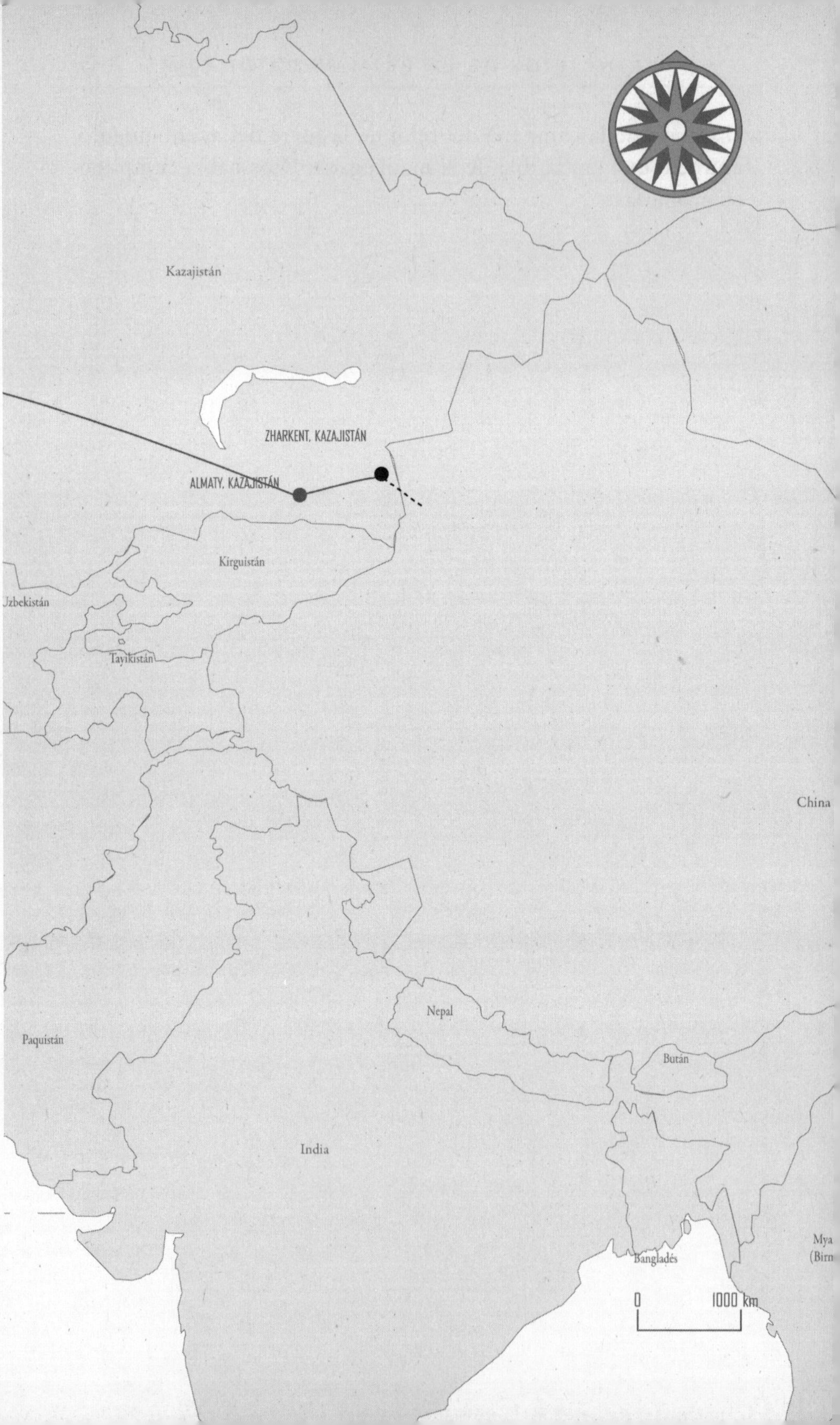
Kazajistán
ZHARKENT, KAZAJISTÁN
ALMATY, KAZAJISTÁN
Kirguistán
Tayikistán
China
Nepal
Paquistán
Bután
India
Bangladés
0
1000 km

DOS

NUESTRO LÍDER, IVÁN VERHOVOD, tenía aspecto de abuelito bondadoso, y un rostro cálido y amable. Papá y mamá hablaban muy bien de él, y le siguieron sin quejarse cuando condujo al grupo dando un rodeo por una ruta desierta, para evitar que pudiesen localizarnos. Aunque ninguno de nosotros había utilizado jamás esa ruta para viajar hacia China, todos sentíamos que la mano soberana de Dios nos estaba guiando. Viajar de noche y dormir de día se transformó en nuestra rutina. El camino que seguimos nos llevó a través de dunas de arena y pequeños matorrales, y cada vez que llegábamos a una bifurcación, los líderes oraban y Dios nos indicaba hacia dónde debíamos dirigirnos. Mientras permanecimos obedientes, nos acercamos cada vez más a la frontera con China. Sin embargo, algunas personas del grupo empezaron a quejarse, e insistían en que ellos sabían mejor el camino que debíamos tomar.

En una de esas ocasiones, Iván cedió ante los que protestaban y acabamos vagando durante tres días y tres noches terribles, sin agua y en dirección equivocada. Mi garganta estaba tan seca que apenas podía hablar. Misha, Marusia, Lena y yo teníamos los labios partidos, y nos sangraban. Pero el que más sufría era Vasya; cada hora que pasaba se le veía más y más débil.

Todos rogábamos a mamá que nos diese agua, pero ella se limitaba a devolvernos una mirada triste y vacía. Sencillamente, no teníamos agua. ¿Qué otra cosa podía hacer? En cierto momento, Vasya empezó a lloriquear, y vi como mamá se arrodillaba e introducía un harapo húmedo en la boca del bebé.

—¿Qué hace mamá? —pregunté a papá.

—Intenta mantener a Vasya con vida.

—¿Y por qué chupa ese trapo?

Los ojos de papá se llenaron de lágrimas. —Lo único que puede darle mamá es su propia orina —dijo, y nada más pronunciar estas palabras se echo a llorar de forma incontrolable.

Vasya murió poco después. Mamá lo envolvió en una sábana, y papá lo enterró en una sepultura poco profunda cavada con sus propias manos. Todos lloramos y oramos junto a su pequeña tumba.

A la tercera noche de viaje, no había nadie en el grupo que pudiese seguir adelante. El aire caliente del desierto nos había succionado hasta la última gota de humedad, y por si esto fuera poco, nos habíamos quedado sin pan. Algunas de las personas de más edad empezaron a desplomarse en el suelo, incapaces de dar un solo paso más. Los niños lloraban a gritos, rogando a sus madres un poco de agua o un pedazo de pan. Estábamos en un extraño desierto, en mitad de la noche, y no teníamos cerca ningún lugar de donde sacar agua.

Sin que nadie nos dijera lo que teníamos que hacer, todos empezamos a caer de rodillas y a clamar a Dios. Mamá le suplicó que nos diese agua, mientras se tiraba del pelo, como si fuese a arrancárselo. Papá me dejó en el suelo arenoso y se puso también de rodillas. Mis ojos estaban fijos en mamá, pero yo también me arrodillé y empecé a clamar: —¡Oh Dios, por favor, danos agua o moriremos todos!

Sin otra cosa que dunas de arena a nuestro alrededor, no había forma humana de salir de aquella difícil situación. Solamente Dios podía salvarnos, y en medio de nuestros lamentos, Dios nos habló otra vez: «Hijos míos, levántense, caminen cincuenta metros y empiecen a cavar».

Los hombres que iban delante se pusieron en pie y empezaron a correr por la arena hasta el punto exacto indicado por Dios. Los demás nos pusimos alrededor a observar mientras ellos cavaban con sus manos desnudas. Al comprobar que allí cerca crecían unos juncos, sentimos aumentar la esperanza dentro de nosotros. Al alcanzar el metro de profundidad, la arena empezó a humedecerse, y empezamos a sacar puñados de tierra y colocarlos en trapos y pañuelos, entregándosela a las madres desesperadas que la exprimían para obtener preciosas gotas de agua que llevar a las bocas de sus hijos llorosos.

Papá se unió a los que estaban excavando, y el agujero se hizo cada vez más profundo, hasta que de repente un grito recorrió todo el grupo: —¡Agua! ¡Hemos encontrado agua!

Ni siquiera dimos tiempo a que se asentase el barro, todos comenzamos de inmediato a acarrearla en ollas, sartenes y teteras, repletas de agua arenosa. Nos la bebimos, la derramamos sobre nuestras cabezas, y estallamos en risas. Nuestros gritos de desesperación se convirtieron en cánticos de alegría. Una vez más, Dios había contestado nuestras oraciones.

Pasamos tres días en torno a aquel pozo, descansando y reponiéndonos de nuestra sed. Durante nuestro tiempo de oración vespertina, papá nos dijo:

—Demos gracias a Dios por responder a nuestras oraciones, pero no volvamos a equivocarnos. Desobedecer a Dios es siempre un error.

El día que abandonamos el pozo, algunos de los hombres escribieron unas palabras en un trozo de madera y lo clavaron en una estaca junto a éste.

—¿Qué dice ese letrero? —pregunté a Misha.

Misha leyó el cartel y respondió: «Que todos los que pasen por aquí y tengan sed, beban de esta agua fresca que Dios nos proporcionó. Mayo de 1933». Al alejarnos del pozo miré hacia atrás, preguntándome si volvería a estar alguna vez tan sediento. No parecía posible. Cuanto más nos acercábamos a la frontera, más verde y húmeda estaba la tierra. Llegamos a la frontera con China cerca de la medianoche, y al alcanzar el río Sailimu, varios de los que iban en vanguardia se apresuraron a cruzar. Sin embargo, nos detuvimos de repente. Papá, corrió llevándome en brazos desde la parte de atrás, intentando descubrir qué estaba sucediendo. Nuestro líder señalaba con el dedo, y decía:

—¡Miren! Lo que tenemos delante son campos de arroz. Si seguimos recto, tendremos que caminar a través de agua y barro. A la derecha, el panorama es exactamente el mismo. A la izquierda hay un búnker de la patrulla fronteriza china. ¿Qué debemos hacer?

La esposa de Iván Verhovod, Masha, lo tomó por los hombros y dijo:

—¡Síganme! —girando a la izquierda, justo hacia el búnker de la patrulla fronteriza, y llevándonos directamente al otro lado de la frontera. Mientras caminábamos hacia allí, oímos el ladrido de un perro, pero no vimos a ningún soldado chino. Después de caminar un rato, salimos de los campos de arroz. Todo el grupo suspiro de alivio. ¡Por fin estábamos en China!

A pesar de que todos estábamos emocionados por haber llegado, el rugido de nuestros estómagos nos recordó que podíamos morir de hambre si no encontrábamos comida pronto. Después de haber descansado hasta el amanecer detrás de unas dunas de arena, algunos de los hombres vieron varias yurtas en la distancia.

—Probablemente allí haya comida —dijeron. Por mi parte, en lo único que pensaba era en morder un pedazo de aquel pan blanco y redondo que nunca había llegado a terminarme.

Mamá y otras tres mujeres se pusieron de acuerdo en ir a buscar comida. Antes de partir, mamá se arrodilló y nos dio a cada uno un beso en la frente; dijo que iba a traernos el pan blanco. ¡Oh, cómo deseaba aquel pan blanco!

—VANYA, VUELVE A PONERTE el zapato. Mira, han ido a buscar a papá.

Las palabras de Misha me sacaron de los pensamientos que me tenían absorto, y me puse frenéticamente a calzarme el zapato. Mientras intentaba mantener el equilibrio sobre un pie tropecé con Lena. Misha y Marusia observaban sobre el borde de la zanja en dirección a los campos de arroz.

—¡Déjenme ver! —grité.

Cuando al fin conseguí que mi pie se introdujese en el zapato, me acerqué corriendo a Misha, quién me levantó lo suficiente como para conseguir que mi nariz descansase en el borde de la zanja. Podía aspirar el olor de la tierra empapada y sentir el tacto de la hierba húmeda contra mi nariz.

—¿Qué le están haciendo a papá? —pregunté a Misha.

—Parece como si lo estuvieran envolviendo en una manta —respondió.

—Quizás se haya mojado y tenga frío —dijo Marusia.

Contuvimos la respiración mientras los dos hombres que llevaban a Papá se metían en el agua y el barro hasta la cintura en su camino hacia nosotros. A medida que se acercaban, noté que el brazo derecho de papá colgaba y se introducía en el agua mientras los hombres se esforzaban en llevarlo hasta tierra firme. Cuando depositaron a papá en el suelo, estiré el cuello para verle la cara.

—Misha —dije—, la cara de papá está cubierta con la manta. ¿Por qué?

Misha no respondió. Simplemente se quedó mirando a papá, que yacía en el suelo. Me di cuenta de que en la esquina de su ojo derecho empezaban a formarse unas gotas, y de repente, como si se desbordase una presa, las lágrimas comenzaron a rodar sin control por las mejillas de Misha.

—¿Qué te pasa, Misha?

—Papá ha... ha muerto —susurró.

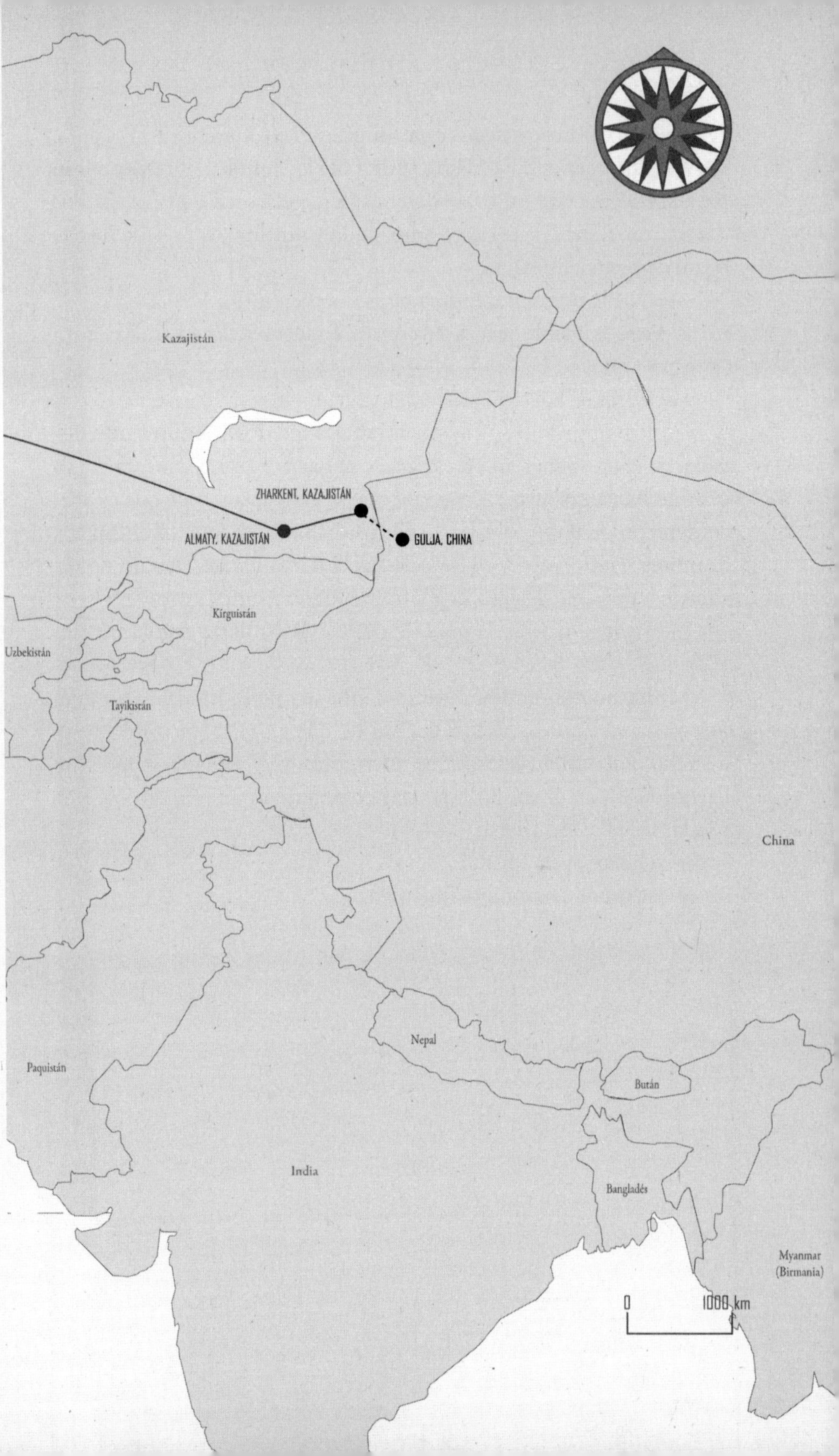
Kazajistán
ZHARKENT, KAZAJISTÁN
ALMATY, KAZAJISTÁN
GULJA, CHINA
Kírguistán
Uzbekistán
Tayikistán
China
Nepal
Bután
Paquistán
India
Bangladés
Myanmar
(Birmania)
0
1000 km

TRES

—PAPÁ HA MUERTO.

Al escuchar las palabras de Misha, Marusia y Lena se pusieron a llorar. Pero, por alguna razón, lo que él decía no tenía sentido para mí. Yo no sabía qué hacer. Varios de los hombres empezaron a cavar un hoyo con sus propias manos bajo un gran arbusto. Entonces recordé el agujero que papá había cavado en el desierto, el agujero en el que, envuelto en una manta, habían depositado a Vasya. Y ahora Vasya se había ido para siempre.

Una manta. Papá está enrollado en una manta. Aquel pensamiento me sacudió como un relámpago.

—¡No! —grité—. No pongan a mi papá en ese agujero.

Mis gritos dejaron a los hombres desconcertados. Intenté salir de la zanja y abrirme camino hasta el hoyo para detenerlos, pero Misha me sujetaba.

—Vanya, estate quieto —dijo—, papá ha muerto y no hay nada que se pueda hacer.

Me escurrí de nuevo dentro de la zanja y empecé a sollozar. Marusia me recogió en sus brazos y me estrechó fuertemente. Pude sentir como rodaban sus lágrimas hacia mi cuello, y notar su pecho subiendo y bajando mientras ella también sollozaba intensamente. A través de mis lágrimas, vi de igual modo a Lena sentada en el suelo, encogida, abrazando sus rodillas cerca del pecho, absolutamente desconsolada.

Aunque era Misha el que hablaba, apenas podía reconocer su voz rota por el dolor:

—Recuerden lo que papá y mamá siempre nos decían —dijo, secándose los ojos con la manga—. La muerte sólo es una separación temporal. Pronto nos volveremos a encontrar en el cielo.

Sabía que volvería a ver a papá en el cielo, pero yo quería correr hacia él ahora, sentir ahora sus brazos a mí alrededor. Marusia me estrechó contra ella, pero yo seguía llorando cada vez más fuerte.

—¡Silencio, chicos, alguien viene!

En respuesta a la orden de Misha, me sequé rápidamente los ojos y la nariz en las mangas de la chaqueta y me levanté.

—Déjenme ver, déjenme ver.

Misha, me sostuvo, una vez más, lo bastante alto como para que observase por encima del borde de la zanja. A lo lejos, vi a un hombre caminando por el campo con algún tipo de herramienta curvada en sus manos. Caminaba directamente hacia los tres hombres que continuaban cavando un agujero para papá. En algún momento, ellos también le vieron, porque pararon de cavar y se incorporaron para observar al forastero que se acercaba.

—Acerquémonos hasta el arbusto y veamos qué es lo que ocurre —dijo Misha.

No esperé a que lo dijese otra vez. Salí a gatas de la zanja y me acerqué al arbusto justo en el momento en que llegaba el extraño. Aquel hombre llevaba una gorra cuadrada de color vino en la cabeza, y lucía un tupido bigote negro bajo una nariz grande y abultada. Su piel oscura y sus grandes manos, parecían tan curtidas como la piel de un elefante. En su diestra, sujetaba firmemente una maltrecha guadaña recién afilada. Sin embargo, no parecía malvado, y sonrió al saludar a los hombres en un tosco ruso.

—¡Salaam alaikum! —dijo a continuación.

—Paz para usted también —dijeron estos, respondiendo al saludo musulmán.

—Me llamo Sayjan, y soy el dueño de este campo. He visto que estaban cavando en él. ¿Qué es lo que hacen y qué contiene esa manta?

Alex Shevchenko y Lueva Dumanovsky comenzaron a responder al mismo tiempo. Tras una rápida mirada entre ellos, Alex tomó la palabra.

—Perdónenos por cavar un agujero en su campo. Solo tratábamos de enterrar a uno de nuestros amigos que falleció esta mañana.

—¿Cómo murió?

—En realidad, no lo sabemos —dijo Alex—. Últimamente parecía muy débil, y se agarraba constantemente el lado derecho. Puede que le doliera el apéndice. Además, ayer había perdido a su mujer, y tenía que cuidar a sus cuatro hijos él solo.

—¿De dónde vienen y quiénes son? —preguntó Sayjan.

—Somos refugiados rusos y cruzamos la frontera esta misma mañana —dijo Lueva.

Sayjan miró pensativamente a nuestros hombres y dijo: —Me parece que les vendría bien un poco de comida. Vengan conmigo y traigan el cuerpo de su amigo. De todos modos, no es buena idea enterrarlo bajo este arbusto, en esta zona hay perros salvajes. Voy a enseñarles donde está el cementerio; allí podrán darle sepultura.

—Le agradecemos mucho que nos ofrezca ayuda —respondió Alex, inclinándose en señal de respeto—, pero queremos advertirle de que nuestro grupo lo forman cuarenta y seis adultos y niños.

—No se preocupen por eso —dijo Sayjan—. Mi pueblo está acostumbrado a los grupos grandes. ¿Dónde está el resto de la gente?

Alex señaló a su derecha y dijo: —Están todos en esa zanja.

De repente, trazando una gran curva con su guadaña, Sayjan exclamó:

—¡Vengan, amigos míos. Vayamos a mi casa.

Misha me agarró del brazo y medio a rastras medio en brazos, me llevó de nuevo a la zanja. Vi como el cuerpo de papá se quedaba atrás mientras Alex y Lueva conducían a Sayjan hacia donde estaba el resto del grupo. Alex se los presentó; y con una gran sonrisa, Sayjan dijo:

—Sean todos bienvenidos a mi hogar. Acompáñenme.

La gente agarró sus pertenencias y comenzó a salir de la zanja. El miedo y la frustración de los últimos días dieron paso a una nueva atmósfera de expectación y emoción. Mientras marchábamos hacia la casa de Sayjan, Alex y sus padres hicieron que los hijos de Iliyn avanzásemos en compañía de su familia.

Había visto yurtas como la de Sayjan a distancia, pero nunca desde tan cerca. Aquella yurta se parecía más a una gran carpa que a una casa. Su estructura de madera estaba envuelta en un grueso y áspero fieltro. Sayjan nos invitó a sentarnos en el heno fresco esparcido por el suelo. No pude evitar fijarme en una chica joven que, sentada junto a una yegua, parecía estar ordeñándola.

—Misha, ¿qué es lo que hace esa chica? —pregunté.

—Está ordeñando la yegua —respondió Misha—. La leche que obtiene se deja en reposo durante varios días hasta que fermenta, y luego se bebe. Lo llaman kumiss.

—¡Puaj! —le dije—. Seguro que tiene un sabor horrible.

Poco después, los obreros de Sayjan nos trajeron panes redondos recién horneados, leche, y diferentes verduras. Mientras me comía mi parte, seguía pensando en aquella primera pieza de pan redondo que nunca me había llegado a comer. Saboreaba cada bocado, cerrando los ojos al tragar. Sabía aún mejor de lo que había imaginado.

Después del desayuno, Sayjan nos condujo a un cementerio no muy lejos de su casa. Allí, con ayuda de sus obreros, excavamos una tumba. Iván Verhovod leyó varios pasajes de las Escrituras y dijo unas pocas palabras amables sobre Papá. Luego nos dirigió en una canción.

Papá yacía junto a la tumba abierta, con el rostro descubierto. Antes de enterrarlo, todos pasamos junto a él y lo miramos por última vez. Marusia me llevó de la mano mientras pasábamos. Los ojos de papá estaban cerrados, y su rostro tenía un aspecto sereno. Le toqué la cara, pero retiré los dedos inmediatamente debido a lo frío que estaba su rostro. Mientras Marusia me sacaba de allí, miré hacia atrás y le dije adiós con la mano.

Los empleados de Sayjan nos dieron bastante pan para todo el día. Incluso tuvimos lo necesario para desayunar a la mañana siguiente. Mientras nos preparábamos para partir, Sayjan se acercó a nosotros y preguntó a Alex.

—¿Son estos los niños que han perdido a su padre?

—Sí —respondió él.

—¿Cuántos años tienen?

—Marusia tiene trece años, Misha doce, Lena siete, y Vanya casi cinco.

—Este niño es casi tan moreno como mi pueblo —Sayjan puso su mano sobre la cabeza de Misha mientras hablaba—. ¿Por qué no lo dejan conmigo? Yo no tengo hijos propios, y cuidaré de él como si fuera mío.

—Todavía tiene una madre. Ella no se encuentra aquí ahora, pero se unirá a nosotros —dijo Alex.

—Si lo dejan conmigo, incluso les ayudaré como familia cuando encuentren a su madre.

Al escucharles discutiendo la posibilidad de dividir aún más a mi destrozada familia sentí que se me empezaba revolver el estómago.

—No podemos tomar esa decisión —dijo Alex—. ¿Qué vamos a decirles a sus tíos que viven en Gulja?

—Bueno, entonces, dejen a Lena conmigo. Ella también es de piel oscura.

—Han sido muy amables con nosotros, pero no podemos hacer esto, al menos, no hasta que consultemos con su familia en Gulja —dijo Alex.

Yo estaba muy contento de que Misha y Lena no se quedaran atrás.

Finalmente, Sayjan se conformó y nos mostró el camino a Gulja. Nos dio más pan y nos deseo buen viaje.

Mientras nuestro grupo avanzaba a lo largo del camino de tierra, pude ver las altas montañas que se alzaban al sur. Iván Verhovod las llamaba el Tien Shan, y nos dijo que las nieves de sus cumbres regaban el gran valle desértico en el que nos encontrábamos. Había más montañas al norte, y algunos decían que también había un gran lago. Al final lo supimos cuando nos alcanzaron por detrás tres viejos carromatos rusos. Iván descubrió que los hombres de las carretas eran pescadores que regresaban a Gulja sin capturas. Se ofrecieron a llevarnos, y los ancianos y los niños pudieron viajar en aquellas carretas los cuarenta y cinco kilómetros que nos separaban de Gulja.

Ya era de noche cuando llegamos, y mi espalda y trasero me dolían después de horas de traqueteo a lo largo de aquel horrible camino lleno de baches. Al igual que Jarkent, este lugar polvoriento parecía ser un lugar de reunión para comerciantes y viajeros. Había rusos y kazajos, igual que los que había visto en casa, y también pudimos ver uigures, algunos chinos, e incluso unos pocos judíos.

Gulja era una ciudad partida en dos por el Pelechinka, un arroyo alimentado por manantiales, que fluía desde el norte hacia el río Ili. Al oeste del Pelechinka estaba la ciudad nueva, donde vivían muchos tártaros ricos de lengua rusa. En cambio, al este del Pelechinka se encontraba la ciudad vieja, poblada principalmente por chinos que vivían en chozas mal construidas a base de barro, palos y paja.

Los pescadores nos dejaron en un *caravasar*, y por un momento tuve la esperanza de poder tumbarme en una cama y dormir. Pero aquel mesón de carretera no tenía camas, ni siquiera sillas. En realidad, se parecía más a un granero con varias habitaciones grandes y un pavimento de tierra pisoteada. El baño estaba fuera, detrás de un matorral ralo. La verdad es que no me importó; me acurruqué junto a Misha y Lena en una manta que Marusia había extendido y, rápidamente, me quedé dormido.

A la mañana siguiente, se acercaron por allí el hermano de papá, Mitrofan, y María, su esposa. Llevaban ya tres meses viviendo en Gulja y esperaban con impaciencia nuestra llegada. Los Shevchenko y Dumanovsky salieron a su encuentro con muchos abrazos y lágrimas.

—¿Dónde están Yakov y Pelageya?

Un momento de pesado silencio acompañó a la pregunta del tío Mitrofan.

Enterramos a Yakov cerca de la frontera —dijo Lueva—, pero tenemos la esperanza de que Pelageya siga viva. Se separó de nuestro grupo justo después de que entrásemos en China.

—Entonces, sus hijos tienen que venir con nosotros —dijo la tía María, tomándome en brazos mientras hablaba.

Los cuatro sentimos un alivio enorme al oír estas palabras. A todos nos gustaban nuestros tíos. El tío Mitrofan me recordaba a papá. Tenía el mismo pelo negro, pero a diferencia de él, exhibía un ancho bigote. Pude ver el carácter afable de papá en sus ojos. La tía María era una mujer bajita y regordeta, y mucho más enérgica que el tío.

Por lo general llevaba el pelo largo trenzado y recogido en un moño, que se cubría con un bonito pañuelo.

Nuestros tíos nos trasladaron a la casa de dos habitaciones que compartían con otras dos familias. El tío Mitrofan y la tía María dormían sobre varias capas de mantas en el rincón derecho de la parte trasera de nuestra habitación. Nos hicieron una cama sobre el suelo de cemento, justo al lado de la suya. Mamá había llevado unas cuantas mantas gruesas de Rusia, que utilizamos como cama y también para cubrirnos. En el exterior, nuestro baño consistía en un agujero en el suelo encajado entre varios tablones estrechos. Ir al baño en las noches lluviosas suponía todo un desafío.

La calle en la que vivíamos tenía muchas casas similares, construidas muy cerca unas de las otras. Grandes puertas de metal y paredes de ladrillo mantenían alejados a los intrusos y protegían las viviendas de las miradas curiosas. El camino al que daba nuestra casa era lo suficientemente ancho como para que pasasen dos carretas tiradas por caballos. Al ser de tierra, durante la estación calurosa se convertía en un torbellino de polvo, y cuando llegaban las lluvias se transformaba en un lodazal. A ambos lados de la carretera corrían estrechos canales que transportaban las aguas residuales que salían de las casas. El hedor era horrible.

Una semana después de llegar a Gulja, el tío Mitrofan, que trabajaba como encalador, llegó a casa del trabajo y le anunció a Marusia que un amigo musulmán necesitaba una niñera para sus hijos, y el tío la había recomendado para el trabajo, por lo que tendría que irse a vivir a otro lugar.

Unos días más tarde, Misha conoció a unas personas que tenían un huerto de manzanas, y le pidieron que ahuyentase a los petirrojos de su jardín, para que no se comieran los frutos. Así pues, durante el día acompañaba a Misha a «su trabajo». Me gustaba seguirle mientras él corría, agitando los brazos, por todo el jardín. Era divertido, y además Misha recibía algo de dinero y pan a cambio de su esfuerzo.

Todos los domingos por la mañana nos aseábamos y nos preparábamos para ir a la iglesia. Salíamos de casa temprano y caminábamos varios kilómetros hasta el edificio alquilado donde nos reuníamos. Al culto asistían cerca de cien adultos y niños.

Por las noches, cuando ya era tarde y yacía junto a Misha y Lena, pensaba en mamá, y me preguntaba dónde estaría y si alguna vez la volvería a ver. Antes de irnos a dormir, orábamos con nuestros tíos, pidiéndole a Dios que, por favor, trajese de nuevo a mamá hasta nosotros.

Una tarde, mientras Lena, Misha, y yo estábamos tumbados en nuestra cama, oímos un alboroto en la habitación contigua. Misha se puso de pie y apoyó la oreja contra la puerta.

—Cállate, Vanya —dijo. Oigamos lo que dicen en la habitación de al lado.

Nos pusimos a escuchar, y de repente Misha exclamó: —¡Esa parece la voz de mamá!

Me levanté de inmediato y corrí hacia la puerta. Pero antes de que pudiera llegar a ella, la tía María entró, bloqueando el camino.

—¡Tita, tita! —grité. ¡Mamá ha vuelto! ¡Quiero verla! —Para mi sorpresa, la tía María me agarró y me alejó de la puerta.

Silencio, niños. Vuestra madre acaba de volver. Pero no quiero que vayan todavía con ella. No sabe nada de la muerte de su marido, y está demasiado débil y cansada como para recibir ahora esa noticia. Ya ha preguntado por ustedes y por Yakov, y le hemos dicho que todo va bien. Déjenla descansar un poco, y entonces les permitiré acercarse a ella.

Cuando la tía María me colocó de nuevo en el suelo, me senté junto a Lena y Misha, y comencé a escuchar a través de la puerta a mamá contando la historia de sus tres semanas de calvario. La tía María la había dejado entreabierta, así que pudimos escuchar cada palabra. La voz de mamá sonaba débil, como si hubiera estado enferma, pero era la misma voz dulce, y me consoló muchísimo.

—Cuando regresé al lugar donde se habían escondido mi familia y el grupo, ya se habían marchado todos —comenzó a decir Mamá—. No sabía qué hacer, así que pasé la noche allí, llorando y pidiendo al Señor que me dijese qué paso dar. Por la mañana, me puse en marcha y sentí que Dios me guiaba a caminar en una dirección determinada. Todavía llevaba conmigo todo el pan que había comprado para mi familia.

Mientras caminaba y oraba, escuché que alguien se acercaba por detrás. Era un musulmán montado a caballo que tiraba de un toro cargado con sacos de grano. El hombre se detuvo y preguntó en kazajo, «*Kaida barashe, babeedia?*» (¿Dónde vas, mujer?).

Yo había aprendido algunas frases en kazajo en el Sovxoz, así que lo saludé y le pregunté si aquel era el camino correcto hasta Gulja. Me respondió que sí, y me dijo que podía llevarme en su caballo hasta un molino cercano. Era un hombre amable y me dejó usar su montura, mientras él cabalgaba sobre su toro sobrecargado.

Cuando llegamos al molino, me mostró un camino que dijo que llevaba a una finca propiedad de unos rusos. Me explicó que sin duda ellos me serían de más ayuda, ya que hablábamos el mismo idioma. Le di las gracias por su ayuda y seguí caminando.

Poco después de dejar atrás el molino, llegué a una bifurcación en el camino. El que aquel hombre me había aconsejado que tomara descendía abruptamente hasta un río. Intenté vadearlo, sosteniendo en alto el pan por encima de mi cabeza, con la esperanza de que el río no fuese muy profundo. Pero era profundo y rápido, y me hizo perder el equilibrio. Varias veces fui arrastrada bajo el agua por la corriente y estuve a punto de ahogarme. Necesité todas mis fuerzas para llegar al otro lado. Había perdido todo el pan, pero al menos seguía viva.

Cuando al fin encontré la finca, temblaba de forma incontrolable. Le conté a la familia rusa lo que me había pasado, y rápidamente me invitaron a entrar en su casa. Me dieron ropa seca y dejaron que me calentase junto a su estufa de leña. Pero me puse muy enferma y tuve fiebre alta durante varios días. Me explicaron que tenía malaria y que pasarían varias semanas hasta que me sintiese mejor.

Pasé con aquella familia tres semanas, hasta que recobré la salud. Durante ese tiempo tejí para ellos muchos calcetines, guantes y mantas de punto, ya que habían sido tan amables. No obstante, me sentía impaciente por mejorar lo necesario como para partir. Estaba muy preocupada por mis hijos, y por Yakov.

Esta mañana temprano, el dueño de la granja me dijo que pensaba viajar a un pueblo cerca de Gulja, y le convencí para que me llevara. Cuando llegamos, pagó para que me trajesen en carreta a Gulja. ¡Bendito sea Dios, al fin lo he conseguido!

Oímos murmullos de agradecimiento del tío Mitrofan y la tía María, que había regresado a la habitación. Y luego, un silencio incómodo.

—¿Están seguros de que Yakov y mis niños están bien? ¿Dónde está Yakov?

—Se encuentran bien, Pelageya, todos están reposando. Ahora, por favor, trata de descansar. Aún no estás recuperada, pareces exhausta.

No podía decir quién había dicho eso, pero sabía que trataban de protegerla del impacto de la noticia de la muerte de papá.

—Por cierto —preguntó la misma voz—, ¿qué le ha pasado a tus piernas?

—Oh, ahora están mucho mejor —respondió mamá—. Perdí mis zapatos en el río y caminé muchos kilómetros descalza. También me golpeé y arañé las piernas contra varias rocas grandes cuando me llevó la corriente.

Quería correr hasta mamá y contárselo todo acerca de papá y nuestro viaje a Gulja. Pero cuando miré a Misha, me hizo señas para que me quedase quieto. Pude oír a otra persona entrar en la habitación, era una mujer, y cuando empezó a hablar, Misha abrió su boca horrorizado y dijo:

—¡Oh, Dios mío, no!

—Da, Pelageya —dijo la mujer—. Tú enterraste a tu hijo Vasya en la arena, y luego, cuando tú no estabas, ellos enterraron a tu Yakuba.

—¡Qué! —gritó mamá.

—Sí, tu Yakov ha muerto. La misma noche en que esperabas sentada, ellos lo sepultaron.

Mamá comenzó a dar unos gemidos lastimeros y horribles, que nos produjeron escalofríos a Misha, a Lena y a mí.

—¿Es eso cierto? —gritó ella—. ¿Me he quedado sola con cuatro hijos pequeños? Oh, Señor, ¿qué voy a hacer? No hablamos el idioma. No tenemos dinero. ¡Oh no, oh no!

—¿Por qué has hecho eso? —gritó la tía María a la mujer—. Después de todas las calamidades que ha tenido que soportar la pobre. ¿Qué es lo que te ocurre? ¿No podías esperar a contárselo más tarde? Mira lo que has hecho ahora.

Misha se puso en pie y atravesó corriendo la puerta. Lena y yo le seguimos tan rápido como pudimos. Mamá daba grandes gemidos, y alguien dijo que le estaba dando una parálisis. Los hombres colocaron a mamá en una cama de heno y nosotros nos abalanzamos sobre ella.

—¡Mamá! ¡Mamá! —Misha la rodeó con sus brazos y ambos comenzaron a llorar.

Al vernos a Lena y a mí, mamá trató de ponerse en pie, pero no pudo. Alguien nos levantó hasta ella y pudimos nosotros también acurrucarnos en los brazos de nuestra mamá. Lágrimas mezcladas de alegría y de tristeza rodaban por mis mejillas. Estaba muy feliz de ver a mamá, pero muy asustado al ver lo enferma que estaba.

Mamá mantuvo mi cabeza apretada contra su pecho, mientras entre susurros le hacía preguntas a Dios. —¿Y ahora qué, Señor? Yakov está muerto y mis hijos son tan pequeños. Oh, Dios mío…

—Todo va a salir bien, Pelageya —dijo el tío Mitrofan—. Dios no es inmisericorde. Él no te ha abandonado. Nosotros te ayudaremos, y también lo harán los demás.

Mamá asintió débilmente.

—¿Dónde está Marusia? —dijo débilmente, pero antes de que pudiéramos responder, cayó en un sueño profundo.

MAMÁ NUNCA se recuperó de la conmoción de aquella noche horrible. Durante los siguientes seis meses permaneció en la cama. Tenía ataques de malaria dos veces al día, con fiebres altas y escalofríos que le sacudían sin piedad. Todos los días Misha recogía madera para la estufa y Marusia, que venía a casa cada noche, hacía té caliente para mamá. La gente nos traía comida y nos ayudaba todo lo que podía, lo que no era mucho, porque todos eran pobres y tenían sus propias familias que alimentar. Misha y yo también enfermamos de malaria, pero decidimos que si queríamos tener cualquier posibilidad de que sobreviviese alguno de nosotros, debíamos encontrar comida para nuestra familia.

Una fría mañana, despertamos hambrientos, y una vez más no teníamos nada que comer. Misha vio mi expresión de dolor y dijo:

—Vanya, tenemos que encontrar un poco de pan para mamá y para nosotros. Te enseñaré algunas frases en kazajo y así podrás mendigar comida. Yo soy demasiado mayor y me da vergüenza mendigar, pero te puedo enseñar cómo hacerlo.

—Está bien —le dije—. ¿Cuándo empezamos?

Misha me enseñó una frase y me la repitió hasta que la dije como un auténtico kazajo.

—*Nan bearch, nan bearch, nan bearch* —dije una y otra vez.

—¿Qué significa exactamente?

—Significa «dame pan» —dijo Misha.

Nuestro método para mendigar consistía en lo siguiente: Misha me llevaba a una puerta, llamaba y luego se escondía. Cuando la puerta se abría, yo levantaba la vista y decía: «Nan bearch». Luego extendía mi mano derecha hacia la persona y repetía mi frase.

No sé si era por la suciedad de mi ropa o porque era muy pequeño y delgado, pero lo cierto es que la mayoría de la gente me daba trozos de pan plano y redondo, que yo dejaba caer en una bolsa de tela raída.

Con frecuencia la gente nos daba el pan cubierto de lo que parecía una brillante pelusa verde. Por alguna razón, cada vez que comía ese tipo de pan, me dolía terriblemente el estómago toda la noche. Infelizmente, casi la mitad de todo el pan que nos daban estaba en ese estado.

No obstante, mendigar no resultaba fácil. En cierta ocasión, al llegar a una puerta nos encontramos con dos escuálidos perros negros. Antes de que pudiésemos alejarnos, los perros nos atacaron y empezaron a mordernos las piernas y los brazos. Yo grité y sacudí mis miembros todo lo que pude, y Misha tuvo que sacarme de allí a rastras. Cuando al fin consiguió ponernos a salvo en una choza abandonada, ambos sangrábamos abundantemente debido a las heridas causadas por los mordiscos. Mi hermano llevaba en su bolsillo trasero un trapo sucio, lo humedeció en un charco y empezó a limpiar cuidadosamente mis heridas.

—He perdido la bolsa de pan —dije, mientras las lágrimas me corrían por las mejillas.

—No pasa nada, Vanya. Ya encontraremos otra bolsa y conseguiremos más pan.

Cada día, justo a mediodía, sufría un ataque de malaria. Misha me conducía detrás de algún edificio, se quitaba su chaqueta, me cubría con ella, y se sentaba sobre mí. Entonces me ponía a temblar violentamente durante al menos diez minutos, y luego empezaba a sudar copiosamente. Después, Misha se tumbaba encima de mí durante al menos treinta minutos, intentando mantenerme caliente. Aproximadamente una hora más tarde, nos levantábamos y continuábamos mendigando pan.

En cambio, los ataques de malaria de Misha siempre ocurrían por la noche, cuando ya habíamos vuelto a casa.

Una tarde en la que Misha había ido al bazar a comprar sal, mamá nos llamó al borde de su cama a Marusia, a Lena y a mí. Sollozaba, y casi no se podía entender lo que decía.

—Denme sus manos, hijitos. Les quiero muchísimo. Oh, Yakov, ¿qué debería hacer? ¿Debería irme contigo, o quedarme con mis hijos?

Mamá suspiró profundamente, cerró los ojos y dejó caer la cabeza hacia un lado. Misha se puso junto a ella y le preguntó:

—Mamá, ¿estás bien?

Marusia levantó la vista, y con sus mejillas bañadas en lágrimas, dijo:

—No, Misha. Mamá ha muerto.

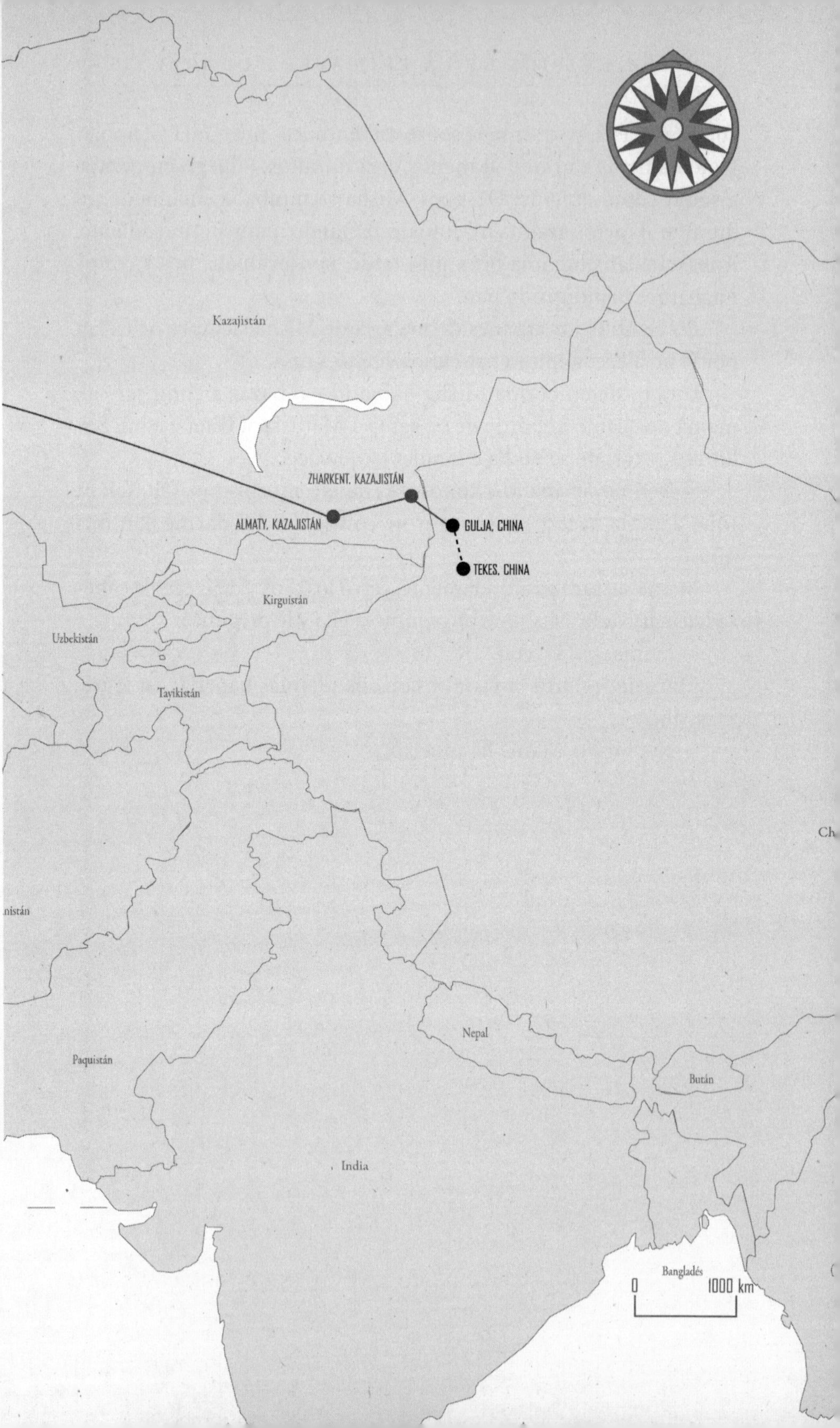

Kazajistán
ZHARKENT, KAZAJISTÁN
ALMATY, KAZAJISTÁN
GULJA, CHINA
TEKES, CHINA
Kirguistán
Uzbekistán
Tayikistán
Nepal
Paquistán
Bután
India
Bangladés
0
1000 km

CUATRO

El ROSTRO DE MAMÁ SE LLENÓ DE PAZ, pero la poca paz y estabilidad que teníamos los hijos de los Iliyn se vio terriblemente alterada en aquel momento. Misha se arrojó sobre el cuerpo de mamá, que estaba poniéndose gris y frío.

—¡No, mamá, no te vayas! Mamá, mamá, ¿por qué te has tenido que morir?

Los cuatro empezamos a gritar y a llorar. No había nadie más en el pequeño cuarto destartalado que compartíamos. Los tíos Mitrofan y María se habían marchado unas pocas semanas antes en dirección al sur, a buscar trabajo. Yo sujetaba con fuerza la mano de mamá, apretando sus dedos huesudos. Misha y Marusia se tumbaron encima, abrazándola y gimiendo. Lena se sentó a sus pies, sollozando y golpeando el suelo con los puños.

Seguramente nuestros vecinos kazajos nos escucharon llorar, porque entraron corriendo en el cuarto sin siquiera llamar a la puerta. El padre se acercó a mamá, le tomó el pulso y dijo algo en kazajo a su esposa. Luego empezaron a apartarnos de mamá y nos sentaron en el suelo, en el rincón opuesto.

En pocos minutos, nuestro pequeño cuarto se llenó de gente. La señora Shevchenko se sentó con nosotros, tratando de calmarnos.

Su hijo Alex, junto con otros hombres jóvenes, salieron de allí a buscar algunos tablones. Pude oírles decir que necesitaban construir un ataúd para mamá.

Cuando regresaron, las mujeres de la iglesia ya habían lavado el cuerpo de mamá, y con cariño la habían vestido con su única blusa blanca y atado un pañuelo alrededor de su cabeza, para sujetarle el mentón. Después, depositaron su frágil cuerpo en un féretro hecho con restos de madera, probablemente tomada de la pared de un granero u otro edificio en ruinas.

Contemplé como sucedía todo esto, pero me pareció sólo un mal sueño. ¿Cómo podía ser real? Tan sólo dos horas antes estaba hablando con mamá, y ahora ella estaba en aquella caja horrible. Cuando la señora Shevchenko nos condujo fuera, fue como si toda la iglesia se hubiera reunido allí. Alex y los demás hombres sacaron el féretro de mamá y lo pusieron en una vieja carreta. A Lena y a mí nos subieron y nos sentaron cerca del conductor. Cuando los caballos se pusieron en marcha la gente nos siguió. Cantaban un himno ruso mientras recorríamos las calles de la ciudad, camino de un cementerio situado a las afueras de Gulja.

Al fin, la carreta se detuvo junto a un gran hoyo, y el ataúd de mamá fue depositado en el suelo. La gente se acercaba y me tocaba el hombro, pero yo a duras penas conseguía ver lo que ocurría a través de mis lágrimas. Escuché a varios hombres leer pasajes de la Biblia y decir cosas buenas acerca de mi mamá, pero no podía apartar la vista del féretro, que todavía estaba abierto. Aunque sabía que mamá había muerto, no sentí todo el impacto de aquel hecho hasta que no lo cerraron y empezaron a bajarlo al gran agujero. Entonces empecé a gritar.

—¡No! ¡No pongan ahí a mamá!

Corrí hacia la tumba e intenté saltar encima del ataúd para estar con mamá. Alex me agarró y me sujetó con fuerza.

—¡Mamá, no te vayas! —grité, extendiendo mi mano hacia ella.

Todas las mujeres lloraban desconsoladas, y la mayoría de los hombres tenía lágrimas en los ojos. Misha, Marusia y Lena corrieron hacia mí y me abrazaron. Permanecimos así un largo rato, abrazados, mientras llorábamos y veíamos cómo la tumba de mamá se iba llenando de tierra. Éramos cuatro niños huérfanos con un futuro tan incierto como los zigzagueantes remolinos del desierto de aquel nuevo y extraño país.

Si no hubiese sido por la bondad de la familia Shevchenko, la confusión, dolor y soledad de las semanas que siguieron habría sido demasiado para los hijos de los Iliyn. Nos mudamos con ellos, y por un tiempo se transformaron en nuestra familia. Efrem y su esposa Niuta, nos cuidaron como a sus propios hijos, y eso a pesar de que eran tan pobres como todos los demás. Tenían cinco hijos propios, entre los que estaba mi amigo Alex. Sus ojos hundidos y su piel curtida por las inclemencias del tiempo hacían que pareciese mayor, aunque solo tenía diecisiete años, pero su sonrisa bondadosa había sido un bálsamo para mi espíritu desde el mismo día en que regresamos a Jarkent. Durante el trayecto hacia China había sido de gran ayuda para mi padre, y cuando papá murió, empezó a cuidar de nosotros.

Misha comenzó a buscar trabajo, pero no pudo encontrar a nadie que quisiera emplear a un delgaducho niño ruso. Marusia continuó viviendo con la familia musulmana para la que trabajaba de niñera. Y Misha y yo seguimos recorriendo las calles para mendigar comida, sin conseguir nunca saciar nuestra hambre del todo. Con frecuencia visitábamos la casa donde vivía Marusia, y la familia kazaja nos daba pan mohoso para comer. Nunca nos preocupó que tuviera manchas verdes, engullíamos cada pedazo. Preferíamos comer pan viejo a no tener nada que llevarnos a la boca. Muchas noches nos acostábamos con el estómago vacío y dolorido.

Durante varias semanas vivimos con la familia Shevchenko, hasta que al fin pudieron encontrar otras casas donde alojarnos. A Misha y a Marusia les acogió la familia Tatejnin. Lena se fue a vivir con un maestro que vivía lejos, en Urumchi. Yo me quedé solo durante algunos días, hasta que también me encontraron una nueva familia.

UN DÍA, un hombre llamado Igor Grusha, y su esposa Lyuda, visitaron a la familia Shevchenko porque se habían enterado de que un niño huérfano necesitaba un nuevo hogar. Los Grusha llevaban muchos años viviendo en Gulja, adonde habían llegado desde Rusia cuando el gobierno soviético les prometió tierras de labor. Parecían gente honrada, aunque no eran cristianos.

Al principio, los Shevchenko no estaban seguros de si debían dejarme en manos de una familia no cristiana, pero los Grusha les prometieron cuidarme bien, ya que se encontraban en mejor situación económica que la mayoría de los habitantes de la ciudad. Supuse que eran campesinos ricos. Tras despedirme con muchas lágrimas de Alex y su familia, subí a la carreta de los Grusha y me dirigí a mi nuevo hogar.

La primera cosa que me llamó la atención de la casa de los Grusha fueron los numerosos perales que tenía en la parte delantera. Algunas peras excesivamente maduras habían caído al suelo y se estaban echando a perder.

—¿Te gustan las peras? —preguntó Igor.

—Desde luego que sí —respondí.

—Muy bien. Entonces, esa será una de tus tareas. Recolectarlas y deshacerte de las que estén en el suelo.

—Perfecto —dije.

Los Grusha parecían mucho más amistosos cuando estaban con los Shevchenko, pero me di cuenta de que ahora ya no sonreían tanto. En comparación a cómo la habían descrito, tampoco su casa resultó tan buena como yo la había imaginado. Entramos en ella y Lyuda tomó mis pertenencias y las condujo a un pequeño cuarto trasero donde almacenaban grandes tarros de cristal.

—Puedes dormir aquí —dijo Lyuda señalando hacia una pila de mantas que había en un rincón de la habitación. El cuarto tenía una ventana pequeña que daba hacia el peral. Estaba feliz de tener mi pequeño espacio propio, aunque tuviese que compartirlo con un montón de tarros.

Aquella primera noche, antes de irme a la cama, di gracias a Dios por mi nueva familia y le pedí que me gustase. Estaba al mismo tiempo asustado y emocionado. Era estupendo tener una familia, pero me parecía increíble que no creyesen en Dios. Nadie se acercó a orar conmigo antes de acostarme, lo que me hizo echar mucho de menos las noches en las que papá me arropaba y oraba junto a mí. Aquello me había hecho sentir siempre muy seguro.

Al día siguiente, Lyuda me encargó algunas tareas. Tras ayudarle a limpiar la cocina, salí a recoger las peras podridas. Pensé que era una vergüenza que se desperdiciasen todas esas peras. Cuánto habríamos disfrutado comiéndolas mis hermanas, Misha y yo durante nuestro viaje. Medité en cuánta hambre había pasado en tantas ocasiones, y sin embargo ahora estaba allí, rodeado de comida. Deseaba comerme una pera, pero temía que Igor y Lyuda se enfadasen conmigo si lo hacía.

A lo largo del día, todo tipo de hombres vinieron a mi nueva casa. Algunos eran musulmanes, hombres de piel oscura, y otros eran rusos, con los rostros enrojecidos por el sol.

Al entrar en casa tras recoger las peras, noté un olor curioso. Vi que Igor y otros dos hombres bebían algo de una botella, fumaban cigarrillos y comían pan y repollo. Reían y se gritaban entre ellos utilizando expresiones que yo no había escuchado jamás. Justo cuando iba a entrar en mi cuarto, Igor gritó,

—¡Vanya! ¡Acércate, hijo! ¡Este es mi nuevo chico! Va a ser muy feliz aquí, ¿no es verdad, chico?

Los hombres rieron a carcajadas. Yo intenté sonreír, pero no pude evitar preguntarme a qué se debería aquel desagradable olor que despedían sus bocas. Uno de ellos, probablemente un kazajo, acercó su cara a la mía y preguntó:

—¿Te gusta beber?

No sabía que responder, y su aliento olía realmente mal.

—¡Calla! —le dijo Igor mientras me agarraba y me apartaba de allí—. Todavía es demasiado pequeño. Le he pedido que se acerque para que conozcan al chico estupendo que he adoptado, no para que le corrompan con sus malas costumbres.

Todos se echaron a reír otra vez, y cuando salí de la habitación no podía entender qué era lo que les había hecho tanta gracia. Lo único que sabía es que nunca había estado con nadie que se comportase de aquella manera. Era casi como si estuviesen locos. La primera vez que vi a Igor no me pareció que fuese una persona rara.

Aquella noche, mientras estaba en mi cama hablando con Dios y pidiéndole que mi hermano y mis hermanas estuviesen bien, empecé a llorar. Echaba de menos a mi papá y a mi mamá, y también a Misha, Marusia y Lena. Era como si todos hubiesen desaparecido. Me preguntaba cómo sería vivir con los Grusha de ahí en adelante.

Había pasado la mitad de la noche y todavía no había conseguido quedarme dormido. Las risas de aquellos hombres aún resonaban en mis oídos. No parecían estar felices, pero entonces, ¿por qué se reían tanto? De repente escuché como alguien llamaba dando golpes a mi ventana.

—¡Vanya!

¿Quién podrá ser?, me pregunté.

—Vanya, ¿estás ahí? —susurró alguien.

—¿Quién eres? —respondí también susurrando. Me levanté para mirar por la ventana. Era Misha.

—¡Misha! ¿Qué haces aquí?

—¡Shhhh! No digas nada más —respondió él—. Toma tu ropa y ven conmigo. Alex y su papá nos esperan en la carretera, y yo he venido a recogerte.

—¿Por… por qué? —dije balbuceando, mientras recogía mi ropa y la cargaba sobre mis brazos.

—No preguntes. Te lo diré cuando estemos en la carreta. ¡Date prisa!

—Traté de ser lo más silencioso posible y salí por la puerta principal, cerrándola con cuidado a mis espaldas. Misha corrió hacia el camino arrastrándome tras él. Los Shevchenko me hicieron señas para que subiese a la carreta.

—Vanya, siento no haberme dado cuenta, ¡casi te entrego a gente mala! —dijo Efrem, el papá de Alex—. Cuando ya te habías ido, alguien me comentó en el mercado que a los Grusha se les conoce por vender vodka y otros tipos de alcohol. No podían creer que te hubiésemos confiado a ellos, así que decidimos traerte de vuelta. Perdóname, Vanya. A partir de ahora, sólo te dejaremos vivir con creyentes.

No podía creer lo que estaba oyendo. Recordaba a papá diciéndome que el alcohol y el vodka eran muy malos, y que las personas que bebían con frecuencia acababan por depender de la bebida. También me decía que era algo que hacía que la gente perdiera la cabeza. Supuse que aquel era el olor extraño que había sentido.

Aquellos hombres que olían a alcohol se habían comportado de una forma muy rara.

A medida que nos acercábamos a la casa de los Shevchenko Efrem, Alex, y Misha parecían cada vez más nerviosos. Seguían mirando hacia atrás, como si esperaran que alguien nos estuviese siguiendo.

—¿Por qué siguen mirando hacia atrás? —pregunté.

—Si los Grusha averiguan que hemos sido nosotros los que te hemos sacado de allí, podrían tratar de llevarte de vuelta —dijo Misha—. Tenemos que alejarte de Gulja tan pronto como podamos.

Cuando llegamos a la casa de los Shevchenko, una carreta con dos caballos sudorosos esperaba junto a la puerta principal. Nada más descender, un hombre salió por la puerta principal y se acercó a nosotros. Levanté la cabeza para mirarle a la cara, y oí decir a Misha:

—Vanya, te presento a tu nuevo papá.

—Hola, Vanya. Me llamo Iván Verhovod.

Misha me agarró de repente por los hombros y me arrastró a un lado. Me miró fijamente a los ojos y me dijo:

—Tienes que marcharte con Iván esta misma noche, antes de que los Grusha averigüen que te raptamos.

—Pero, ¿quién es Iván? —pregunté—. ¿Y cómo debo llamarlo?

Misha me explicó que Iván era uno de los que había colaborado para que nuestro grupo llegase a China. Vivía con su esposa Masha en Tekes, un pueblo en las montañas 200 kilómetros al sur de Gulja. Puesto que no tenían hijos, Masha había enviado a su esposo a Gulja a encontrar una niña huérfana que pudiese ayudarles en las tareas domésticas de la granja. Cuando Iván llegó allí, los Shevchenko le dijeron que yo era el único huérfano que quedaba sin hogar. El señor Verhovod, siendo un hombre amable y gentil, pensó que a su mujer no le importaría si le llevaba a casa un niño en vez de una niña. Así que accedió a llevarme.

—Sé que te va a resultar difícil llamarle papá al principio —agregó Misha—, porque nuestro verdadero papá está en el cielo. Pero, ¿podrías intentarlo?

—Vanya, tenemos que irnos.

Al mirar hacia mi nuevo papá, que agitaba la mano frenéticamente, mis ojos se llenaron de pronto de lágrimas.

—¡Misha! —exclamé—. No quiero dejarte.

Cuando Misha me abrazó, sentí sus lágrimas calientes sobre mi cabeza y nariz. Entre fuertes sollozos me empujó hacia la carreta, y dijo:

—Vanyushka, te amo. No sé cómo voy a hacerlo, pero volveré a verte. Ve con Dios, hermanito.

Al separarme de Misha y los Shevchenko, mi primera familia tras quedarme huérfano, lloré desconsoladamente. Deseaba desesperadamente tener un buen hogar y no volver a pasar hambre nunca más. Pero al alejarnos de Gulja, me preguntaba si volvería a ver alguna vez a mi hermano y a mis hermanas. ¿Volvería a ver a alguno de los amigos que habían ayudado a mi familia a escapar de Rusia?

2ª PARTE

Otoño de 1933
Al sur de Gulja, China

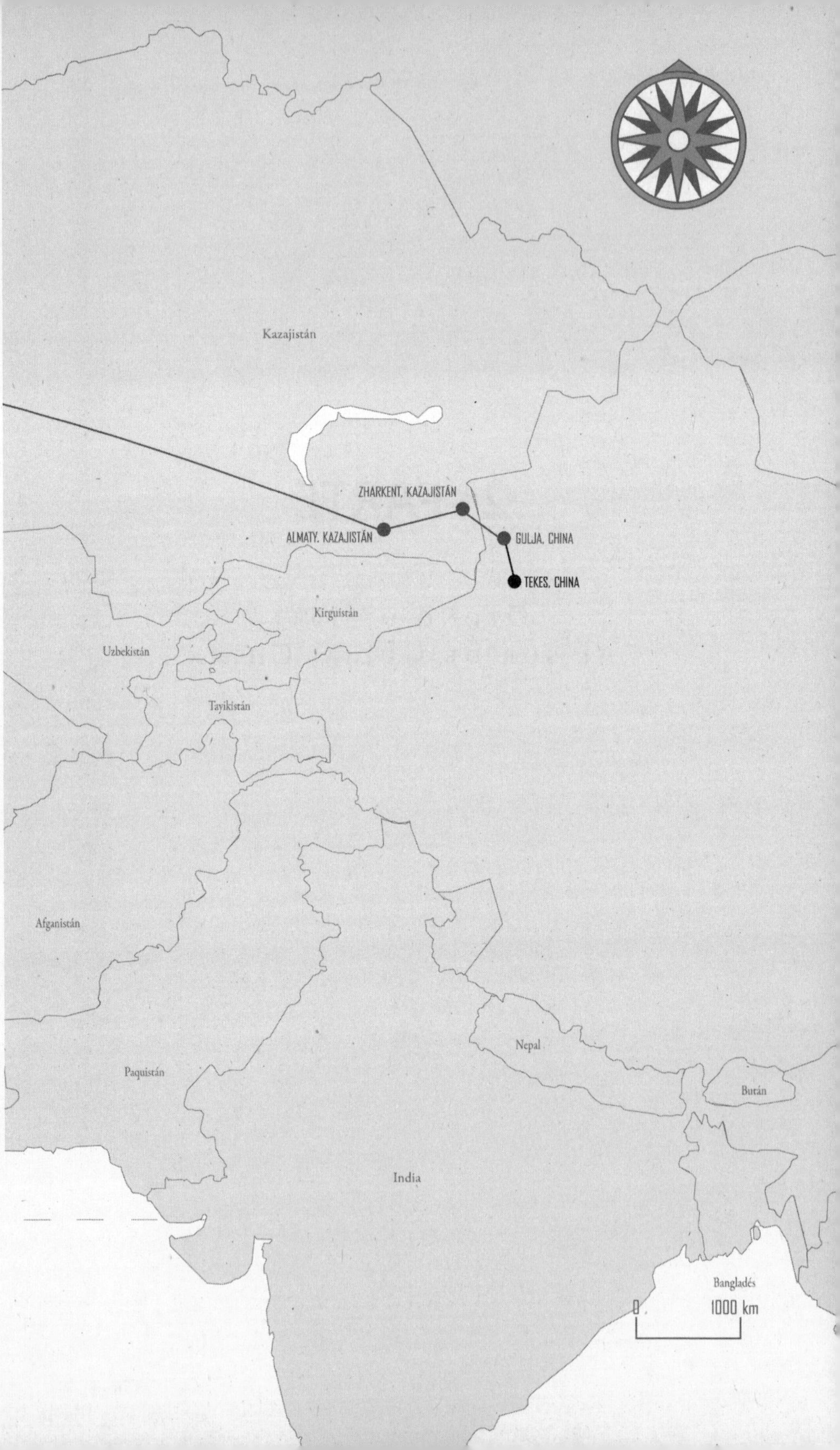
Kazajistán
ZHARKENT, KAZAJISTÁN
ALMATY, KAZAJISTÁN
GULJA, CHINA
TEKES, CHINA
Kirguistán
Uzbekistán
Tayikistán
Afganistán
Paquistán
Nepal
Bután
India
Bangladés
0
1000 km

CINCO

EL VIAJE A TEKES, aquel otoño de 1933, supuso cinco días con sus noches de duro camino. Nuestra carreta de dos caballos, iba cargada de provisiones compradas en Gulja. No me costó mucho empezar a llamar papá al señor Verhovod, ya que me trató como a un auténtico hijo. Mi nuevo papá fue muy bueno conmigo, e incluso me dejó llevar las riendas en algunos momentos. A lo largo del viaje nos detuvimos en varias ocasiones, y dormimos a cielo abierto.

La vieja cabaña de madera de los Verhovod se encontraba en el pequeño pueblo granjero de Chicaredi. Nada más entrar en el patio delantero de mi nuevo hogar vi a la esposa de Iván Verhovod, Masha, esperando de pie en la puerta y observándome fijamente. *Algo no marcha bien*, pensé. No parecía feliz en absoluto.

¡Y ya lo creo que no estaba feliz! Nada más me bajé de la carreta, mi nueva mamá me lanzó una mirada gélida y, dirigiéndose a papá, dijo con disgusto en su voz:

—¿Qué es esto? ¿Por qué me has traído este perro? Te dije que quería una niña. No lo necesito. Míralo. Parece un pequeño perro desaliñado. Probablemente siga siendo un perro callejero hasta que se convierta en un viejo. ¡No puedo creer que lo hayas traído! ¿Qué vamos a hacer con él? Sólo será una boca más que alimentar.

Masha se acercó y me tiró de una oreja. La expresión de su rostro era terrorífica.

—¡Huele como un perro! —dijo empujándome al suelo.

Había puesto todas mis esperanzas en que mi nueva mamá me tratase con tanto cariño como lo había hecho mi propia madre, pero ahora temblaba de miedo mientras Masha Verhovod se alzaba junto a mí, hirviendo de ira. Papá se acercó y me levantó, colocando su mano sobre mi hombro.

—Masha —dijo—, ya no quedaban niñas. Vanya era el único huérfano sin hogar. ¿Qué se supone que debía hacer?

—Deberías haberlo dejado en Gulja —dijo Masha mientras se daba la vuelta y entraba furiosa en la casa. Papá parecía perplejo y un poco inseguro de sí mismo. Me dio una palmadita en la cabeza y dijo:

—No te preocupes, Vanya. Estoy seguro de que todo saldrá bien. Ven y ayúdame a descargar la carreta.

Mientras la descargábamos, me fijé en que Masha no dejaba de mirarme fijamente desde la ventana. Al terminar, papá me llevó a un cubo de agua y me ayudó a lavarme la cara y las manos. Cuando entré en mi nueva casa por primera vez era casi la hora de la cena.

Con los brazos caídos y la mirada clavada en el suelo, esperé a que me dijeran qué hacer. Masha me ignoró y se puso a hacer sus cosas. Papá se me acercó y me condujo hacia una pequeña mesa. Sólo había dos sillas, y volviéndose a Masha, dijo:

—¿Dónde se supone que se va a sentar Vanya?

—Allí, en el rincón —respondió ella, señalando detrás de la silla de papá.

Caminé tímidamente hacia el rincón y me senté en el suelo. Masha empujó hacia mí un pequeño plato con patatas y algunas pieles de pollo; y Masha y papá se sentaron a comer.

Aquella noche rogué a Dios:

—Por favor, haz que me guste mi nueva mamá.

Supongo que en ocasiones no recibimos la respuesta que queremos a algunas oraciones, porque nunca me gustó Masha, aunque comencé a llamarle mamá al segundo día. Creo que ella me despreciaba. Yo sabía que ella hubiese querido una niña, pero intenté con todas mis fuerzas conseguir que me aceptase. Hice todo lo que me pidió que hiciese, pero nunca pareció ser suficiente.

Mamá podía matar con su mirada. Cada vez que inclinaba levemente la cabeza y me miraba con el ceño fruncido y las fosas nasales dilatadas, inmediatamente me pegaba un susto, sabiendo que se avecinaba una paliza. Por lo general, ni siquiera sabía qué era lo que había hecho mal, pero sabía que, por alguna razón, mamá se había enfadado conmigo. En el interior del armario de las escobas Mamá guardaba un cinturón de cuero reservado sólo para mí. Cada vez que se acercaba al armario, yo cerraba los ojos y apretaba los puños en previsión de nuevos golpes.

Rara vez me merecía la paliza. Simplemente, solía tratarse de algo que enfurecía a mamá, como la vez que derramé mi leche. Nunca podré olvidar aquel día horrible. Por la mañana, mamá me dijo que ayudase con la cosecha de cebada y trigo. Papá y yo trabajamos en el campo todo el día. El trabajo me hizo especialmente duro, porque no tenía zapatos. Los míos se me habían quedado pequeños poco después de llegar, y mamá nunca me compró un nuevo par. Al finalizar el día, tenía las piernas y las plantas de los pies ensangrentadas de tanto pisar piedras y arañarme contra los tallos cortados del trigo y la cebada.

Al atardecer, ambos estábamos hambrientos. Papá me ayudó a lavarme las manos y la cara, y limpió la sangre de mis piernas con un paño húmedo. Al entrar en la casa, mamá estaba poniendo la cena. Por entonces ya había permitido que me sentara con ellos, aunque mi silla estaba tan baja que mi barbilla apenas llegaba al borde de la mesa.

Papá dio gracias por la comida y empezamos a comer. Mamá había hecho vareniki (albóndigas de patata) y dejó caer dos de ellas en mi plato. Junto a Papá había una pila de pan dulce cubierto de gruesos trozos de mantequilla.

—Papá, ¿podrías pasarme un pedazo de pan? —pregunté.

Mamá se acercó al pan, partió un pedazo pequeño y le quitó la mantequilla antes de pasármelo.

Papá miró a mamá y preguntó:

—Masha, ¿por qué le has quitado la mantequilla?

—¿Para qué necesita la mantequilla? —respondió ella—. Además, así tendremos más para vender.

Después, mirándome añadió:

—Aquí tienes un vaso de leche, Vanya.

Agarré gustosamente el vaso, a pesar de saber que no me estaba dando el mismo tipo de leche que bebían ella y papá. Había visto a mamá muchas veces usar el separador para hacer mantequilla. Mamá me estaba dando lo que quedaba después de sacar la mantequilla y la nata. No se parecía en absoluto a la leche que tomaban ellos. Mi leche estaba aguada y tenía un sabor extraño.

Tomé un sorbo y extendí la mano para colocar el vaso al lado de mi plato, pero, accidentalmente, golpeó el borde de la mesa. La leche se derramó en mi plato y encima de la mesa, corriendo hasta regar el regazo de mamá.

—¿Será posible, perrillo? —gritó mamá mientras apartaba su silla. Se me acercó con aquella terrible mirada en su rostro.

—¿Qué es lo que te pasa? ¿Ni siquiera puedes beber correctamente?

Me agarró de la oreja y me tiró al suelo.

—Masha, no le pegues. Ha sido un accidente —dijo papá.

—El día que le trajiste a esta casa ya te advertí de que era un inútil. ¡Yo le enseñaré!

Mamá estaba histérica y me arrastraba hacia el cuarto de las escobas. Sentía como si me fuera a desgarrar la oreja. Sacó el temido cinturón de cuero y comenzó a azotarme por todas partes. Sin soltar mi oreja, me pegó en las piernas, el trasero y la espalda. Algunas de las heridas que tenía en las piernas se abrieron y comenzaron a sangrar. Eso hizo que mamá se enfureciera todavía más. Quería gritar, pero sabía que con eso sólo conseguiría que me pegase aún más fuerte, así que gemía y lloraba por dentro.

—Ponte de rodillas y quédate en aquel rincón —chilló mamá.

Por fin la paliza había terminado, y me arrastré hasta donde me dijo.

Podía oír a papá rogándole a mamá.

—Mashenka, ¿por qué tratas a Vanya de esa manera? Sólo es un niño.

—No me gusta —dijo ella furiosa—. Siempre está estorbando, y es tan pequeño y delgado. Te dije que quería una niña.

Mientras discutían, me palpé la oreja con la mano y sentí una punzada de dolor. Era como si me hubiese arrancado de la cabeza el lóbulo de la oreja. Al poner de nuevo la mano en mi regazo, me fijé en que me había manchado de sangre el pulgar. También mis piernas continuaban sangrando, y mi escocía la espalda. Pero mi verdadero dolor estaba dentro, en mi corazón.

Me quedé en aquel rincón hasta que papá y mamá terminaron de cenar. Mamá me mandó a la cama con hambre.

—La próxima vez —dijo—, te comportarás mejor en la mesa. Ahora, saca la basura y vete a la cama.

Tenía ganas de meterme en la cama porque allí me sentía seguro. Podía soñar con mi verdadero papá y mamá, con Misha, Marusia y Lena. ¡Cómo los echaba de menos! Soñaba con que mamá me arropaba en la cama y papá nos contaba historias de la Biblia. Soñaba con los días en que mendigaba pan con Misha, que ahora parecían un paraíso en comparación con mi vida actual. A menudo me despertaba en medio de la noche llorando y llamando a papá y a mamá.

También soñaba con rincones; porque mamá me pegaba con tanta frecuencia y, por lo general, sin motivo, que acabé aficionándome a los rincones oscuros y solitarios, donde podía estar tranquilo, y donde mamá no podía encontrarme y pegarme. En mis sueños, hablaba con esos rincones como si fueran mis amigos, y me cubrían como una manta caliente en una noche fría.

A mamá no le gustaba que orase a solas en mis pequeños rincones. En cierta ocasión, después de otra paliza, me arrastré fuera de la casa y me apoyé en la letrina. No había nadie alrededor, así que empecé a derramar mi dolor a Dios.

Querido Padre, por favor, llévame al cielo. Papá y mamá me dijeron que estarían esperándome en el cielo, y me gustaría estar con ellos en estos momentos. Mi mamá nueva no me gusta, y le tengo un miedo terrible. Me pega sin motivo alguno, gritándome al oído que soy un perro. ¿Por qué me llama perro? Papá y mamá nunca me llamaron asi.

Nadie me entiende, oh Dios. Papá es bueno, pero nunca impide que mamá me golpee. No puedo huir adónde Misha, ya que vive muy lejos. Tú eres el único con quien puedo hablar. Papá siempre me dijo que no importaba lo que sucediese, que siempre podía confiar en ti. Espero que puedas oírme ahora.

La puerta de la casa se abrió de repente con violencia y mamá salió echa una furia. Levanté tímidamente la mirada hacia ella, y vi sus fosas nasales dilatadas mientras gritaba:

—¡Vaya, así que no estás satisfecho con nosotros, ¿verdad? ¡Yo te enseñaré a ser más agradecido! —una vez más, aplicó generosamente el cinturón de cuero a mi espalda.

Dotia, nuestra vecina de al lado y hermana menor de mamá, vio la forma en que Masha me golpeaba. Dotia era una mujer amable y a menudo regañaba a mamá.

—Masha —decía—, algún día tendrás que responder ante Dios por la forma en que abusas de este niño huérfano.

Pero Masha se burlaba de ella.

—Si no te gusta mi forma de tratarlo, ¿por qué no te lo llevas y lo crías tú misma?

Encontrar un rincón tranquilo y oscuro se convirtió en mi juego secreto. Era difícil debido al tamaño de nuestra casa, pero encontré muchos lugares al aire libre donde nadie, sobre todo mamá, podía verme llorando y hablando con el único que de verdad me entendía, Dios.

Un año después de haberme ido a vivir con los Verhovod, papá dijo que teníamos que mudarnos a otro pueblo llamado Karasuijka. Dotia, la hermana de mamá, no nos acompañaría. Pero papá nos anunció que otra familia, los Demchenko, se mudaría con nosotros.

Nuestro nuevo hogar era una casa de dos habitaciones separadas por un pasillo. En la parte trasera había un granero viejo y un terreno lo suficientemente amplio como para un jardín de buen tamaño. Vivíamos en una habitación, y los Demchenko vivían en la otra. Mamá preparó rápidamente la casa, mientras papá y yo ayudamos a Soviestej Demchenko a arreglar el granero, de forma que pudiésemos guardar gallinas y vacas.

Durante las semanas siguientes, estábamos tan ocupados arreglando la casa que mamá no tuvo tiempo de preocuparse por mí o de golpearme. Papá y Soviestej se encargaron de reparar las vallas rotas, mientras mamá y Dooshaijka Demchenko prepararon el granero para instalar a las gallinas ponedoras. Cada mujer tenía veinticinco gallinas.

Una mañana, mientras estaba sentado a la mesa del desayuno, mamá me sorprendió con una nueva camisa roja que había cosido sólo para mí. Era la primera prenda de ropa nueva que había recibido desde mi llegada hacía un año.

—Asegúrate de cuidar de esta camisa —dijo mamá—. He tardado un montón de tiempo en cosértela.

Al apretarla contra mi pecho, dije:

—Gracias, mamá. Procuraré cuidarla muy bien.

Varias semanas más tarde, vestía mi camisa roja mientras trabajaba en el jardín. Mamá y papá habían ido a pasar el día a otra aldea, y me habían dejado a cargo de los animales. Yo tenía casi siete años, y no quería decepcionar a mamá.

Papá tenía cinco vacas y un toro joven. Mientras conducía a las vacas a su corral, el toro me tiró de repente al suelo de espaldas. Antes de que pudiera levantarme, se acercó y se puso justo encima de mí. Yo era consciente de que si el toro movía sus pezuñas tan sólo unos pocos centímetros hacia cualquiera de los lados, me aplastaría el estómago.

Empecé a llorar y gritar pidiendo ayuda. Afortunadamente, Dooshaijka estaba en casa y me oyó. Corrió hacia el toro y lo espantó.

—¿Te ha hecho daño? —preguntó.

—Creo que no.

—Entonces, ¿por qué lloras?

Le mostré el desgarrón en mi camisa roja.

—Cuando mamá vea este desgarrón, me dará una paliza.

—Quítatela —dijo—. Voy a cosértela para que Masha tarde en darse cuenta, y para entonces pueda haberla convencido de que no te pegue.

Al igual que en esta ocasión, Dooshaijka me ayudó muchas otras veces. Era tan amable conmigo como lo había sido Dotia en la antigua casa.

Masha y Dooshaijka no se parecían en nada en la forma de llevar sus hogares. Masha no era, ni mucho menos, tan organizada como Dooshaijka. Tomemos, por ejemplo, sus pollos. Dooshaijka había construido jaulas para sus gallinas, y gracias a eso nunca perdía un huevo. Masha, en cambio, dejaba que sus gallinas corriesen por todos lados. A menudo, sus gallinas ponían los huevos debajo de arbustos o pilas de heno.

Una de mis tareas diarias por las mañanas consistía en recoger los huevos y llevárselos a mamá. Ella solía palpar sus gallinas la noche anterior y durante la cena me decía la cantidad exacta de huevos que encontraría al día siguiente. Por la mañana, yo levantaba las gallinas y recogía los huevos con cuidado, tratando de no romperlos ni dejarlos caer. Pero recoger los huevos no era mi principal problema, sino encontrarlos.

Cada vez que no conseguía encontrar todos los huevos, entraba en la casa muerto de miedo. Con las manos llenas de huevos, abría la puerta de atrás con la pierna y entraba en la cocina. Mamá se volvía hacia mí y preguntaba:

—¿Encontraste los veinte huevos?

Con la mirada gacha, yo respondía

—No, mamá. Sólo pude encontrar dieciocho huevos. He buscado por todas partes, pero no he podido encontrar los otros dos.

En aquel momento mamá ya estaba frente a mí, con las manos en la cadera.

—¡Eres un auténtico inútil! —decía. Has perdido otra vez mis huevos, ¿verdad? Dame los huevos.

Tirándome de las orejas, me obligaba a ponerme rodillas. Luego sacaba la temida correa de cuero del armario de las escobas, y me pegaba por no haber encontrado los veinte huevos.

En cierta ocasión, tras haber permanecido de rodillas durante un largo rato, al fin mamá dijo que continuase con mis tareas. Salí corriendo de la puerta de atrás y volé hacia el granero. Con la espalda todavía dolorida por los golpes, me escondí en mi rincón especial. Necesitaba ocultarme de los demás durante un tiempo y hablar con mi único amigo verdadero, mi Padre Dios.

Mi rincón especial estaba en la parte trasera del granero, junto a montones de estiércol de vaca. Sabía que papá no solía quedarse por allí, así que podía estar a solas un rato. Aproveché para ponerme de rodillas, me cubrí la cara con las manos y clamé a Dios.

—Querido Padre, ¿por qué mamá me odia tanto? De verdad que intento obedecerla, pero ella nunca parece darse cuenta. Tú sabes que no es mi culpa que no haya podido encontrar todos los huevos. Mi verdadera mamá nunca me pegaba de esta forma. ¿Podrías decirle a mamá y a papá que les amo y les echo de menos? Quizá podrías llevarme a casa ya mismo.

No pude contener mis lágrimas.

Esta escena pronto se convirtió en una rutina diaria para mí. Odiaba las mañanas casi tanto como odiaba las gallinas. ¿Por qué no podían simplemente poner sus huevos donde se suponía que debían hacerlo!

Una tarde, mamá me dijo que había veintidós gallinas con huevos. A la mañana siguiente oré mientras inspeccionaba cada gallina.

—¡Oh, por favor, que esté ahí!

Tras asegurarme de haber recogido cada uno de los huevos que había, los conté. Para mi sorpresa, sólo había diecinueve huevos. Busqué desesperadamente los otros tres, pero fue en vano. Mis ojos comenzaron a derramar lágrimas antes incluso de haber recogido los huevos en mis brazos. Casi podía sentir los golpes en mi espalda.

Al salir del granero, ni siquiera podía ver la puerta trasera de la casa a causa de las lágrimas. Poco a poco y con muchas dudas, comencé a caminar hacia la cocina.

—Vanya, ¿por qué lloras? ¿Cuál es el problema?

La pregunta me sorprendió, haciendo que casi se me cayesen los huevos. Mientras miraba hacia arriba, tuve el placer de ver a Dooshaijka.

—Es que yo… yo… sólo he encontrado diecinueve huevos, y mamá me va a pegar —dije tartamudeando, casi sin poder hablar.

—¿Y cuántos huevos se supone que tenías que encontrar? —preguntó ella.

—Veintidós.

Dooshaijka me agarró rápidamente por el brazo y me condujo al interior del establo. Abrió tres de sus jaulas, sacó tres huevos y me los entregó.

—Aquí tienes —dijo—. Masha nunca sabrá que te los he dado. Ahora vete.

—Gra… gracias —le dije, y por primera vez esa mañana, una sonrisa iluminó mi rostro. Apenas podía creer la bendición que era tener una vecina tan amable como Dooshaijka. Mientras caminaba hacia la puerta de atrás, experimenté una sensación de bondad abrumadora. Alguien se preocupaba lo suficiente por mí como para ayudarme de verdad.

Gracias a Dooshaijka mamá no me pegó aquella mañana. Y esa no fue la última vez que Dooshaijka me ayudó. Durante los cuatro años más que viví en esa casa, Dooshaijka me ayudó tantas veces que perdí la cuenta. Cada vez que no podía encontrar todos los huevos, rogaba: Por favor, Dios mío, haz que Dooshaijka esté en casa, y que esté mirando por la ventana.

Dooshaijka era como una bella rosa en medio de un desierto reseco. Muchos de mis tiempos de oración a solas solía dedicarlos a orar por Dooshaijka y dar gracias a Dios por enviar a alguien que cuidase de mí.

Una noche, mientras cenábamos, papá se volvió hacia mí y dijo,

—Vanya, Masha y yo nos vamos a Gulja mañana, y estaremos fuera durante cinco meses. Ya tienes nueve años y deberías ser capaz de cuidar de ti mismo. Una hermana de Masha, Nastia, ha accedido a dejarte vivir con su familia mientras estemos fuera. Viven cerca de Tekes, que está en el camino a Gulja. Prepárate para salir mañana temprano.

Me sobresalté al oírlo. ¿Sería una buena o una mala noticia? Sabía que Nastia tenía cuatro hijos propios, y tal vez fuese mucho más amable conmigo que mamá. Pero me resultaba difícil imaginarme viviendo con alguien que no me pegase.

Mirándome con severidad, mamá agregó:

—Te dejamos a cargo de nuestras doce cabezas de ganado, más te vale que las cuides bien. Le dije a Nastia que junto con nuestro rebaño podrías cuidar también del suyo. Ellos tienen cuarenta y dos cabezas de ganado. Ay de ti si me entero de que le ha pasado algo a nuestro ganado o al de Nastia. ¿Lo entiendes?

—Po… po… por supuesto, mamá —tartamudeé, apenas capaz de responder a sus duras palabras.

¡Cincuenta y cuatro cabezas de ganado! Pensé. *Nunca he conducido tantas vacas antes. Me pregunto cómo será.*

A la mañana siguiente, cuando partimos, tuve sentimientos encontrados. Por terribles que hubiesen sido estos cuatro años, aquel era mi hogar. Mientras hacía que las vacas siguiesen a la carreta de papá, miré hacia atrás al granero. ¡Estaba seguro de que no iba a echar de menos a esas gallinas escandalosas! Pero echaría de menos mi rincón secreto, el lugar donde había pasado tanto de mi tiempo libre hablando con mi Amigo y Padre. Dondequiera que viviese, tendría que buscar otro rincón especial.

Dooshaijka salió con su marido para decirnos adiós. Quería correr y abrazarla, pero tenía miedo de la reacción de mamá. Dooshaijka se arrodilló y me susurró al oído mientras me abrazaba.

—Voy a echarte de menos, Vanya. Eres un buen chico, y sé que Dios tiene planes para ti. Estaré orando por ti.

Cuando iba a ponerse de pie, lancé mis brazos alrededor de su cuello y la abracé. Con lágrimas en los ojos, susurré en su oído:

—¡Muchas gracias por todos los huevos que me diste. Nunca olvidaré lo buena que has sido conmigo.

De repente sentí un dolor agudo en un lado de mi cabeza, era mamá tirándome de la oreja.

—Ya está bien, Vanya. Entra en la carreta.

Mirando a Dooshaijka, mamá dijo:

—Estaremos de vuelta en cinco meses. Asegúrate de cuidar de nuestra casa y atender a los animales. Adiós.

Aunque mamá le dijo a Dooshaijka que estaríamos de vuelta en cinco meses, me preguntaba si alguna vez volvería a ver este lugar. Cuando la carreta comenzó a moverse, eché un último vistazo rápido y, sin apenas mover la mano, me despedí de los Demchenko, de mi rincón, y de las miserables gallinas de mamá.

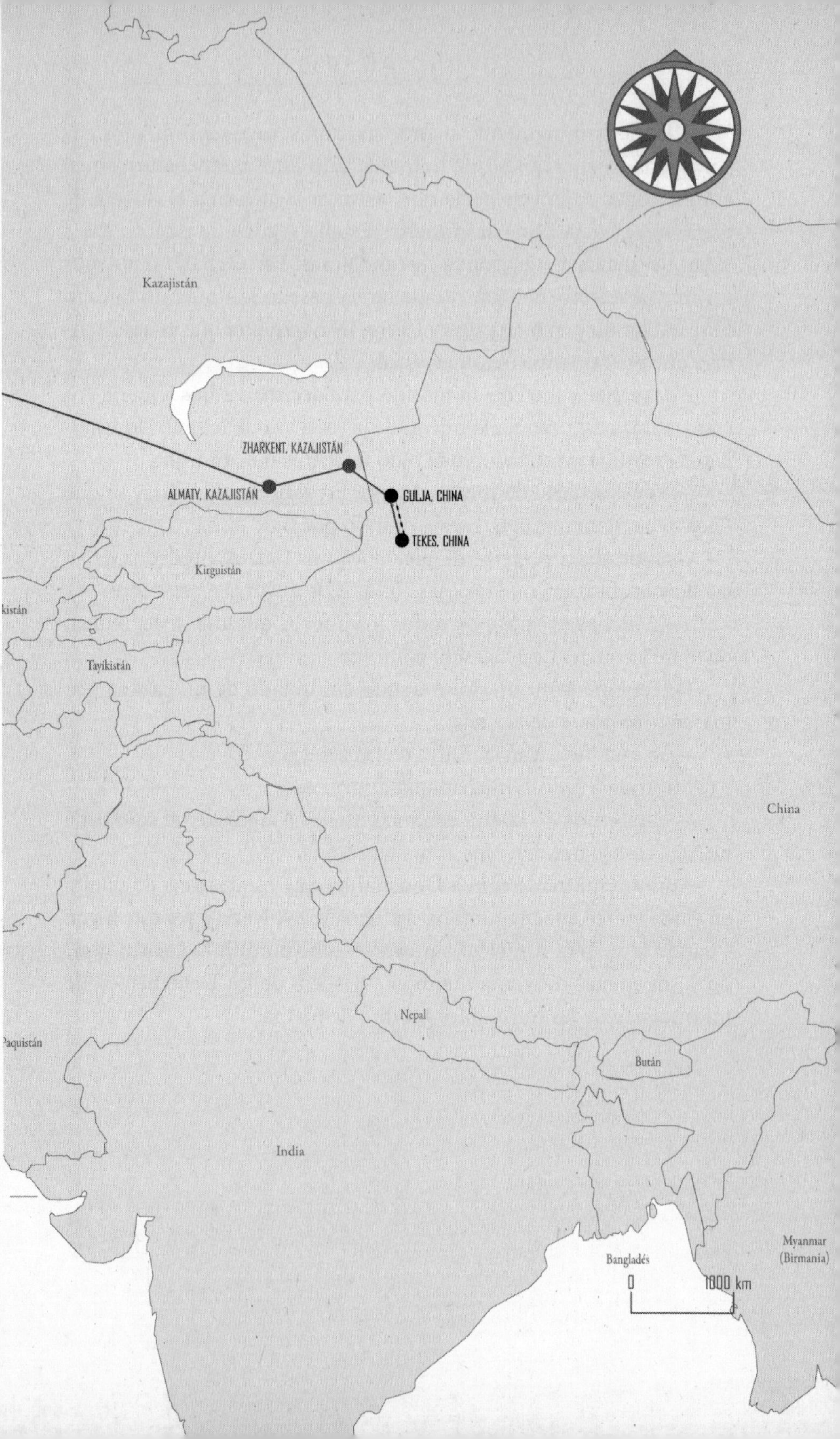

Kazajistán
ZHARKENT, KAZAJISTÁN
ALMATY, KAZAJISTÁN
GULJA, CHINA
TEKES, CHINA
Kirguistán
kistán
Tayikistán
China
Nepal
Paquistán
Bután
India
Bangladés
Myanmar
(Birmania)
0
1000 km

SEIS

NASTIA, SU ESPOSO VICTOR, y sus cuatro hijos pequeños vivían en una granja donde cultivaban trigo a la sombra de la cordillera perennemente nevada del Tien Shan, a las afueras de Tekes. Su casa era mucho mayor que la de Iván y Masha, y Víctor tenía a varios hombres contratados trabajando en su granja. Yo dormía en una pequeña habitación, con tres trabajadores mayores. Me fijé en que todos los demás tenían zapatos, pero a nadie pareció importarle que yo trabajase descalzo.

Nastia fue muy buena conmigo, nunca me maltrató ni me pegó. Me dio una chaqueta para que la vistiese durante las frías mañanas de primavera, y nunca pasé hambre. Poco después de llegar, Víctor me llevó al campo y me mostró el rebaño. Junto con las vacas de papá, sumaban cincuenta y cuatro cabezas de ganado. Nunca había visto tantas vacas juntas y tenía miedo de no saber manejarlas a todas. Pero Víctor fue un maestro paciente, y durante mi primera semana me enseñó todo lo que necesitaba saber acerca de cómo cuidarlas.

Una mañana de primavera temprano, mientras conducía el ganado a los pastos, el cielo se oscureció con unos temibles nubarrones, y empezó a llover. Yo llevaba la chaqueta que Nastia me había dado, pero aún así temblaba a causa de la lluvia gélida. Entonces el tiempo cambió rápidamente de lluvia a granizo. Mi chaqueta quedó empapada, y tras un corto periodo de tiempo ni siquiera podía sentir mis pies. Todo a mí alrededor se volvió blanco, todo excepto mis pies descalzos, que se pusieron azules a causa del frío. En varias ocasiones, al correr tras las reses que se desviaban de la manada, me resbalé y caí de bruces al suelo helado.

Rápidamente conduje las vacas bajo un bosquecillo y me acurruqué junto a varios becerros, intentando entrar en calor. Incluso introduje mis pies congelados en estiércol caliente de vaca para tratar de recuperar alguna sensibilidad en los dedos. Cuando pasó la tormenta, llevé las vacas de vuelta a casa, sintiendo pinchazos de dolor con cada paso que daba. Nunca había sentido tanto frío en toda mi vida. Cuando al fin divisé la granja en el horizonte, empecé a llorar. Nastia me recibió en casa con mucho cariño y me vendó los pies que sangraban, pero yo me sentía desamparado y congelado.

Con la llegada del verano, el tiempo en Tekes se volvió de un calor asfixiante. No llovía nada, o muy poco, la hierba se secó y el ganado tenía que ser continuamente conducido a nuevos pastos y fuentes de agua. Cada día a las seis de la mañana ya estaba de camino, y algunos días tenía que recorrer más de quince kilómetros hasta encontrar buenos pastos y agua para el ganado. Generalmente procuraba conducir el ganado por el borde de la carretera, pero a veces lo llevaba por los campos de trigo, provocando grandes enfados en los granjeros de la zona.

Durante las primeras semanas, conducir el ganado a pastos más altos fue una tarea emocionante. Disfrutaba trabajando al aire libre, en medio del campo todo el día, sin nadie que me controlase, me pegase o se burlase de mí. Sólo yo, mis vacas y la creación de Dios. Era como si estuviese en un gran rincón del mundo de Dios reservado sólo para mí. De hecho, dejé de mirar por encima de mi hombro, convencido al fin de que mamá se había ido y, al menos por ahora, no me pegaría ni me tiraría de las orejas.

Fue durante esos días a solas en medio del campo cuando sentí el deseo de que alguien me enseñase a leer. Mamá nunca me había enviado a la escuela. Decía que yo sería toda la vida tan tonto como un perro, y que no había ninguna razón para desperdiciar el tiempo de nadie intentando enseñarme a leer. Pero yo sabía que podía aprender a leer si alguien me daba esa oportunidad.

En mis sueños diurnos pensaba en las historias de la Biblia que nos leía papá muchos años atrás. Parecía como si hubiese pasado una eternidad, pero aquellas historias seguían frescas en mi mente. Me gustaba mucho la historia acerca de David, el pastor. *Me recuerda a lo que yo hago, excepto que David tenía que proteger a sus ovejas de los leones y los osos.*

Nunca había visto un león o un oso, y me preguntaba qué es lo que haría si uno atacaba nuestras vacas. Entonces me imaginaba al joven David luchando contra el gigante Goliat, armado sólo con una honda. Me encantaba especialmente la parte de la historia en que David mataba a Goliat y le cortaba la cabeza. Estaba convencido de que yo también sería valiente, si tan sólo tuviese una honda.

Cuando tenía que pastorear el ganado lejos de casa, a veces no tenía más remedio que dormir en el campo con las vacas. Nunca me fui a dormir hambriento, como había ocurrido antes. Nastia siempre me proporcionaba amplias provisiones de pan fresco y una bebida hecha con leche agria llamada *ayran*. Sin embargo, con frecuencia me fui a dormir con el corazón dolorido de tanta soledad. A veces no veía a ningún otro ser humano durante una semana, sino solo vacas, calor, polvo y moscas. A medida que se intensificaba el calor del verano, empezaron a disgustarme más y más las irritantes moscas negras y las enormes nubes de polvo que levantaban las vacas cada vez que tenía que moverlas. Mis ojos se irritaban terriblemente por causa del polvo y porque me los frotaba constantemente. Cada día se me hacía más miserable, aburrido y solitario.

Detestaba las vacas y este trabajo horrible. Habría cambiado sin pestañear aquella tarea por alguna de otro tipo, pero sabía que no había manera de que Víctor y Nastia me librasen de ella. Mamá les había dicho que tenía que cuidar del rebaño hasta que ellos volviesen. Lo único que podía hacer era hablar con Dios.

Cada noche, tras conducir a las vacas a algún lugar protegido, me ponía de rodillas y oraba: Querido Padre, gracias por Víctor y Nastia. Han sido buenos conmigo. Nastia me da más comida de la que mamá jamás me ha dado, y nunca me ha golpeado. Víctor me recuerda a papá, es cariñoso y servicial. Son las vacas lo que odio. ¿Es esto todo lo que voy a hacer el resto de mi vida? Quiero aprender a leer, y luego, tal vez, aprender a fabricar y reparar zapatos, igual que hacía papá.

A medida que pasaba el tiempo, mis oraciones se fueron haciendo más y más intensas. Caía de rodillas y gritaba mi oración tan fuerte como podía. Pensaba que sólo Dios y las vacas podían oírme.

—¡Dios, por favor, líbrame de estas malditas vacas! —gritaba—. ¡Las odio!

Esto se prolongó durante tres meses. Nadie, excepto Dios y las vacas, sabía acerca de estas oraciones enojadas. Nunca le dije a Víctor o Nastia cómo me sentía, porque sabía que no serviría de nada.

Pero entonces, Dios me respondió de una manera muy poco común. Un día de otoño, después de haber conducido las vacas a casa, Nastia me llamó a su cocina.

—Vanya, siéntate y come un poco de vareniki —dijo ella. El olor y la visión de tan sabroso festín consiguieron que se me hiciese la boca agua. Pero al tragar el primer bocado, levanté la vista y vi lágrimas en los ojos de Nastia.

—¿Qué te pasa, tía Nastia? ¿Por qué lloras?

—Vanyushka, no sé exactamente lo que me pasa, pero muy dentro de mi corazón oigo una voz que dice: «¿Qué harías si fuera tu propio hijo el que estuviese aquí sentado?» Sabes que tengo un hijo de tu edad, y me preocupo mucho por él. No me gustaría verlo en tu situación. Vanyushka, esa voz me dice que te libere de la tarea de pastorear nuestro ganado.

Sentí como si me faltase el aire de los pulmones. Comencé a ahogarme, tratando de contener las lágrimas.

Oh Señor, pensé. *Cuando clamaba en oración en las colinas desiertas, era como si sólo las vacas me estuviesen escuchando. Gracias por contestar.*

—Voy a arreglarlo todo —dijo Nastia—. Cuando vuelva mi esposo, dile que ya no quieres conducir el ganado. Pero no le digas que yo te dije que se lo dijeras. Tratará de convencerte para que sigas haciéndolo, porque le gustas y eres un buen trabajador. Pero no cedas, o de lo contrario serás un pastor el resto de su vida. Quiero que vayas a Gulja. Es muy posible que mi hermana Masha te golpee, pero después serás capaz de encontrar un trabajo mejor en la ciudad. Puede que incluso consigas estudiar y labrarte un porvenir.

Me quedé de piedra mirando a Nastia. Dios había contestando mis oraciones milagrosamente a través de la hermana de mamá. No más polvo, no más malditas vacas. Una lágrima rodó por mi mejilla y cayó en mi plato.

—Nastia, yo… yo… apenas puedo creer lo que oigo. Gracias por preocuparte lo suficiente por mí como para pensar en mi futuro.

Secándose sus propias lágrimas, Nastia dijo:

—Ahora, asegúrate de terminar toda la comida y prepárate para hablar con Víctor. Muy pronto llegará a casa.

Cuando regresó Víctor, trató desesperadamente de convencerme para que me quedase y continuase pastoreando el ganado. Pero me mantuve firme. De vez en cuando, miraba de reojo a Nastia, y ella me guiñaba un ojo. Por mucho que lo intentara, Víctor no podría convencerme para que me quedase.

Tras cerca de seis meses de vivir con Víctor y Nastia, y sus pestilentes vacas, Dios me estaba conduciendo de nuevo adelante, a un destino desconocido. Víctor le había pedido a un pastor que iba de camino a Gulja que me llevara consigo como ayudante. Durante los siguientes veinte días, el pastor fue delante montado en la carreta y yo le seguí lentamente, pastoreando sus veinte ovejas. Por mucho que lo intenté no pude deshacerme de los piojos. Mi ropa estaba asquerosamente sucia, y no podía decir si me picaba más por causa del polvo o de aquellos asquerosos bichos. El polvo alcalino quemaba de tal manera mis ojos, que para cuando llegamos a Gulja, apenas podía ver nada.

No importaba. Gulja era donde estaba enterrada mi verdadera mamá. Y en algún lugar cerca de allí estaban Marusia, Misha, y Lena. Cómo anhelaba verlos a ellos y a los Shevchenko.

Condujimos las ovejas hasta un gran mercado al aire libre a las afueras de la ciudad. Tras encerrarlas, el pastor me llevó a la casa donde se alojaban papá y mamá. Nastia debía haberle dicho dónde vivían. Mamá se sorprendió al abrir la puerta y verme allí de pie. Tras darle las gracias al pastor, me arrastró hacia dentro de la casa dándome un buen tirón de orejas.

—¿Qué estás haciendo en Gulja! —Gritó mamá mientras retorcía mi oído.

—Nas… Nastia me dijo que ya no tenía que cuidar del ganado, y que debía venir a Gulja —le expliqué, haciendo una mueca de dolor.

—¿Y qué pasa con nuestras vacas? ¡Tenías que cuidar de ellas, pequeño perro perezoso! —Mamá me dio una bofetada y me caí al suelo. Entonces sacó su correa y comenzó a azotarme. A pesar de que me dolían sus golpes, había algo diferente en Masha. Me di cuenta de que ella también sentía algún dolor—. ¿Qué voy a hacer contigo ahora? —se quejó.

De repente mamá comenzó a caminar por la habitación y a tirarse del cabello.

—Iván está muerto y yo estoy sola. ¡Oh Dios! ¿Por qué te llevaste a Iván a casa tan pronto?

¿Papá está muerto?

Mamá cayó al suelo y empezó a llorar. Quería ir y abrazarla, pero no me atreví. Había sido tan cruel conmigo que no sabía cómo reaccionaría. Pero sentí verdadera compasión por ella. Pensé que no me dejaría abrazarla, pero aún así me levanté y me acerqué a ella. Coloqué mi mano en su hombro, y empecé a decir:

—Mamá, siento que pa…

—¡Quítame las manos de encima! —gritó ella—. Hace cuatro años le dije a Iván que no te necesitaba, y no te necesito ahora. Siempre quise tener una niña, y no a un inútil perro callejero ¡Por fin voy a deshacerme de ti!

Tirándome de la oreja, mamá me arrastró hacia la puerta. Al empujarme, caí por el escalón de la entrada. Mamá me dio una patada y me gritó:

—¡Levántate, perrillo! Estoy harta de tu desobediencia y pereza.

Mamá me empujó, y me arrastró durante varias cuadras hasta que llegamos a una casa grande. Me di cuenta de que había todo tipo de gente entrando y me pregunté dónde me había llevado mamá. De repente, Masha se transformó en alguien muy amable, que saludaba a la gente y le daba la mano. Al mirar la casa más de cerca, la reconocí. Era nuestra iglesia. Era miércoles por la noche, y mamá me había llevado a la iglesia.

—Bueno, bueno, ¿a quién tenemos aquí?

Me di la vuelta para ver quién me hablaba y vi a Alex Shevchenko.

—¿Eres tú, Vanya —preguntó Alex, desplegando una amplia sonrisa.

—Hola, Alex —dije, tendiéndole la mano.

—¡Vaya, cómo has crecido. ¿Cuántos años tienes?

—Voy a cumplir diez el mes que viene.

Mirando a mamá, dijo:

—Masha, parece que ha hecho un buen trabajo cuidando de Vanya estos últimos cuatro años. Todo el mundo le agradece mucho a usted y a su difunto esposo que se encargaran de Vanya. Ahora entremos en la iglesia o llegaremos tarde.

Mamá se dirigió hacia la parte delantera de la iglesia. Nos sentamos en el lado izquierdo, con todas las mujeres. Los hombres y los muchachos mayores se sentaron a la derecha. Antes de entrar, mamá se ató un pañuelo en la cabeza. Todas las mujeres casadas llevaban pañuelos en la iglesia. Había escuchado muchos sermones explicando que la cabeza de las mujeres debía cubrirse en señal de sumisión y reverencia a Dios. Ninguna mujer podía orar con la cabeza descubierta.

Sentado al lado de mamá, sólo podía ver mujeres con pañuelos de colores en la cabeza. Me daba vergüenza sentarme en el lado de las mujeres. Al fin y al cabo ya tenía casi diez años. Pero obedecí en silencio.

El coro de la iglesia comenzó a cantar himnos, y me encantó ver a Alex dirigiéndolo. Luego vinieron algunas oraciones, más himnos, y un breve sermón del pastor. Me gustaba mucho escuchar al coro cantar a cuatro voces y decidí que en cuanto fuese lo suficientemente mayor cantaría en el coro, al igual que lo había hecho mi papá.

El programa no fue largo. Sólo se leyeron unos pocos poemas y una niña cantó un solo. Después de la ofrenda, uno de los hombres de la congregación pronunció un sermón de clausura. Entonces, todos oramos de nuevo, sólo que esta vez nos pusimos de rodillas. Este solía ser el final del servicio, salvo que el pastor preguntase si alguien tenía algún saludo que transmitir o algo que decir. Yo estaba a punto de salir cuando mamá se puso en pie.

—Como todos ustedes saben, mi esposo, Iván, ha fallecido hace poco. Durante los últimos cuatro años hemos cuidado de Vanya Yakovich, el niño huérfano.

Mamá me levantó por los hombros.

Ha sido para nosotros más una carga que cualquier otra cosa. Con Iván muerto, ya no tengo ninguna necesidad de él, y no lo quiero. Pueden tenerlo de vuelta.

La habitación se lleno con el rumor de la conversación de los presentes, pero yo estaba demasiado avergonzado como para alzar la vista. Mamá Masha, se sentó a mi lado. Me di cuenta de que tenía el mentón levantado y una mirada severa en su rostro. Quería correr y esconderme en algún rincón oscuro donde nadie pudiera verme llorar. Sí, me alegré de que Masha dejara de ser mi mamá, pero, por otra parte, me sentía totalmente rechazado.

Pude oír a dos mujeres detrás de mí susurrando:

—Me pregunto por qué ella ya no lo quiere.

—No lo sé, pero mira qué delgado está.

—Pero es el hijo de Yakov y Pelageya. No puede ser tan malo.

Llegó un momento en que todo el mundo hablaba a la vez, algunos casi a gritos. El pastor finalmente llamó al orden y, mirándome, dijo:

—Todos conocíamos a Yakov y Pelageya Iliyn. Este es su hijo menor. Ya que Masha no lo quiere, necesitamos encontrar un nuevo hogar para él. ¿Hay alguien aquí que quiera que Vanya se vaya a vivir con ellos?

Durante mucho tiempo todo el mundo permaneció callado. La gente seguía susurrando entre sí. Por fin, alguien habló.

—Nos quedaremos con Vanya.

Me volví para ver quién había dicho esto y vi a un hombre caminando hacia el frente. —No tenemos hijos, y sólo tenemos a mi suegro viviendo con nosotros. El hombre miró y me sonrió.

El pastor también sonrió y dijo:

—Gracias, Vásil, por aceptar quedarte con Vanya. Por favor, dale las gracias a Marusia, tu esposa, de nuestra parte. Y que Dios te bendiga.

Cuando terminó el servicio, Masha pasó como un torbellino junto a mí y salió del edificio. Nunca tuve la oportunidad de decirle adiós. Mientras la veía salir, me sentí aliviado, ya no tendría que soportar sus insultos ni sus golpes. Pero una vez más me dirigía hacia un futuro desconocido, con unos padres que eran unos absolutos extraños para mí. Tenía un nudo en el estómago.

—Vanya, mi nombre es Vásil Kondtratiev.

Giré la cabeza y me encontré frente a frente con una cara extraña y amable. Aquel hombre me extendió su mano, y una gran sonrisa inundó su rostro. Tímidamente le ofrecí también mi mano y murmuré en voz baja:

—Hola, tío Vásil. Todavía no podía llamarle papá, y decidí llamarle así porque era la forma educada en la que papá y mamá me habían enseñado a dirigirme a los adultos.

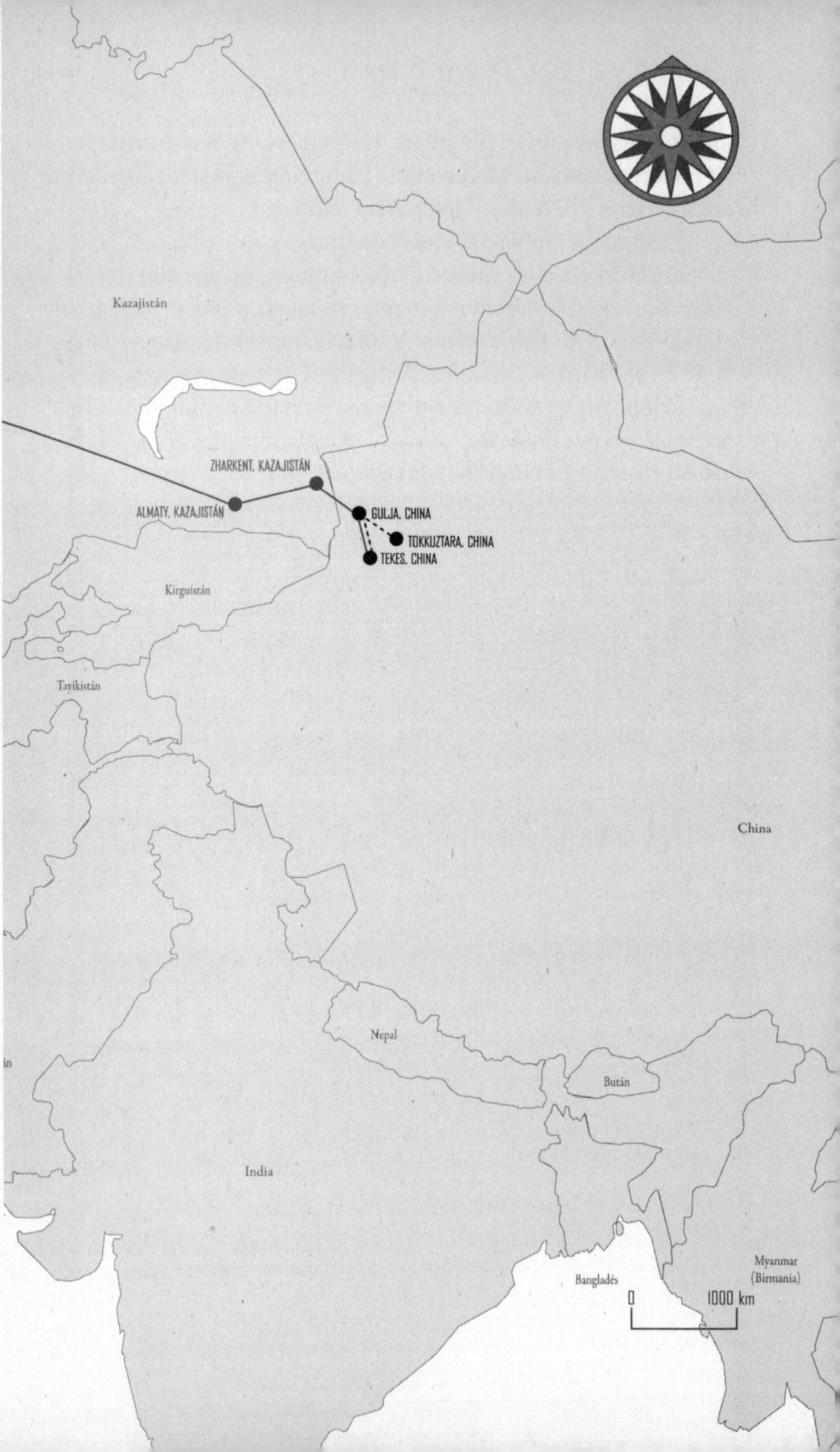

Kazajistán
ZHARKENT, KAZAJISTÁN
ALMATY, KAZAJISTÁN
GULJA, CHINA
TOKKUZTARA, CHINA
TEKES, CHINA
Kirguistán
Tayikistán
China
Nepal
Bután
India
Bangladés
Myanmar
(Birmania)
0
1000 km

SIETE

—¿DÓNDE ESTÁ TOKKUZTARA? —pregunté al tío Vásil. Ese era el nombre de la ciudad donde vivían él y la tía Marusia y donde yo viviría ahora. Poco después de terminar el servicio de la iglesia, el tío Vásil y yo nos alejamos de Gulja en su carreta.

—Está a unos cien kilómetros al sudeste de Gulja.

Observé los ojos bondadosos de tío Vásil y me di cuenta de que, por primera vez en cuatro años, no sentía miedo. Me sentía extrañamente seguro viajando a su lado en la carreta, mirando como manejaba hábilmente su gran caballo negro. Lo único que me hubiera gustado es que el caballo caminase más rápido. ¿Y si mamá… es decir… Masha, cambiaba de opinión y venía a buscarme? Un oscuro temor se apoderó de mí al volverme a mirar hacia Gulja. Esperaba ver a Masha corriendo detrás de nosotros para agarrarme de las orejas. Me puse tenso y empezaron a resbalarme gotas de sudor por el cuello. Casi podía sentir la mano de Masha arrastrándome con fuerza en dirección a Gulja.

—¡Rápido, más rápido! —grité.

—Vanya, ¿qué te ocurre? —dijo tío Vásil mirándome con atención. Pude ver auténtica preocupación en su mirada. Sólo entonces, mi temor empezó a decrecer.

—Pe...pensé... que Ma... Ma... Masha venía a llevarme de vuelta a Gulja —balbuceé.

Tío Vásil me rodeó con su fuerte brazo y lo puso sobre mi hombro, haciendo que me acurrucase junto a su costado.

—Nadie te va a llevar de vuelta a Gulja —su voz firme y al mismo tiempo bondadosa me transmitió la seguridad y el amor que tantas veces había anhelado durante los últimos cinco años—. Mira, Vanya, el río Ily.

Miré hacia donde me señalaba la mano extendida de tío Vásil y vi el rio fluyendo rápidamente ante nosotros. Tío Vásil me explicó que sus aguas heladas procedían del deshielo de las nieves de la cordillera del Tien Shan, las altas y blancas montañas del sur. Al subir al viejo transbordador y mientras la polea mecánica nos hacía cruzar lentamente, eché un último vistazo al valle desértico que conducía a Gulja. ¡Ni rastro de Masha! Di gracias a Dios y miré hacia la otra orilla. En algún lugar más allá se encontraba mi futuro.

El tío Vásil y la tía Marusia Kondtratiev vivían en una pequeña casa en el centro de Tokkuztara. Al igual que las otras ciudades del oeste de China que había visto, era un lugar caluroso y polvoriento, con personas de distintas razas que en su mayoría se ganaban la vida con el pastoreo, la agricultura o el comercio. Mi nuevo hogar me gustaba. Tío Vásil y tía Marusia me trataron muy cariñosamente, pero por alguna razón no pude llamarles papá y mamá. Tal vez me había dado cuenta de que solamente tenía un papá y una mamá, y ambos estaban en el cielo.

Tío Vásil reparaba máquinas de coser y normalmente realizaba su trabajo en las casas de sus clientes. Tía Marusia le acompañaba y ayudaba con las reparaciones. Con frecuencia me quedaba solo en casa con la babushka (abuela) Olga, la madre de tía Marusia. Babushka era la típica mujer rusa fornida y de baja estatura, con el pelo gris recogido en un moño. Su rostro estaba surcado de arrugas, pero sus ojos marrones parecían jóvenes y brillantes. Me ayudaba con mis tareas y me enseñaba muchas cosas acerca de mi nuevo entorno.

Mis tareas incluían trabajar en el jardín de la tía Marusia y cuidar de sus gallinas y vacas. La primera vez que vi las gallinas, mi mente se llenó de recuerdos dolorosos. Instintivamente me toqué las orejas, medio convencido de que estarían sangrando. Cada vez que entraba en la casa con las manos llenas de huevos, mi cuerpo se ponía tenso. Me llevó todo un mes poder relajarme en presencia de las gallinas y los huevos.

Babushka me recordaba mucho a mamá, es decir, a mi verdadera mamá. Cada noche, después de un largo día de trabajo, babushka me alimentaba, me arropaba en la cama y me cantaba canciones. Me encantaban sus canciones, así que pronto pasé a cantarlas con ella. Muchas noches cantábamos sobre Jesús y el cielo. Este se convirtió en mi momento favorito del día.

Una noche, mientras tío Vásil y tía Marusia estaban de viaje de negocios y yo estaba profundamente dormido, me despertó alguien que me tiraba de la manga. Abrí los ojos asustado y allí, a menos de dos centímetros de mi nariz, estaba el aterrorizado rostro de babushka.

—¡Alguien trata de entrar en la casa! —susurró con voz temblorosa mientras me agarraba del brazo y me sacaba de la cama. Me señaló hacia la parte posterior de la casa, y de repente oí a alguien gritar y golpear la puerta.

Babushka comenzó a empujarme desde atrás en dirección a la entrada, y yo empecé a avanzar reticente.

—¿Qué es lo que dice, babushka?

—Suena como si dijera: «¡Abran esta puerta o la echaré abajo!».

De repente la mano de babushka apretó con más fuerza mi hombro, se inclinó sobre mi oído izquierdo y susurró:

—¡Creo que es un *sheebeenitz*!

Allí estaba yo, un niño de diez años tratando de impedir que un sheebeenitz irrumpiese en nuestra casa. Los sheebeenitz eran criminales notorios que nunca, o casi nunca, tenía misericordia de sus víctimas.

—Vanya, dile en su idioma musulmanski: «¡Que Dios te maldiga!» —la voz de babushka no sonaba demasiado convincente.

Misha me había enseñado algunas palabras musulmanski, pero yo no podía recordar cómo maldecir en ese idioma. En aquel momento, estábamos ya cerca de la puerta trasera. Podía imaginar los rasgos mongoles del hombre que había fuera y ver realmente cómo sus enormes dedos comenzaban a forzar la apertura de la puerta. El cierre se aflojó. Pronto sería demasiado tarde.

—¡Vanya, di algo! —gritó babushka. El sheebeenitz bramaba cada vez más fuerte, y la puerta estaba a punto de derrumbarse.

Cerré los ojos y grité tan fuerte como pude:

—¡Que Dios te mate!

Estaba seguro de que aquellos dedos asesinos pronto estarían alrededor de mi cuello. Cerré los ojos con fuerza. Oré. Esperé. Pero de repente se hizo un silencio absoluto. Lo único que se podía oír era la pesada respiración de babushka y los pasos rápidos de alguien que se alejaba. Abrí los ojos y miré hacia la puerta.

—¿Qué ha pasado? —pregunté.

Babushka soltó mi hombro.

—Tan pronto como gritaste, el bandido quedó como petrificado, dio media vuelta y echó a correr.

De repente, el cuerpo de babushka se relajó. Levanté la vista hacia su rostro y vi sus arrugas fundirse en la sonrisa más hermosa que jamás había visto en mi vida. Empezamos a reír, y juntos nos dejamos caer al suelo. Allí nos quedamos sentados mucho tiempo, riendo y dando gracias a Dios por habernos protegido.

Babushka se convirtió en mi mejor amiga. A menudo trabajábamos juntos, como aquella vez, unos meses más tarde, cuando tío Vásil me dijo que enganchará la carreta y fuese a recoger raíces en el campo. Luego él las secaba y las utilizaba como combustible para nuestra estufa de leña.

La carreta no tenía asiento, así que babushka y yo nos sentamos sobre unos cojines que ella trajo consigo. Babushka llevó también una cesta llena de pan y salchichas caseras. El gran caballo negro de tío Vásil no tuvo ninguna dificultad en tirar de nosotros por el camino. Cuando encontramos el campo de raíces ya era casi mediodía. Tomamos nuestro almuerzo y luego nos pusimos a trabajar.

Yo extraía las raíces y las apilaba junto a la carreta. Babushka las agrupaba y las cargaba sobre el carro. Tío Vásil nos había dicho que hiciéramos una pila lo más alta que pudiéramos, y luego trepásemos encima de ella y volviésemos a casa.

Después varias horas cavando, me di cuenta de que la carreta estaba bastante llena. Pero continué reuniendo raíces, pensando que babushka me diría cuándo parar. Estaba sacando más raíces de la tierra seca, cuando escuché un fuerte golpe y un grito ensordecedor.

Dejé caer mi pala y corrí hacia la carreta. La rodeé y encontré a babushka desplomada en el suelo, apoyándose torpemente contra la misma. Su rostro estaba contraído de dolor. Me arrodillé a su lado y pregunté:

—¿Qué te ha ocurrido, babushka?

Entonces me di cuenta de que sostenía con cuidado su mano derecha. Tenía la muñeca torcida, y se le veía un hueso que casi sobresalía a través de su piel.

—Yo… yo… trataba de subir a la carreta cuando resbalé y caí sobre mi mano derecha.

Babushka experimentaba un dolor tan grande que apenas podía hablar.

—Mi muñeca está… rota. Vanyushka, tendrás que enderezarla.

Estaba horrorizado. Quería negarme, pero ¿quién más podía ayudarnos? Cuando toqué su muñeca, babushka gritó. La solté y quise huir.

—Adelante, Vanyushka. Por favor, no prestes atención a mis gritos —decía babushka mientras lloraba. Una vez más, me acerqué y agarré su muñeca entre mis manos. Al girarla de nuevo a su lugar, babushka me agarró el hombro con la mano izquierda y lo apretó. Empezó a golpear las piernas contra el suelo mientras le torcía la muñeca. Podía escuchar sus huesos haciendo clic y vi cómo desaparecía el hueso que sobresalía. Babushka daba grandes gemidos.

Cuando por fin conseguí enderezar su muñeca, sentí un intenso dolor en mi hombro derecho.

—¡Babushka, por favor, suelta mi hombro! —grité.

Ella abrió los ojos, soltó mi hombro y miró con aprobación su muñeca derecha, ya enderezada.

—Oh, Vanyushka. ¿Qué vamos a hacer?

Sabía que tenía que montar a babushka sobre las raíces, pero ¿cómo hacerlo?

—Me duele tanto la muñeca, Vanyushka —dijo, y me miró como si fuera a desmayarse.

La tomé de su mano izquierda y comencé a levantarla. Mientras ella se esforzaba por ponerse en pie, me fijé en una cuerda que había cerca de la rueda trasera de la carreta.

—Babushka, tengo una idea —corrí y agarré la cuerda—. Ya está, atemos esta cuerda alrededor de tu cintura.

Estaba demasiado débil como para protestar. Rápidamente aseguré la cuerda alrededor de su cintura y arrojé el otro extremo sobre las raíces, hacia el otro lado de la carreta.

—Cuando tire de la cuerda, tienes que utilizar tu mano sana para trepar sobre las raíces.

Incluso mientras hablaba, me daba cuenta de lo imposible de la situación. Babushka pesaba demasiado como para que yo pudiese izarla en el carro, y su muñeca derecha había quedado inutilizada.

Mientras corría hacia el lado opuesto de la carreta, oré: Padre, necesito tu ayuda. Por favor, dale a babushka fuerza para subirse a las raíces y llévanos a casa a salvo.

—Babushka, voy a comenzar a tirar de la cuerda —le dije—. Empieza a subir a la carreta.

El grito de dolor de babushka hizo que dejase de tirar. Entonces la oí exclamar:

—¡Tira, Vanyushka, tira!

Tiré tan fuerte como pude, a pesar de sus gritos lastimeros. Cuando pensé que mi pecho iba a estallar y las piernas se me venían abajo, la oí decir:

—Vanyushka, deja de tirar. Lo conseguí.

Al soltar la cuerda, perdí el equilibrio y caí al suelo. Pero al levantar la vista, allí estaba babushka, recostada en la parte superior de las raíces. Estaba eufórico y exhausto. Todavía hoy no sé cómo consiguió babushka subirse a las raíces. Creo que un ángel le empujó hacia arriba.

Tras recoger las herramientas, trepé al lado de babushka, que yacía allí, sosteniendo su muñeca derecha contra el pecho y gimiendo. Sabía que tenía que llegar a casa tan pronto como pudiese. Sujeté las riendas y la carreta dio una sacudida hacia adelante. Babushka gritó. Al moverse y asentarse las raíces, comenzó a deslizarse hacia bajo. Me giré a la derecha, agarré su brazo izquierdo y tiré de las riendas. Babushka volvió a gritar.

Tenía que hacer algo rápidamente. Agarré la cuerda que yacía junto a babushka. Tomé un extremo y lo ate alrededor de mi cinturón. Sin saber qué más podía hacer, enrollé la cuerda varias veces alrededor del cuello y los hombros de Babushka. Eso pareció sujetarla, pero cada bache en el camino le causaba un dolor evidente.

Estaba desesperado por llevar a babushka a salvo a casa, y el caballo aceleró el ritmo a medida que el sol comenzaba a deslizarse detrás de las montañas. La última parte de nuestro regreso lo hicimos en total oscuridad, pero nuestro caballo conocía el camino a casa. Babushka gimió y lloró durante todo el trayecto hasta nuestro pueblo. Para mi nueva familia era un héroe por haber conseguido llevar a salvo a casa tanto a babushka, como toda la carga de raíces.

Este accidente y el intento de robo cimentaron para siempre mi relación con babushka, que se convirtió en una madre para mí. Cada vez me sentía menos atraído hacia los rincones oscuros, aunque todavía tenía mi lugar especial, donde podía estar a solas para hablar con mi Padre del cielo. No importaba lo que ocurriese, babushka siempre me hacía sentir especial. Siempre pasaba algún tiempo conmigo durante el día, especialmente antes de la hora de dormir. Mi momento preferido era cuando me sentaba junto a la estufa de leña a cantar canciones con babushka. Gracias a ella, me sentía al fin como si formara parte de una familia.

MI PRIMER AÑO con los Kondtratiev pasó rápido. Ese año, una de mis mayores alegrías fue ir de pesca con el tío Vásil. En junio de 1939, me sorprendió con el anuncio de que me uniría a él y a su amigo Peter Chikunov en una expedición de pesca y caza de una semana de duración. Yo nunca había participado antes en una gran aventura como esa. Una mañana temprano, partimos los tres en nuestra carreta. A medida que ascendíamos hacia las montañas, tío Vásil me iba señalando todos los lugares buenos para pescar. Dejamos varios lagos atrás, antes de detenernos finalmente a pescar.

Al examinar el lago, tío Vásil parecía un poco confuso. Al parecer, habíamos subido demasiado la montaña y nos habíamos perdido los mejores lugares de pesca. Mi tío sugirió que Peter y yo tomásemos la barca y provisiones, y nos dirigiéramos hacia el lugar apropiado, mientras él conducía la carreta hacia esa zona. Cuando el tío Vásil se alejó al trote, Peter y yo comenzamos a remar en la dirección que nos había mostrado. El lago estaba en calma y lleno de otras barcas con gente, y yo estaba tranquilo sabiendo que Peter ya había pescado con el tío Vásil y sabía dónde debíamos encontrarnos.

Tras una hora remando, Peter se puso de pie en la barca y comenzó a mirar a su alrededor. Su respiración comenzó a agitarse y se sentó de prisa en la barca.

—¿Qué ocurre? —pregunté.

—Algo anda mal. Ya no estamos en el lago. Estamos en el río Kunges.

Mientras hablaba, me di cuenta de que nuestro barco se movía, aunque no estábamos remando. La corriente no era rápida, pero empujaba nuestra barca corriente abajo. Por alguna razón, habíamos entrado en el lago en el lugar equivocado y ahora estábamos por debajo de nuestro destino. A menos que tío Vásil se diese cuenta de ello, estaría esperándonos en el lugar equivocado. Estábamos bastante lejos de la orilla y la corriente se movía cada vez más rápido. Miré al frente y me di cuenta de que el río se ensanchaba. Entonces oí un singular ruido atronador.

—¿Qué es ese ruido? Suena como una cascada.

—Es el río Tekes que se junta con el río Kunges —dijo Peter. Pude ver la preocupación en sus ojos mientras levantaba los remos.

—¿Por qué es tan fuerte?

—El Tekes desciende desde el Tien Shan, y cuando se encuentra con el Kunges es un río muy veloz y violento y se estrella contra él. Ese es el ruido que se escucha y el origen de toda esa niebla. Ahora, Vanya, agarra tus remos. Tenemos que alejarnos del Tekes tanto como podamos. ¡Date prisa o nos arrastrará!

El antes pacífico Kunges se volvía cada vez más rápido y turbulento. Sus aguas azotaban ahora los lados de la embarcación. Empezamos a remar con furia para alejarnos de la «intersección», como la llamaba Peter. Apenas podía oír sus gritos por encima del rugido de los ríos que chocaban. El agua comenzó a formar remolinos, tirando de nosotros hacia el centro. Sabía que si el centro del embudo nos absorbía estábamos perdidos. Nuestra única oportunidad consistía en alejarnos de él tanto como fuese posible.

En aquel punto el río era ancho, y Peter mantuvo el rumbo de la embarcación hacia la orilla. Me dolían los brazos y los hombros, pero sabía que no podía parar. El agua era una masa arremolinada de olas que rompían contra nuestra barca, tratando de llevarnos hacia el centro. Varias veces estuvimos a punto de zozobrar. Justo cuando pensé que ya no podría continuar remando, nuestra barca salió de repente disparada hacia el Ili, el río formado por la unión del Tekes y el Kunges, como si fuese una piedra lanzada con una honda alrededor del embudo. Peter y yo nos quedamos asombrados. Pasamos en un instante de considerarnos perdidos, a ser arrojados violentamente más allá del embudo al instante siguiente y estar a salvo.

Tras retirar el agua de nuestra embarcación, Peter y yo comenzamos a remar otra vez hacia la orilla. ¡Nunca antes me había sentido tan feliz de pisar tierra firme! Peter empezó a encender un fuego mientras yo sacaba nuestras provisiones de la barca. Ambos necesitábamos secarnos o nos resfriaríamos con el aire fresco de la montaña. Tras sentarnos junto al fuego y comer, Peter me dijo que iría a buscar ayuda y que yo tendría que proteger la barca y las provisiones hasta su regreso.

Al verlo partir, sentí miedo. Estaba completamente solo en un lugar extraño. ¿Qué haría si alguien intentaba robarme? Si alguien descubría que yo era el único en custodiar todas aquellas provisiones, incluso podría matarme. Mientras mi mente bullía pensando en todos los peligros posibles, escuché pasos y voces fuertes. Me di cuenta de que era un grupo de kirguises, probablemente cazadores. Sabía que no se lo pensarían dos veces antes de robarme. *Querido Dios, ¿qué debo hacer?*

—Oye chico, ¿tienes cerillas? —gritaron.

Permanecieron a una distancia considerable, y estaba oscureciendo. Esperaba que no hubiesen visto todas nuestras provisiones.

—Lo siento, no tengo ninguna —contesté.

De manera inesperada, sin razón aparente, se dieron la vuelta y se fueron. Seguramente pensaron que otra persona, un adulto, estaba en algún lugar cercano. Lo único que pude hacer fue darle las gracias a Dios por su protección.

Tras recoger ramas y hierba alta, me hice rápidamente una choza y caí en un sueño profundo. Ya no tenía miedo. Me desperté con la voz de Peter, que había regresado con una carreta y un caballo. Una vez cargadas todas nuestras provisiones, partimos hacia el campamento que había levantado el tío Vásil, quien se sintió aliviado al verme sano y salvo. Durante el resto de nuestro viaje de pesca nos contamos historias de peligros y aventuras pasadas, y cada historia la terminábamos igual, agradecidos a Dios por su protección.

Hacia finales del verano de 1939, la tía Marusia me envió a una nueva aventura. Un día me llamó a la cocina, y allí en la mesa contemplé algunos de los pimientos verdes más grandes y gordos que había visto nunca. Los pimientos eran producto de su huerto, y yo sabía que la tía Marusia se había esforzado mucho en hacerlos crecer.

—Vanya, quiero que lleves estos pimientos a la ciudad y los vendas.

Nunca me habían confiado antes una misión como esta. Mi mente se llenó de preguntas. Pero antes de que pudiera hacer ninguna, tía Marusia me daba claras instrucciones.

—Llévalos en este saco y ponte en la esquina de la calle principal. Saca los pimientos del saco y extiéndelos sobre la parte superior de éste. Véndelos por un *jiao* cada uno, aquí tienes tres jiao para el almuerzo. Tienes cincuenta pimientos, así que deberías volver a casa con unos cincuenta jiao.

El saco era grande, pero me lo eché al hombro y partí hacia la ciudad. Era sábado, y noté que en las calles había más gente de lo habitual. Cuando encontré la esquina, extendí con cuidado los pimientos sobre el saco, y me puse de cuclillas, listo para venderlos.

Me sentía orgulloso de los pimientos verdes de la tía Marusia. Parecían más grandes y más verdes que todos los demás que se vendían a mí alrededor. Mientras me entretenía observando a otros vendedores, escuché decir a alguien:

—Oye, chico. ¿Cuánto pides por tus pimientos verdes?

Giré la cabeza y me encontré cara a cara con un musulmán bajo y fornido. Su bigote era casi más ancho que su rostro.

—Eh…, un jiao cada uno, señor.

—Tus pimientos verdes tienen un aspecto excelente, dame tres —dijo.

Al tomar su dinero, me di cuenta de que había más personas observando nuestros pimientos.

—Eh, chico. Dame dos pimientos.

Miré en dirección a la voz y vi a dos babushkas y un acompañante más joven en cuclillas a mi derecha. Todos tomaban los pimientos en sus manos y los examinaban con atención.

—Estos son los mejores pimientos que he visto en todo el día —oí que decía una de las babushkas.

Un montón de personas empezaron a agolparse en torno a los pimientos. Todo el mundo hablaba a la vez. Mientras intentaba recibir el dinero y dar el cambio, me di cuenta de que había gente que agarraba mis pimientos y salía corriendo.

—¡Me roban los pimientos!

Pero antes de que pudiera hacer nada, otra persona me estaba dando dinero y esperando el cambio. Cuando la multitud empezó a disminuir, me quedaban una tercera parte de los pimientos. Al contar rápidamente el dinero, me di cuenta de que me habían robado una cuarta parte de estos.

Me sentía enfermo. Era casi la hora de comer, y aunque estaba muerto de hambre, puse mi dinero del almuerzo en la bolsa con las ganancias. Después, traté de vender mis pimientos por más dinero, pero muy poca gente los compró. Finalmente, después de vender el resto de los pimientos, me fui a casa.

Me gruñía el estómago, y el corazón me latía con fuerza. ¿Qué voy a decirle a tía Marusia cuando cuente el dinero?

El temor se apoderó de mí al acercarme a la casa. Podía ver a tía Marusia a través de la ventana. Intenté entrar por la parte trasera sin que ella me viera, pero de pronto nuestros ojos se encontraron. Me quedé como paralizado. Tía Marusia me hizo señas para que entrase en la casa.

—¿Cómo es que has vuelto tan pronto, Vanya? —tía Marusia se secaba las manos en el delantal mientras caminaba hacia la cocina—. Veo que has vendido todos mis pimientos. ¿Dónde está la bolsa de dinero? —preguntó. Al entregarle la bolsa traté de decir algo, pero no conseguí que ningún sonido saliera de mi boca.

Tía Marusia contó el dinero mucho más rápido de lo que yo lo hubiera podido hacer. Entonces se puso rígida.

—Vanya, falta una parte del dinero. ¿Dónde está?

Me atravesó con la mirada, y la expresión de su rostro cambió. Era como si estuviera mirándole a los ojos a Masha. De repente quise correr y esconderme en algún rincón oscuro. Quería estar solo, en algún lugar donde nadie pudiese echarme la culpa de nada.

—¡Vanya! —me sobresaltó con su grito.

—No… No… No sé dónde está el dinero. Vendí todos los…

—Me estás mintiendo, ¿no es verdad? —tía Marusia comenzó a quitarse el delantal.

Me quedé congelado.

—Después de todo lo que he hecho por ti, y todavía intentas robarme —dijo, y comenzó a caminar hacia mí.

—Tía Marusia, nunca te he robado nada.

—¡Fuera! —tía Marusia se abalanzó sobre mí, me agarró del hombro, me giró hacia la puerta, y comenzó a empujarme.

—¡Por favor, tía, escúchame! —supliqué—. No he robado el dinero. Vi a varias personas robar pimientos, pero no pude hacer nada al respecto. Incluso puse el dinero del almuerzo en la bolsa y no he comido nada en todo el día. ¡Por favor, créeme!

Tía Marusia abrió la puerta y empujándome fuera, gritó:

—¡Sal y no vuelvas!

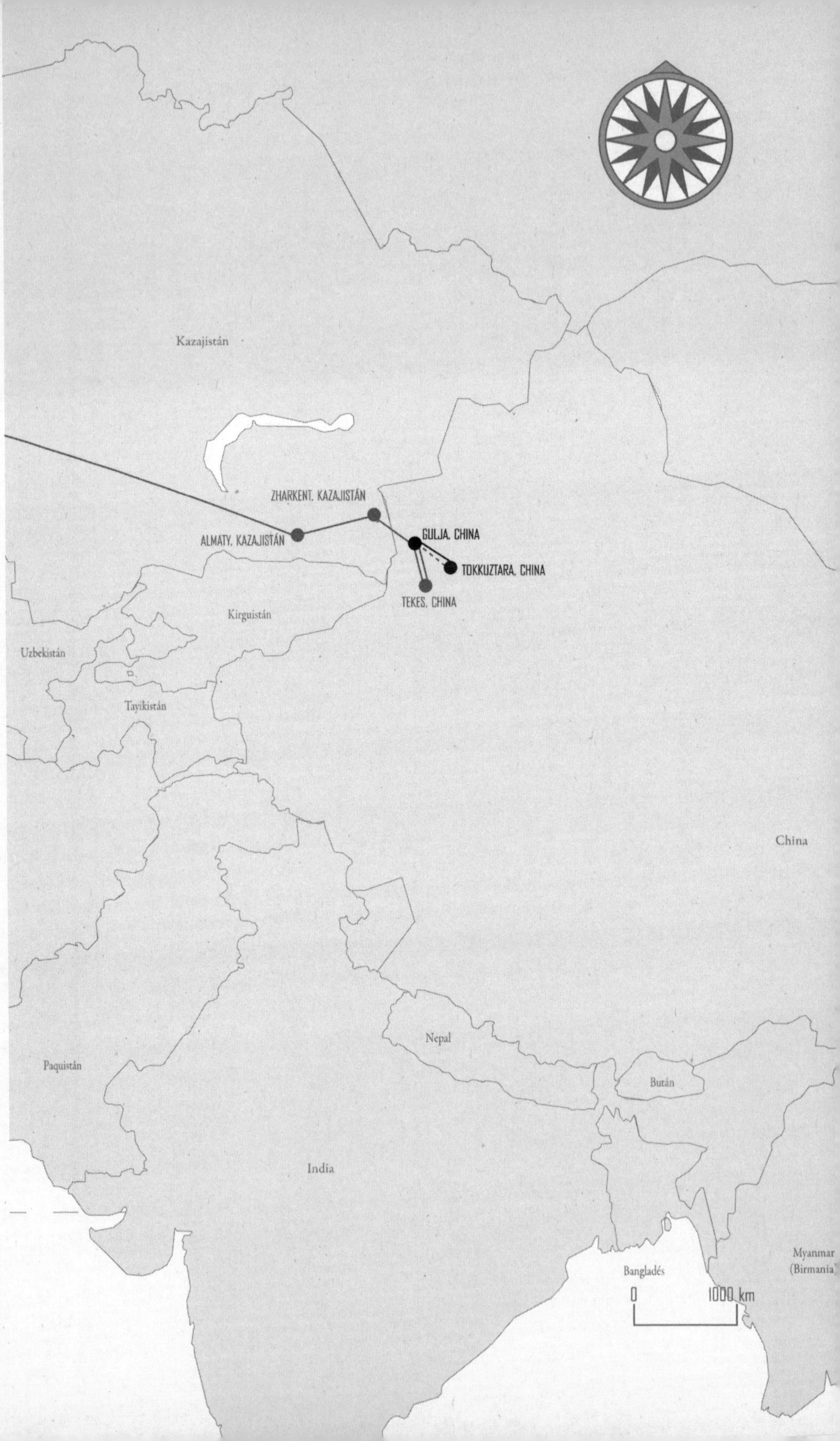
Kazajistán
ZHARKENT, KAZAJISTÁN
ALMATY, KAZAJISTÁN
GULJA, CHINA
TOKKUZTARA, CHINA
TEKES, CHINA
Kirguistán
Uzbekistán
Tayikistán
China
Nepal
Paquistán
Bután
India
Bangladés
Myanmar
(Birmania)
0
1000 km

OCHO

TROPECÉ y quedé tendido en el suelo, mientras escuchaba a mi espalda el sonido de la puerta cerrándose. Todavía resonaban en mis oídos las últimas palabras de tía Marusia: «¡Y no vuelvas!».

Me senté en el suelo, demasiado aturdido como para reaccionar. Y entonces comprendí mi situación. ¡No, Dios mío! ¡Otra vez no!

A través de mis lágrimas, contemplé de nuevo mi hogar y empecé a sollozar de forma incontrolable. Una horrible sensación de soledad se me clavaba como un cuchillo en el corazón.

Al menos tengo a Misha y a mis hermanas, pensé. *Pero viven tan lejos. Oh Dios, ¿qué voy a hacer ahora?*

Quería correr, encontrar un lugar para mí, donde estar solo y poder hablar con mi Padre. Vi el jardín de tía Marusia y sentí como si de repente mis pies me transportasen hasta allí. Mientras corría, al mismo tiempo lloraba y agitaba los brazos. Mi mente era un torbellino. Distinguí con dificultad la arboleda que tenía delante. Me arrojé de bruces sobre la hierba y lloré, lloré, lloré.

—Dios, no ha sido mi culpa que robasen esos pimientos. ¿Por qué ella no me cree?

Desde lo más profundo de mi alma, pregunté a Dios entre gemidos:

—Dios, ¿por qué tuviste que quitarme a papá y a mamá? Llévame a casa a mí también. Ya no quiero vivir más. Llévame a casa.

Pasé un largo rato llorando bajo aquellos árboles.

—Oh, Vanyushka —me sorprendió la voz dulce y familiar de babushka. Levantando la vista vi su cara borrosa, me sequé las lágrimas y sin dudarlo me fundí en sus brazos extendidos.

—Mi querido Vanyushka. No llores. Marusia no lo decía en serio. No te preocupes. Voy a hablar con ella y la convenceré para que te acepte otra vez.

Las palabras de consuelo de babushka trajeron un rayo de esperanza a mi alma.

—Babushka, yo… yo no robé el dinero —nuevas lágrimas comenzaron a rodar por mis mejillas—. Fueron algunas personas en el mercado… ellas… ellas robaron los…

—Calma, calma, Vanyushka. Te comprendo.

Pude ver que al abrazarme con fuerza mis lágrimas habían dejado un reguero de manchas en el vestido de babushka, que comenzó a cantar una de nuestras canciones favoritas mientras me acunaba con cariño. Al fin dejé de llorar.

—Levántate, Vanyushka. Vayamos a hablar con Marusia.

Al entrar juntos en casa mi miedo desapareció. De alguna manera sabía que tía Marusia entendería que no era culpa mía y me recibiría otra vez.

—Marusia —comenzó a decir babushka—, debes recibir de nuevo a Vanyushka. Has entendido mal lo que ha sucedido. No ha sido su culpa y tampoco te ha mentido. Escucha lo ocurrido una vez más.

Tía Marusia no parecía demasiado convencida, pero me permitió de mala gana contar mi versión de los hechos. Cuando por fin terminé, tía Marusia me miró.

—Está bien. Puedes volver, pero que ésta sea la última vez que sucede algo así.

Me giré y babushka me rodeó con sus brazos. Sentí su calor mientras me abrazaba.

Me di la vuelta, miré a tía Marusia, y le dije:

—Gracias, tía Marusia, por dejar que me quede —a pesar de que su abrazo fue bastante formal, no me molesto. Estaba feliz de volver a tener un hogar.

Y realmente se convirtió en mi hogar.

Tío Vásil comenzó a llevarme en sus viajes de trabajo. Recorrimos muchos pueblos diferentes reparando máquinas de coser allí por donde íbamos. Tío Vásil incluso comenzó a enseñarme cómo repararlas.

Cuando sea mayor, empecé a pensar, quiero ser como tío Vásil.

Los recuerdos dolorosos de mi vida con Masha casi no parecían reales. Pronto llegué a olvidar el incidente de los pimientos verdes con tía Marusia. Por fin me sentía amado y cuidado. Sentía que estaba en mi hogar.

EN SEPTIEMBRE DE 1940 todo cambió. Tío Vásil y tía Marusia fueron a Gulja por motivos de trabajo. Cuando regresaron, tío Vásil me llamó a la cocina.

—Vanya, ven a sentarte a la mesa. Tengo noticias para ti de parte de tu hermano.

—¡Misha! ¿Has visto a Misha? ¿Cómo está? ¿Qué te ha dicho? ¿Qué ha…

Tío Vásil se rió entre dientes.

—Calma, calma, Vanya. ¡Siéntate!

Di un salto hasta el taburete y esperé, muriéndome de impaciencia, a que el tío Vásil se pusiese a hablar.

—Tía Marusia y yo hemos pasado un tiempo con Mitrofan y María, tus verdaderos tíos. Acababan de regresar de Aksu y planean volver allí pronto. Misha, tu hermano, estaba con ellos, y nos pidió que te diéramos este mensaje. Quieren que vayas con ellos a Aksu.

—¡A Aksu! —grité mientras saltaba del taburete.

Pero entonces, me senté lentamente, y mirando al tío y la tía, dije:

—¿Lo que quieres decir es que quieren que les deje, a ustedes, a babushka, y a mi hogar?

—Sí, Vanya. Misha quiere que te vayas a vivir con ellos a Aksu. Marusia, tu hermana mayor, también irá.

En algún lugar profundo de mi corazón quería estar con mi hermano y mi hermana, pero aquel era mi hogar. Por un segundo tuve dudas, pero luego grité:

—¡No puedo dejarlos. Ustedes son ahora mi familia. No, no voy a ir. Quiero vivir con ustedes, y con babushka.

—Vanya —dijo la tía Marusia—. Estamos muy contentos de que te sientas así. Te amamos y queremos que seas nuestro hijo.

Yo no estaba seguro de a qué se refería, pero tío Vásil lo aclaró de inmediato.

—Sí, Vanya. Si te sientes así, nos gustaría adoptarte legalmente como nuestro hijo.

Al ver la sonrisa radiante de babushka sentí que mi pecho estallaba de emoción.

—¿Qué opinas de eso, Vanyushka? —dijo ella.

No pude permanecer más en silencio y estallé en risas mezcladas con lágrimas.

—Gracias, gracias, gracias —fue todo lo que salió de mi boca mientras los abrazaba a todos. Tras abrazar a Vásil, levanté la vista y pregunté: —¿Significa esto que puedo llamarlos papá y mamá?

Tío Vásil me agarró por los hombros y con lágrimas en los ojos, dijo en voz alta:

—Sí, hijo, nosotros somos tu papá y tu mamá.

Me sentí abrumado de alegría, y una vez más abracé a babushka y a mis nuevos papás.

—Vanya, mañana regresamos a Gulja, y tienes que venir con nosotros.

—¿A Gulja? —dije—. ¡Podré ver a Misha y a Marusia y darles la buena noticia!

Papá continuó.

—Vanya, Misha y Mitrofan nos pidieron que te llevásemos de vuelta a Gulja para que pudieses ir con ellos a Aksu. Pero ahora que te quieres quedar con nosotros, debes comunicarles personalmente tu decisión.

—Entonces, eso es lo que haré —dije con confianza.

Papá dijo que teníamos que salir temprano a la mañana siguiente. Babushka se levantó antes del amanecer para decirme adiós. Le di un abrazo y prometí traerle algo de Gulja. A medida que la carreta se alejaba, miraba hacia atrás y sonreía al ver a babushka y a mi verdadero primer hogar.

El viaje de doscientos kilómetros a Gulja nos llevó dos semanas. Por el camino pasamos por muchos pueblos, y papá parecía tener algo especial que contar sobre cada uno de ellos. Por supuesto, sabía en qué casas había máquinas de coser, y su mano experta había reparado la mayor parte de ellas. Papá prometió enseñarme todo lo que sabía, y llevarme conmigo ahora que iba a ser su hijo. Me sentía querido, seguro y feliz.

Al aproximarnos a Gulja, me sorprendió el ruido y la confusión. Se me había olvidado lo grande que era la ciudad. Había gente por todas partes. Las calles estaban llenas de vendedores que ofrecían sus mercancías desde pequeños tenderetes. Al acercarnos a un puesto de zapatos, papá detuvo bruscamente el caballo tirando de las riendas.

—Vanya, ven con nosotros. Queremos comprarte algo —dijo.

Papá y mamá me llevaron a un puesto y me eligieron un par de sandalias de cuero nuevas.

—Vanya, para celebrar que vas a ser nuestro hijo, queremos que tengas estas sandalias. Pruébatelas, hijo.

Al calzarme mi primer par de sandalias nuevas me sentía orgulloso y feliz. Encajaban perfectamente, y cuando di unos pocos pasos sentí como si todo el mundo me estuviese mirando. Papá no quería que las usase todavía, y me las quité a regañadientes. Mientras les abrazaba, me sentía cada vez más como su hijo.

Desde allí me llevaron directamente a casa de los Shevchenko, donde se alojaban el tío Mitrofan y mi hermano Misha. Al acercarnos a la casa, mi mente se llenó de recuerdos. Recordé cómo Alex me había llevado a través de los campos de arroz cuando mamá se perdió y papá estaba demasiado débil para sostenerme. Recordé el tiempo en que vivimos con ellos, justo después de la muerte de mamá. Regresar a aquella casa fue como volver a mi hogar. Al bajar de la carreta, oí que alguien gritaba mi nombre.

—¡Vanya! ¡Vanya! ¿Eres tú realmente?

Yo conocía esa voz. Al volverme para ver de dónde venía, vi a alguien que corría hacia mí.

—¡Misha! —grité.

Todo lo que pude distinguir fue una mancha borrosa, ya que Misha voló por los aires y se abalanzó sobre mí. Juntos rodamos por el suelo, riendo y abrazándonos.

—¡Vanya, cómo me alegro de verte! —el cabello rizado castaño de Misha quedó hecho un lío después de revolcarnos por el suelo.

—Creo que la última vez que nos vimos fue cuando viniste a Gulja con tío Vásil, hará unos seis meses. ¿Todavía te enseña a arreglar máquinas de coser? —preguntó.

—Sí, Misha. No sólo me enseña cómo arreglar las máquinas de coser, sino que me ha prometido que un día me haré cargo de su negocio.

Me di cuenta de que Misha no compartía mi entusiasmo. Aun así, necesitaba hacerle partícipe de la emocionante noticia que tenía.

—Misha, ya no les llamó tío y tía, ahora son mi papá y mi mamá. Por fin tengo un hogar y una familia. ¡Me van a adoptar!

La reacción de Misha me pilló con la guardia baja. Sus ojos brillantes, normalmente felices, parecían tristes, y se hundió de hombros.

—¡Papá me ha comprado un nuevo par de sandalias de cuero como regalo especial para su nuevo hijo!

Sonreía de oreja a oreja, esperando que Misha me felicitase. En lugar de eso, se levantó, me agarró por los hombros y me dijo:

—Ven a casa conmigo. Tengo algo que decirte.

Le dije a mamá que iba a estar un rato con Misha y le seguí hasta la casa de los Shevchenko, donde él y Marusia, mi hermana mayor, estaban alojados. Misha parecía contento de que no hubiera nadie en casa cuando llegamos. Me llevó a su habitación y me sentó en su cama. Yo sabía por su mirada tan seria que tenía algo importante que decirme.

—Vanya, Marusia y yo nos vamos con el tío Mitrofan a Aksu. Queremos que vengas con nosotros.

—No puedo ir. Por fin tengo un verdadero hogar con un papá y una mamá. Han prometido adoptarme y por primera vez soy parte de una familia de verdad. Los quiero, Misha.

Mi hermano se puso de cuclillas en el suelo frente a mí y se quedó mirándome fijamente a los ojos.

—Vanya, escúchame. Tío Vásil y tía Marusia no pueden reemplazar a tu auténtica familia. ¿Te acuerdas de aquella vez que te expulsaron de su casa? Me lo contaste la última vez que visitaste Gulja.

—Pero Misha, fue sólo un malentendido. Ahora ellos son mi familia, y eso no volverá a suceder —le dije, tratando de parecer seguro de mí mismo.

Misha cogió mis manos.

—Pero supón que sucede, Vanya. ¿Entonces, qué? ¿A dónde irás? Marusia y yo estaremos demasiado lejos como para ayudarte. ¿Qué vas a hacer?

No, pensé, *no volverá a suceder, no puede volver a suceder. ¿O sí?*

Las dudas empezaron a crecer en mi mente. Había sucedido una vez, y podía suceder de nuevo. De repente recordé cómo me sentía, llorando bajo la arboleda sin tener adónde ir, sin nadie que me cuidase. Recordé que me quería morir e ir al cielo. Mi único atisbo de esperanza era saber que Misha y Marusia estaba en Gulja. Pero ahora iban a marcharse. Nunca antes en mi vida me había sentido así. ¿Debía dejar a mi papá y a mi mamá y marcharme con mis hermanos? *Oh Dios, ¿qué debo hacer?*

—Vanya, tienes que venir con nosotros. Somos tu verdadera familia.

Cuando Misha pronunció estas palabras, de pronto todo se volvió claro para mí. Tenía que irme con ellos. No podía arriesgarme a ser rechazado de nuevo, expulsado y abandonado. Necesitaba estar con mi hermano y hermana.

—Está bien, ¡iré con ustedes!

Misha me agarró la cara y me besó en la mejilla.

—No te arrepentirás de tu decisión, Vanya. Eso puedo prometértelo.

En mi mente estaba de acuerdo, pero me dolía el corazón. ¿Qué dirían papá y mamá?

—Tengo que comunicar a los Kondtratiev mi decisión —dije, mientras me levantaba para salir.

Misha se levantó de un bote y se puso a mi lado.

—Te acompaño.

—No —contesté—. Creo que es mejor que hable con ellos a solas.

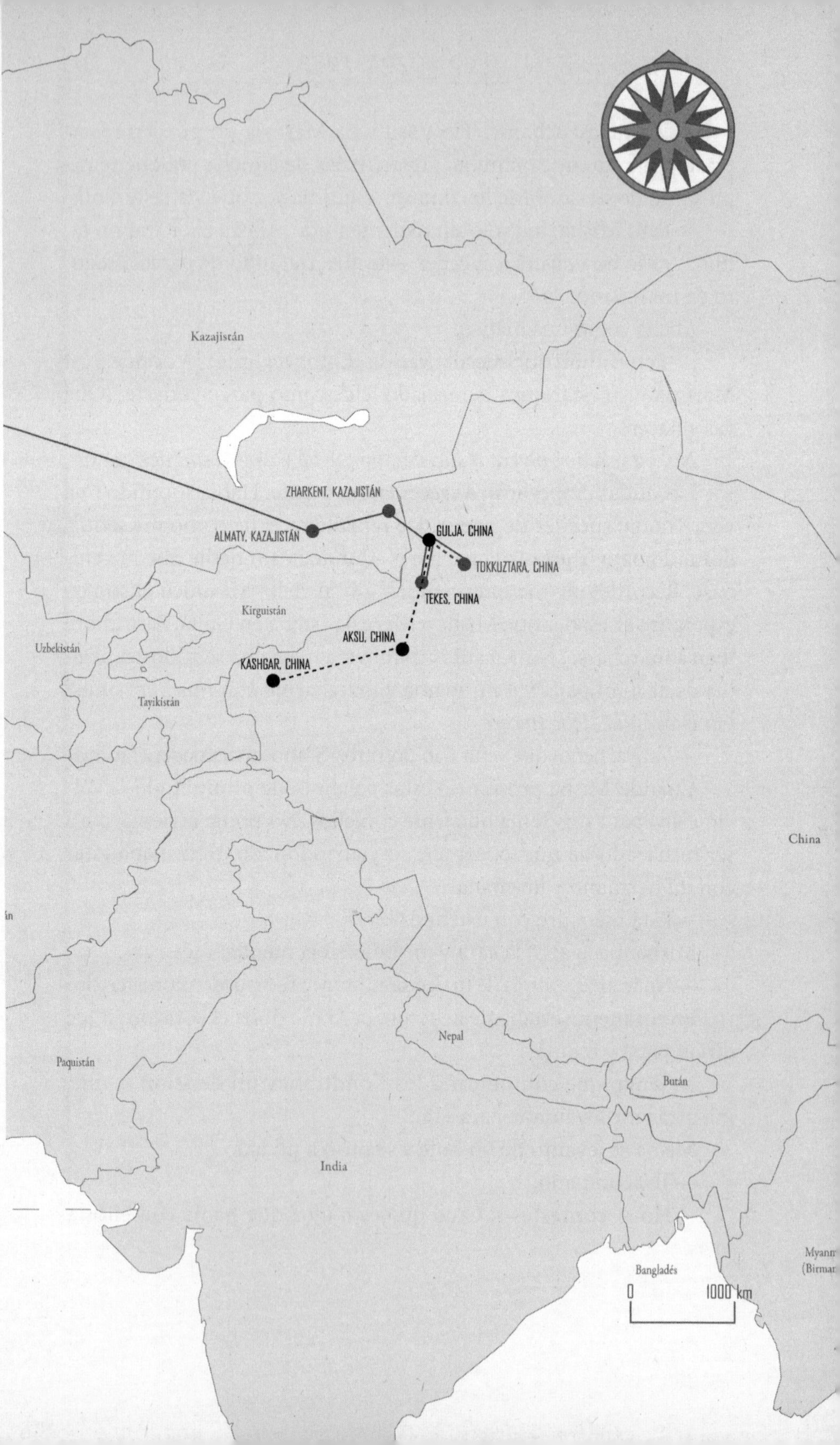

Kazajistán
ZHARKENT, KAZAJISTÁN
ALMATY, KAZAJISTÁN
GULJA, CHINA
TOKKUZTARA, CHINA
TEKES, CHINA
Kirguistán
AKSU, CHINA
Uzbekistán
KASHGAR, CHINA
Tayikistán
China
Nepal
Paquistán
Bután
India
Bangladés
0
1000 km

NUEVE

—¡NO PUEDO CREERLO! —era la primera vez que oía a papá levantarme la voz. Se puso en pie y comenzó a caminar de un lado a otro frenéticamente—. ¿Pero por qué, Vanya? —continuó—. Pensé que estabas de acuerdo en ser nuestro hijo. Planeábamos adoptarte.

—¿Cómo has podido hacernos esto? —añadió mamá—. Después de todo lo que hemos hecho por ti, ¿es así como nos lo pagas? ¡Cómo te atreves!

Algo en la voz de mamá me recordó al día en que me expulsó de su casa. Su mirada me dejó helado.

—Siento muchísimo hacerles daño —dije—, pero he tomado una decisión definitiva. Quiero vivir con mis hermanos.

La tristeza y el enfado se mezclaban en los ojos de papá, cuando me dijo:

—Esta bien, Vanya. Si esa es tu decisión, que así sea. Puedes irte, márchate con tu familia. Nosotros volvemos ahora mismo a Tokkuztara.

Al darse la vuelta, me fijé en mis sandalias nuevas. Papá debió verlas al mismo tiempo que yo, porque las recogió, y volviéndose a mí, dijo:

—Como ya no tengo un hijo, no tengo nadie a quién dárselas.

—Al verles partir de Gulja en su carreta, me dolió pensar que nunca más volvería a verles, ni tampoco a babushka. *Querido Dios, ¿habré tomado la decisión correcta?*

No tuve mucho tiempo para pensar en ello, porque dos semanas después estábamos camino de Aksu. Era octubre de 1940.

Misha compró dos caballos y una mula. El viaje de once días a Aksu parecía bastante arduo, pero lo recorrían muchos mercaderes y comerciantes. Las mulas eran esenciales para llevar las pertenencias, al igual que un caballo para los que no podían caminar mucho. Nuestro pequeño grupo estaba formado por Misha, Marusia, y yo, además del tío Mitrofan y otros dos hombres. Tía María y dedushka ya estaban en Aksu esperando nuestra llegada.

En poco tiempo llegamos a Tekes, pero a partir de ahí el camino conducía directamente al *muzdavan*, la palabra Kirguisa para glaciar. La cordillera del Tien Shan asomaba a ambos lados del mismo, en la que destacaba la montaña Khan Tengri que se elevaba hasta los siete mil metros. La palabra «impresionantes» se quedaba corta para describir aquellas montañas, eran las cumbres más altas que había visto en mi vida.

El bien trillado camino hasta el glaciar estaba lleno de coloridos comerciantes kirguises y kazajos, y sus mulas de carga caminaban tensas bajo el peso de los frutos secos y las especias. La caminata por esta ladera de la montaña fue tranquila, aunque sencillamente agotadora. Siendo el más joven, podía montar un poco a caballo, junto con Marusia. En los años que habíamos estado separados, se había convertido en toda una mujer, y ahora parecía mucho más seria y madura. Sentí que ella también había sufrido como huérfana, pero se resistía a hablar de ello.

La mano izquierda de Marusia, que yo recordaba extrañamente retorcida, era ahora de la mitad del tamaño de su mano derecha. Misha me contó que cinco años antes, un médico en Gulja había cortado el hueso roto, que nunca se había curado, lo que redujo la mano de Marusia a la mitad de su tamaño normal. Pero al menos el dolor constante y el pus se habían terminado. Le pregunté a Marusia si sabía algo de nuestra hermana Lena, y respondió que Lena vivía con una familia e iba a la escuela en una ciudad llamada Urumchi, lejos de allí, hacia el noreste. Habían pasado casi cinco años desde nuestra separación, y mientras avanzábamos con dificultad, me preguntaba si alguna vez volvería a ver de nuevo a Lena.

Subir por el glaciar no era demasiado difícil, aunque el hielo estaba frío y resbaladizo. Intentamos seguir los senderos trillados cortados en el glaciar por los que habían pasado por allí anteriormente. A menudo, nos veíamos forzados a cortar nuevos peldaños en aquellos lugares donde los viejos se habían desmoronado. Me gustaban especialmente las grietas de un metro de ancho que teníamos que cruzar. A Misha y a mí nos gustaba tirar piedras en las grietas y escuchar el posible chapoteo del impacto abajo en la corriente. A veces ni siquiera podía oírse. Conseguir que las mulas saltasen sobre las grietas no era tarea fácil. Dimos gracias de que los comerciantes hubieran construido caminos estrechos sobre las grietas para que cruzasen las mulas y los caballos.

Al llegar a la cima del glaciar, pudimos ver abajo un valle verde. Habíamos subido unos cuatro mil metros, y los zigzagueantes peldaños de hielo por los que se descendía la ladera no parecían muy seguros. Tío Mitrofan condujo nuestros dos caballos y la mula de carga peldaño a peldaño. En algunos lugares, las escaleras eran tan estrechas que era imposible que pasasen dos personas al mismo tiempo, y mucho menos dos animales. Varias veces mi caballo resbaló, cayendo de rodillas. Misha perdió una vez el equilibrio y se precipitó escaleras abajo hasta que lo detuvo una pared de hielo. Afortunadamente, no se hizo daño.

A medida que avanzábamos por el hielo, constantemente tallábamos nuevos peldaños en el glaciar, ya que los viejos se habían roto o derretido. El glaciar había originado un río de fuerte corriente, y tuvimos que cruzar las aguas heladas en varias ocasiones durante nuestro camino montaña abajo. Sabíamos que el valle que veíamos a nuestros pies era más cálido, pero no estábamos preparados para la gran diferencia de temperatura. Nada más terminar de recorrer el glaciar, nos azotó una ráfaga de calor del desierto que nos pareció como si hubiera un horno encendido.

Aquella noche nos refugiamos en un *caravasar* tallado directamente en la ladera de una montaña. La posada no tenía habitaciones separadas, sino sólo alfombras polvorientas sobres las que dormir. Cuando al fin encontré un lugar donde tumbarme, mis sentidos fueron bombardeados por el olor a pan recién horneado. A nuestro alrededor, viajeros agotados —muchos de ellos comerciantes kazajos y kirguises— yacían por el suelo. Algunos dormían, pero la mayoría comía y charlaba en sus idiomas nativos. Cuando vi los *tookachi* (panes planos) que estaban comiendo, se me hizo la boca agua.

El tío Mitrofan, viendo como miraba los panes, compró algunos para que pudiésemos compartirlos. Partí el mío por la mitad y me lo metí en la boca; luego cerré los ojos. El sabor del pan aún caliente me transportó de nuevo a la época en que cruzamos la frontera, cuando sostuve y olí por primera vez aquel pan plano. Papá acaba de levantar la cabeza, que había inclinado para orar, cuando todo se volvió borroso. Caballos, policías, gritos, y nubes de polvo por todas partes. Aquel pan que quería comerme, pero que ya no tenía. Y mi papá... alargué mi mano hacia él, pero ya no estaba. Mi familia, como había querido formar parte de una familia. Pero mamá también se había ido para siempre. Tal vez debía haberme quedado con tío Vásil y tía Marusia. ¿Y si había cometido un error? ¿Podría alguna vez ser parte de una verdadera familia de nuevo?

—¡Vanya! ¿Por qué no comes?

Miré hacia arriba y vi a Misha con una expresión de asombro en su rostro.

—Yo... simplemente recordaba algo.

Todavía tenía el tookach entre las manos y mi boca aún estaba llena. Poco a poco me comí el pan, pero no podía quitarme de la cabeza aquellos pensamientos.

Cuando llegó la hora de dormir, me incliné hacia Misha.

—¿Cómo te ha ido desde que papá y mamá murieron? ¿Te has sentido alguna vez como si formaras parte de una familia?

—¿Por qué lo preguntas, Vanya?

Mientras le miraba a los ojos, supe que era alguien a quien podía confiarle mis sentimientos más profundos.

—Lo más cerca que he estado de ser parte de una familia ha sido con tío Vásil y tía Marusia. Sé que tía Marusia casi me expulsa de su casa, pero cambió de opinión, y dijeron que querían adoptarme.

Incluso me compraron un par de sandalias nuevas para celebrar que iba a ser su hijo. Tengo muchas ganas de tener un papá y una mamá, y ahora me pregunto si tomé la decisión correcta.

Misha sonrió.

—Déjame contarte lo que me pasó. Después de rebotar de casa en casa durante un tiempo, por fin terminé de nuevo con los Shevchenko. Hace unos tres años, me puse muy enfermo y tuve que pasar varios días en el hospital. Al parecer, el representante militar ruso en Gulja me vio durante una visita. Después de preguntar por mis padres, él y su esposa decidieron adoptarme.

—¡Vaya! —exclamé.

Me acerqué más a Misha. —¿Así que se convirtieron en tu familia?

Misha se limitó a sonreír mientras continuaba con su historia.

—Sin duda trataron de hacerme formar parte de su familia. Por primera vez en mi vida, Vanya, tenía todo lo que nunca antes había imaginado. Su casa era enorme. Solo para entrar por la puerta debía pasar por delante de varios guardias. ¡Y las habitaciones! Nunca había visto una casa tan grande en toda mi vida. Estoy seguro de que esa es la razón por la que tienen todos esos criados y doncellas, para limpiar todas las habitaciones. Los alimentos que comía no tenían nada que ver con el pan que tú y yo mendigábamos por las calles de Gulja. ¿Te acuerdas todavía?

—¿Cómo podría olvidarlo! Vivíamos como perros salvajes y hambrientos, soportando las miradas despectivas de la gente sólo para obtener unos trozos de pan con los que poder alimentar a mamá y a nosotros.

—Todavía recuerdo el pan con todo aquel moho verde. Nos limitábamos a sacudirlo un poco y dar las gracias por tener otro pedazo de pan para comer.

—Pero, ¿cómo se llamaba el hombre que te acogió? —pregunté mientras apoyado en el codo miraba a los ojos de Misha.

—Se llamaba Oogleen.

Mi voz se quebró y apenas fue audible cuando pregunté:

—¿Alguna vez le llamaste papá?

—No, Vanya. Nunca hubiera podido llamarle así.

De repente los ojos de Misha se llenaron de tristeza, y miró hacia otro lado.

—¿Fue porque te golpearon, como Masha me golpeaba a mí? ¿O es que te echaron de la casa, como hizo la tía Marusia? —mis preguntas surgieron tan rápido que yo mismo me sorprendí.

—No, no fue nada de eso, Vanya. Simplemente no podía olvidar todo lo que papá y mamá nos habían enseñado cuando estaban vivos.

Los ojos de Misha brillaban mientras hablaba, y yo me senté, no queriendo perderme una sola palabra de lo que estaba contando.

—Oogleen intentó convencerme de que creer en Dios era una tontería, algo que sólo las hacían viejas babushkas. Desde el primer día que puse un pie en su casa, hizo todo lo que pudo para convertirme en un ateo. Muchas noches nos sentábamos junto al fuego en unas mecedoras enormes a hablar de Dios. Oogleen repetía continuamente esta frase: la religión es el opio de las masas. Me dijo que la gente necesitaba algo en que creer, por lo que muchos se habían inventado la religiones y los dioses. Las personas inteligentes, educadas en las universidades no creían en Dios, porque no tenían necesidad de esa muleta. Podían resolver todos los problemas del mundo con su intelecto. Al menos, eso es lo que Oogleen quería que yo creyese. Según él, el hombre había evolucionado a partir de un microbio, y con el tiempo se había convertido en un mono, y entonces, de alguna manera, se transformó en un hombre.

—¡Qué! —exclamé—. Es la cosa más graciosa que he oído nunca.

Mi hermano y yo empezamos a reír con tanta fuerza, que nos empezó a doler el estómago.

A medida que nuestra risa disminuía, Misha sonrió.

—Me pregunto de dónde habrá venido ese microbio. Eso es lo que le dije a Oogleen cuando me contó esa historia tan divertida. Se limitó a sonreír y no pudo contestarme. Durante dos años trató de convencerme de que Dios no existía, pero yo seguía creyendo que sí.

Un día, llegué a casa y descubrí que alguien había dejado dos trajes nuevos sobre mi cama. Junto a la cama también había una maleta nueva, un par de zapatos sin estrenar, y un maletín. Estaba feliz de recibir esos regalos, pero me pregunté por qué me estarían dando todo aquello precisamente en aquel momento. Unos días más tarde, uno de mis amigos me dijo que Oogleen también le había comprado a él los mismos regalos, y le enviaba a Moscú, junto con otros jóvenes, a estudiar cinco años en la universidad. Me dijo que a mí también iban a enviarme. ¡Me quedé muy sorprendido! Oogleen trataba de enviarme a Rusia en secreto para educarme en el ateísmo. En aquel mismo momento decidí huir y esconderme.

—¿A dónde fuiste? —pregunté.

—Me escondí en casa de Karnienko. Un anciano que me conocía bien. Ni siquiera les conté mis planes a los Shevchenko. Sabía que Oogleen enviaría a sus hombres a buscarme en su casa, y por supuesto, lo hizo. Más tarde me enteré de que habían ido a la casa de los Shevchenko varias veces a buscarme, preguntando si habían oído algo acerca de mí paradero.

—Apenas podía contener mi curiosidad. —¿Consiguieron encontrarte? —pregunté.

Los ojos de Misha se iluminaron, y una gran sonrisa se dibujó en su rostro.

—Por supuesto que no, nunca me encontraron. Me quedé en casa de Karnienko durante unos cuatro días, con la esperanza de que fuese tiempo suficiente como para perderme el viaje a Moscú. Y así fue. Cuando por fin salí de mi escondite, visité a los Shevchenko, y me dijeron que los hombres de Oogleen habían ido a buscarme. Después de explicarles por qué había huido regresé a casa, a enfrentarme con Oogleen.

—Apuesto a que estaba muy enfadado contigo —dije.

—¡Ni te imaginas cuánto! —Misha sacudió la cabeza mientras continuaba—. No recuerdo haber visto nunca Oogleen tan enojado como cuando me interrogó sobre mi desaparición. Insistía en decirme lo mucho que iba a lamentar no haber ido a Rusia. Le dije que nunca iría voluntariamente, porque amaba a Dios y no renunciaría a mi fe, aunque eso significase volver a pasar hambre.

Creo que fue en ese punto cuando Oogleen finalmente dejó de intentar cambiarme. Me envió a una escuela local durante un año, y luego decidió que ya no quería adoptarme. Entonces, otra familia me acogió durante un año. Cuando el tío Mitrofan llegó de Aksu, me fui a vivir con él.

—¿Así que esa fue la última vez que viste a Oogleen?

—¡No! Esa es la mejor parte de la historia —dijo Misha—. Hace varios meses, antes de que llegaras a Gulja, tío Mitrofan y otros hombres trataban de obtener el permiso necesario para viajar de regreso a Aksu, pero el gobernador militar no les entregaba los documentos de viaje. Visitaron la oficina del gobernador casi todos los días durante más de tres meses, sin obtener ningún resultado.

Una noche, durante la cena, les escuché decir que el nombre del oficial del gobernador era Oogleen. ¡Ya puedes imaginar la emoción que sentí! Les dije que había vivido con Oogleen durante dos años, y que estaba dispuesto a ir a su casa y pedirle ayuda. Deberías haber escuchado cómo se reían de mí.

—¿Acaso no les dijiste que Oogleen casi te adopta como hijo?

Misha negó con la cabeza. —Creo que la gente mayor nunca toma a los jóvenes muy en serio.

—¿Qué pasó después? ¿Fuiste a visitar a Oogleen? ¿Cómo te trató?

—Espera, hermanito. Dame la oportunidad de terminar —Misha puso su mano en mi hombro y se echó a reír—. En efecto, regresé a mí, es decir, su casa. Los guardias de la puerta eran nuevos y casi no me dejan entrar. Sólo después de que Oogleen diera la orden me permitieron por fin el paso. Oogleen y su esposa se sorprendieron al verme. Ambos me abrazaron y besaron, preguntando cómo le iba a su hijo hace tanto tiempo perdido. Tras asegurarles que estaba bien, Oogleen me preguntó por el motivo de mi visita. Le dije que uno de los hombres que solicitaban permiso para viajar a Aksu era mi tío. Oogleen se sorprendió al escuchar eso. Luego le presenté mi petición. ¿Nos daría permiso para viajar a Aksu?

Oogleen preguntó por qué quería ir allí. Me advirtió de que si era porque queríamos escapar a través de la India, no iba a funcionar y que sería enviado de vuelta a Gulja.

Después de tratar de disuadirme, finalmente dijo que sí, que nos ayudaría, pero sólo porque todavía me quería y me consideraba casi como un hijo. Me encargó que les dijera a los hombres que fuesen a su oficina a la mañana siguiente y que su personal tendría los documentos listos.

Justo antes de irme, Oogleen sirvió dos copas de coñac y me dio una.

—Ahora que ya eres casi un hombre —dijo—, tenemos que tomar una copa juntos. Cortésmente rechacé su oferta y me alegré cuando su esposa intercedió por mí, llevándose la copa.

—¿Qué pasó cuando se lo contaste a los demás? —pregunté.

—No me creyeron, y se echaron a reír de nuevo. Pero al día siguiente, cuando visitaron la oficina de Oogleen, recibieron por fin sus documentos de viaje. Después de eso no volvieron a reírse de mí —dijo Misha con una sonrisa.

—Y eso fue lo que sucedió, Vanya, Oogleen no llegó a ser mi papá, pero sin su ayuda todavía estaríamos en Gulja.

—Es increíble que ambos estuviéramos a punto de ser adoptados —dije—. Todavía pienso mucho en mi otra familia. Me amaban de verdad.

Misha se agachó y me abrazó.

—Nosotros somos tu familia. Marusia, Lena y yo somos tu familia, y el tío Mitrofan y la tía María son tu familia.

Me sentía seguro en los brazos de Misha y de alguna manera sabía que había tomado la decisión correcta. Aquella noche dormí profundamente, sin ni siquiera notar los ruidos extraños y malos olores que me rodeaban.

Al día siguiente, llegamos a Aksu y nos encontramos con la tía María y con dedushka en su apartamento. Durante los siguientes dos meses, todos vivimos en Aksu, tratando de ganarnos la vida como pudimos. Misha me enseñó a encalar paredes, cosa que hicimos juntos, entregando nuestras magras ganancias a la tía María. Seis días a la semana nos dedicábamos a encalar, pero los domingos los reservábamos para la iglesia. Tío Mitrofan pastoreaba nuestra pequeña congregación.

Poco después de llegar a Aksu, Misha y yo nos dimos cuenta de que el grupo se estaba preparando para viajar a Kasgar, una ciudad a unos quinientos kilómetros al sur. Al parecer, muchas de las familias rusas sentían que Dios las estaba dirigiendo a Kasgar, desde donde podían salir de China a través de la India. Mientras escuchaba a los hombres discutir y orar acerca de estos planes, no pude dejar de recordar lo que Oogleen le había dicho a Misha: «Nunca conseguirás hacerlo a través de la India. Te voy a dar permiso para viajar, pero estoy seguro de que todos regresarán a Gulja tarde o temprano. ¡Espera y verás!»

Como nunca había oído al tío Mitrofan decir que Dios le hubiese hablado acerca de Kasgar y la India, me preguntaba si sería Dios el que nos conducía allí, o si se trataba simplemente de una ocurrencia humana. Fuese cual fuese la respuesta, al fin se tomó la decisión de partir.

En diciembre de 1940, todos los creyentes rusos de Aksu, unas diez familias, partieron hacia Kasgar. El viaje de quinientos kilómetros no fue tan difícil como el necesario para llegar a Aksu, porque no había puertos de montaña ni glaciares que cruzar. Todas las familias viajaban en carretas provistas de dos grandes ruedas, y tiradas por un caballo. El trayecto fue muy caluroso y polvoriento. Viajamos a lo largo de una ruta de caravanas conocida como la Ruta de la Seda. Recuerdo haber oído a los miembros del grupo hablar de un hombre llamado Marco Polo, que había dado a conocer aquella ruta hacía más de 700 años.

Llegamos a Kasgar una semana después, y nos quedamos asombrados por las vistas de gran colorido y los sonidos misteriosos de esta antigua ciudad. Kasgar se encuentra al borde del gran desierto de Taklamakán, y está flanqueada por las cumbres nevadas de la cordillera del Pamir, donde están algunas de las montañas más altas del mundo. Las mujeres caminaban con ajustados vestidos brillantes estampados, y llevaban pantalones debajo. Muchos de ellas se adornaban con largas trenzas negras relucientes, algunas tan largas que les rozaban las rodillas. Los pañuelos rojos, azules o verdes que cubrían sus cabezas estaban entretejidos con hilos de oro. Había niños por todas partes, y las niñas paseaban con vestidos todavía más coloridos que los que llevaban sus madres. Rápidamente, me di cuenta de que las chicas de Kasgar unían sus cejas con una fina línea negra. Misha me dijo que hacían esto para imitar la apariencia de Fátima, la hija de Mahoma.

Cada mañana, la ciudad quedaba saturada por el ruido, el polvo y las voces características de los *muecines*, convocando a los musulmanes a orar en las mezquitas cercanas. Los comerciantes gritaban para hacerse oír sobre el estruendo de cientos de carretas, y el rebuzno de miles de mulas. Carretas de dos ruedas rebosantes de fruta, ovejas, o niños llenaban las calles. Algunas eran tiradas por caballos pequeños, otras por camellos que resoplaban, y otras aún por hombres altos y barbudos vestidos con largas túnicas de colores y dagas con la empuñadura de plata, colgadas de sus cinturones. Entre las muchas minorías étnicas de la ciudad, la más numerosa era la de los uigures de habla turca.

Dado que ninguna de nuestras familias rusas y ucranianas pensaba vivir en Kasgar durante mucho tiempo, todos alquilamos habitaciones en un caravasar situado junto a la muralla de la ciudad. Nuestra familia vivía en una única gran habitación, con el suelo de tierra. Uno de los hombres del grupo era un experto en la construcción de hornos rusos, y en pocas semanas, cada habitación estaba equipada con un horno que además de servir para cocinar tenía otro uso. Su parte superior se utilizaba como cama para los niños más pequeños. Durante las frías noches de invierno, siempre me acurrucaba sobre nuestro horno, disfrutando de su calidez.

El tiempo que pasamos en Kasgar fue especial, ya que era la primera vez que vivía con dedushka, que era muy viejo y había estado al cuidado de mis tíos desde la muerte de nuestra babushka. Yo nunca llegué a conocerla. Y en cuanto a dedushka, recuerdo que papá nos decía que amaba profundamente a Dios y oraba constantemente. En Kasgar, fui testigo directo de su intensa fe. A menudo, cuando Misha y yo volvíamos a casa después de encalar, encontrábamos a dedushka solo, de rodillas, derramando su corazón ante Dios. Normalmente nos quedábamos fuera de la habitación y escuchábamos sus oraciones, porque no queríamos molestarlo. Dedushka siempre las terminaba con una súplica a Dios para que se lo llevase a casa rápidamente. Quería ver a Dios, y también a su esposa. Pero insistía siempre en que Dios se lo llevase de tal manera, que no fuera una molestia para nadie aquí en la tierra.

Dedushka era demasiado viejo para hacer cualquier trabajo físico, además de que siempre tenía terribles dolores de cabeza. Misha me dijo que tenía sesenta y seis años, pero a mí me parecía mucho más viejo. Siempre era amable con nosotros, y muchas veces, al mirarle a los ojos, creía que estaba hablando con papá. También me di cuenta de que tenía dos cicatrices profundas encima de los ojos y estaba decidido a preguntarle un día cómo se las había hecho.

Tío Mitrofan cuidaba de todos nosotros como si fuéramos sus propios hijos. Me recordaba mucho a papá, siempre cariñoso y amable conmigo. Nunca me gritó. De hecho, no recuerdo haberle oído gritar jamás a nadie. Era un hombre muy piadoso, que oraba siempre, ya fuese para agradecer algo o en busca de respuestas a problemas desconcertantes. Siempre que tenía un mal entendido con alguien en el trabajo o en la iglesia, tío Mitrofan era el primero en pedir perdón y buscar la reconciliación. Yo tenía muchas ganas de ser como él.

Por el contrario, tía María me inspiró temor desde el día en que llegamos por primera vez a su apartamento en Aksu. Me recordaba a Masha en muchos sentidos, y muchas veces me trató con una dureza similar. Por suerte, yo ya era demasiado mayor como para que me golpeasen, así que me limitaba a soportar los latigazos de su lengua. El mal carácter de tía María no se derramaba sólo sobre nosotros cuatro, sino sobre todo el mundo. A menudo trataba a la gente injustamente, y nunca pedía perdón. Tío Mitrofan siempre intercedía en nombre de tía María, pidiendo perdón a las personas afectadas por su falta de sensibilidad. Siempre se mostró compasivo hacia ella, a pesar de que rara vez recibió a cambio afecto o cariño. Me daba pena la forma en que trataba a mi tío y, a menudo oraba por él, pidiéndole a Dios que cambiase a la tía María.

Durante los siguientes meses, Misha y yo continuamos encalando paredes mientras el tío Mitrofan trabajaba como zapatero remendón en una zapatería local. Obedientemente, entregábamos todo el dinero que ganábamos a la tía María, que era muy estricta y nunca nos permitía gastar nada en nosotros mismos. Para complementar nuestros ingresos, Misha y yo también vendíamos productos horneados por la tía María, en el mercado local de agricultores. Tía María era una excelente panadera, y nunca nos sobró nada al volver a casa.

Marusia solía quedarse en casa, ayudando a la tía en las tareas domésticas. Su débil mano izquierda hacía que fuese difícil para ella levantar objetos pesados, aunque era una de las personas más trabajadoras que había visto jamás. A menudo escuchaba murmurar en voz baja a la tía María, acusando a Marusia de ser una solterona. Misha me dijo que si una chica no se casaba entre los dieciséis y los dieciocho años de edad, se la consideraba así. Marusia tenía ya veintiún años. Era sumamente tímida y nunca hablaba con los chicos. Yo me preguntaba si su mano no tendría algo que ver con eso.

Una noche, durante la cena, escuchamos a alguien llamar a la puerta. Marusia se levantó de un salto y corrió hacia ella. Pudimos oír la voz de un hombre que decía algo acerca de un regalo para Marusia de parte de… y luego su voz se fue apagando. Marusia entró en la cocina con un paquete mal envuelto.

—¿Qué es eso? —preguntó la tía María, con tono exigente.

—Es un regalo para mí —dijo Marusia, con voz embelesada.

—¿Quién lo envía? —preguntó Misha.

—Marusia, mirando hacia el suelo, respondió: —Joseph.

—¿Quién es Joseph? —pregunté.

—¡Humm! —murmuró la tía María—. ¿Qué hace un bautista enviándote regalos?

—¿No lo vas a abrir? —preguntó el tío Mitrofan, sonriendo.

—¿Qué es un bautista? —pregunté.

Marusia rasgó de repente el envoltorio del paquete y sacó un suéter viejo. Tenía una mirada de asombro, casi de dolor en su rostro mientras levantaba el suéter hasta la barbilla. Tía María soltó una carcajada.

—Vaya, sí que es feo ese suéter —gritó ella, dándose una palmada en la rodilla.

Los ojos de Marusia brillaban con lágrimas. Miró a la tía María con profundo dolor y con otra cosa que no pude discernir.

Tío Mitrofan se levantó y dijo:

—¡María, deja de reírte! —Luego se volvió hacia Marusia, que sujetaba el jersey contra su pecho, y comenzó a decir: —Marusia…

—¡Él me ama! —murmuró Marusia sin dejar de mirar al suelo.

Entonces levantó la vista y miró al tío Mitrofan, las lágrimas le corrían por las mejillas, y con profunda convicción en su voz, gritó:

—¡Y yo también le quiero!

El tío se acercó a Marusia, quien se dio la vuelta y huyó.

—¿Qué ha pasado? —pregunté.

Aquella noche, Misha me contó el resto de la historia. Joseph Lokteff había conocido a Marusia cinco años atrás. Sus padres regentaban una fábrica de calcetines y nylon en Gulja. Eran dueños de tres casas y vivían mucho mejor que la mayoría de los rusos. Joseph contrató a varias de las amigas de Marusia para hacer las costuras finales de los dedos en los calcetines. Un día, pidió también a Marusia que le ayudase, y muy pronto se enamoró perdidamente de ella. Marusia nunca había tenido un novio y afrontó aquella relación con un poco de escepticismo. Pero no tardó mucho en enamorarse también de Joseph.

El problema surgió con la tía María y algunos de los líderes de la iglesia. Joseph asistía a la iglesia Bautista. Misha me explicó entonces que en realidad no había mucha diferencia entre los bautistas y nosotros, los pentecostales. En su opinión, la principal diferencia consistía en nuestra forma de orar y de creer en el Espíritu Santo. Aparte de eso, los servicios de la iglesia eran bastante similares. Algunos de los mejores amigos de Misha eran bautistas.

—De todos modos —dijo Misha prosiguiendo con la historia—, según la tía María, no hay manera de que Marusia pueda casarse con alguien de fuera de nuestra iglesia. La tía María ha hecho todo lo posible para poner fin a la relación de Marusia con Joseph.

En muchas ocasiones escuché a la tía María intrigar con otras mujeres acerca de cómo encontrar otro marido adecuado para Marusia. Incluso había llegado a oírle comentar que:

—¿Cómo puede un hombre joven normal casarse con alguien que tiene un brazo lisiado? —A veces decía estas cosas mientras Marusia se encontraba sentada en la habitación contigua, y podía escucharlo todo. Pero la mirada de Marusia decía claramente: «estoy enamorada», y me fijé en que cada vez era más audaz con la tía María. Yo tenía muchas ganas de conocer a Joseph.

Misha quería que aprendiera una profesión, y convenció a los tíos de que me enviasen a una escuela de zapateros. En realidad era una pequeña tienda de zapatos propiedad de un hombre de la localidad, que además enseñaba a los aprendices a hacer zapatos. Desde la muerte de papá, yo siempre había querido aprender a fabricarlo, para ser como él. Comencé mi aprendizaje de seis meses en julio de 1941.

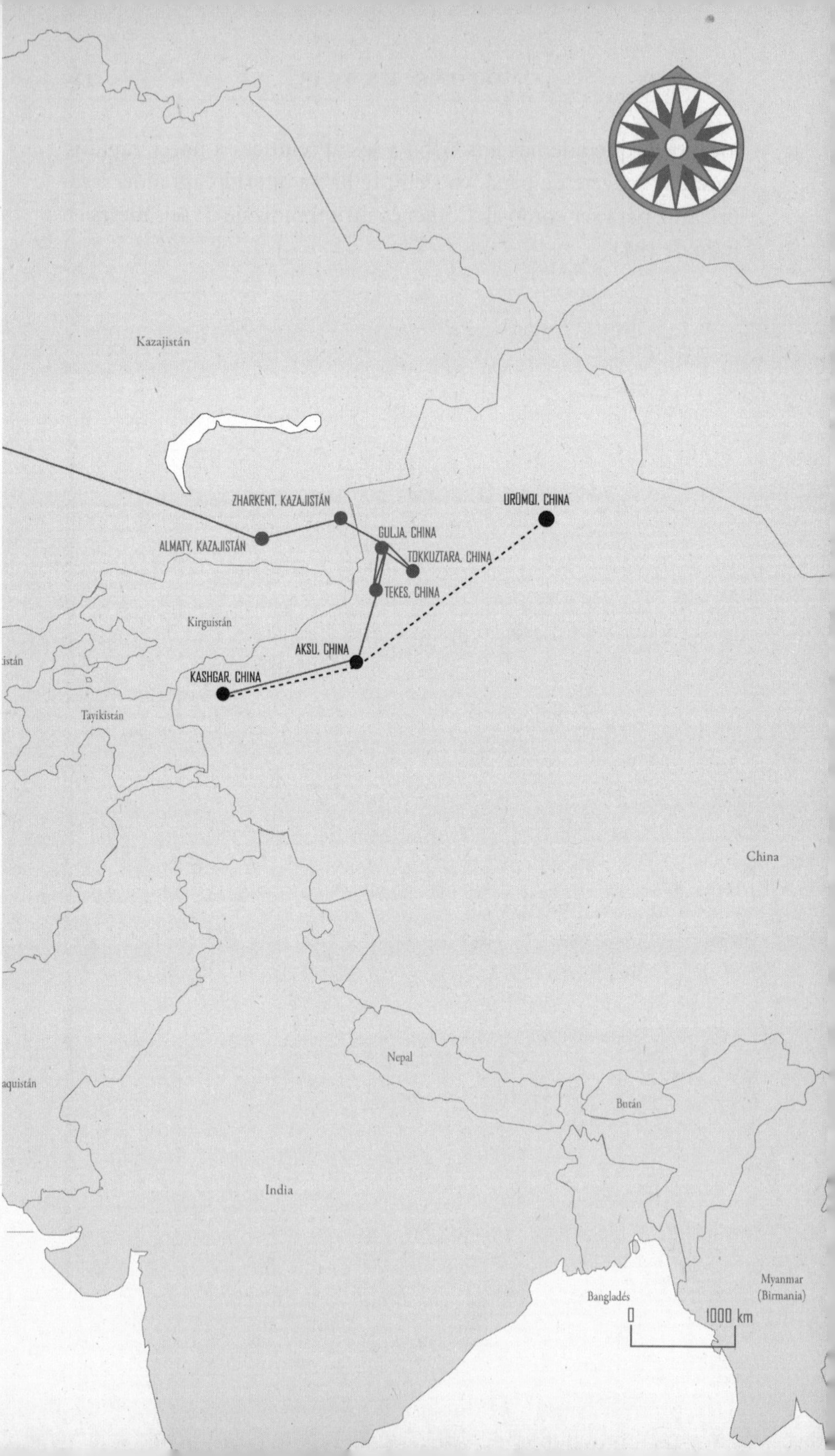
Kazajistán
ZHARKENT, KAZAJISTÁN
URÜMQI, CHINA
GULJA, CHINA
ALMATY, KAZAJISTÁN
TOKKUZTARA, CHINA
TEKES, CHINA
Kirguistán
AKSU, CHINA
istán
KASHGAR, CHINA
Tayikistán
China
Nepal
aquistán
Bután
India
Myanmar
(Birmania)
Bangladés
0
1000 km

DIEZ

LA IDEA DE de huir a través de la India siguió siendo un tema importante de conversación a la hora del almuerzo y en cada reunión de oración a la que asistíamos Misha y yo. Algunas familias ya se preparaban para partir, pero todo cambió un sorprendentemente caluroso día de diciembre de 1941.

Acabábamos de sentarnos para tomar el almuerzo cuando nos sobresaltaron unos fuertes golpes en la puerta. Tío Mitrofan fue a abrir, y Misha y yo le seguimos para ver quién era. Un imponente soldado chino ocupaba todo el vano de la puerta. Tras él, podíamos ver montones de carretas vacías de dos ruedas.

Antes de que pudiéramos preguntar para qué eran las carretas, el soldado sacó un documento y se lo entregó a tío Mitrofan.

—Recojan todas sus pertenencias y métanlas en una de estas carretas —exigió—. ¡Mañana deben partir hacia Gulja!

Tía María se abalanzó dando grandes pasos hacia la puerta, y comenzó a gritarle al soldado chino

—¡Debe tratarse de un error! ¿Cómo es posible? ¡Un sólo día no es suficiente para preparar un viaje a Gulja!

—Cálmate, María —dijo el tío Mitrofan, posando la mano en su hombro. Y volviéndose al soldado, preguntó: —¿Quién ha dado esa orden?

El soldado señaló al documento que tenía tío Mitrofan en la mano.

—Ha sido emitida por la más alta autoridad del gobierno ruso en Gulja.

Volví la vista hacia Misha, y cuando sus ojos se cruzaron con los míos, supe que estaba pensando lo mismo que yo: ¡Oogleen!

Tía María habló entre dientes, pero yo conseguí escuchar parte de lo que estaba diciendo:

—¡Quieren trasladarnos de vuelta a Rusia!

Antes de que la tía se enfrentase al soldado chino y le dijese lo que estaba pensando, tío Mitrofan la apartó con amabilidad pero con firmeza, y poniéndose delante se dirigió al soldado otra vez.

—Señor, ¿cómo es posible que se nos pida que partamos mañana? Necesitamos tiempo para vender nuestras cosas y preparar comida para un viaje tan largo.

—No necesitan preocuparse por nada. Se les proveerán carretas suficientes para cargar todas sus pertenencias. También tenemos órdenes de comprar toda la comida que necesiten para el viaje, y de proporcionarles una escolta militar que se encargue de conseguir alojamiento en caravasares a lo largo del camino.

Dicho esto, el soldado se apartó de nuestra puerta y gritó:

—¡Partimos mañana a las 15:00 horas! ¡Estén preparados!

Una vez que se hubo ido, la tía María empezó frenéticamente a vociferar y a darnos instrucciones a todos a la vez.

—Mitrofan, ve y encuentra cajas donde empaquetar nuestra harina y arroz. Misha y Vanya, carguen las sillas y la mesa en la carreta. Marusia, la cocina. ¡Oh, Dios! ¿Por qué tiene que suceder esto? ¿Cómo conseguiremos estar preparados para mañana? Ya sabía yo que nos enviarían de vuelta a Rusia. Dios mío, ¿qué vamos a hacer?

—¡María! —gritó el tío.

Sobresaltada por la poco habitual muestra de autoridad del tío Mitrofan, la tía María dejó de llorar y miró fijamente a su marido. Tras un instante de incómodo silencio, éste nos dijo con toda la calma posible:

—Vamos a orar.

Caímos de rodillas, y expresamos nuestras oraciones con toda la urgencia que otorga la desesperación. Todos llorábamos y rogábamos a Dios que nos dijese qué debíamos hacer. ¿Nos enviarían de vuelta a Rusia? ¿Nos meterían de nuevo en un campo de prisioneros? Necesitábamos orientación de parte de Dios, y dicha orientación nos vino a través de Misha.

—«Intentaron el mal contra ti, mas no prevalecerán».

Aunque no entendíamos del todo el mensaje, sentimos que Dios nos estaba diciendo que confiásemos en Él, así que procedimos a prepararnos para el largo viaje que nos esperaba.

A la mañana siguiente, diez familias cargaron todas sus pertenencias terrenales en veintisiete carretas. Fue un espectáculo digno de verse. Cuando Misha me dijo el número de carretas que había, tuve que contarlas yo mismo, ya que jamás había visto tantas juntas en un sólo lugar. La tía María siguió dándonos órdenes a gritos hasta el mismo instante de la partida.

Llevábamos una escolta de soldados delante y detrás de la caravana. En vanguardia, un oficial ordenó que nos pusiésemos en marcha, y las carretas dieron una sacudida hacia delante. La expectativa del viaje me resultaba emocionante, aunque parte de mi emoción se veía compensada por el temor a ser enviado de vuelta a Rusia. Al salir por la puerta oriental de la ciudad, miré hacia atrás a las altas murallas que rodeaban Kasgar. Cientos de personas nos decían adiós con la mano. Levanté mi mano y respondí a sus saludos. Muy pronto, otras personas de nuestro grupo empezaron a hacer lo mismo.

La primera etapa de nuestro viaje nos llevó de regreso a Aksu. El trayecto, que normalmente duraba menos de una semana, supuso para nuestra caravana dos semanas completas de viaje. Todas las familias siguieron las instrucciones de los soldados de abandonar Kasgar con todas sus pertenencias. Debido a esto, las carretas estaban sobrecargadas y los pobres caballos tenían que realizar un gran esfuerzo.

Al caer la noche de nuestro primer día de viaje, la escolta que iba en vanguardia se adelantó para conseguirnos alojamiento. Cuando llegamos al caravasar, todas las habitaciones que necesitábamos estaban listas para nosotros. Cuando terminamos de instalarnos, un soldado anunció que era la hora de cenar. Ninguno de nosotros se esperaba el banquete que nos aguardaba. Había muchas mesas dispuestas en una gran habitación, y cada mesa desbordaba de tookachi, cordero hervido, frutos secos, melones y nueces. Nos imaginamos que los soldados habrían recibido dinero para comprar tan opíparo festín. Lo más increíble de todo es que fuimos alimentados de esta manera durante todo el trayecto. Cada noche comíamos y celebrábamos orando y dando muchas gracias a Dios. Cuando llegamos a Aksu, nuestras carretas transportaban más sacos de arroz y harina que cuando iniciamos el viaje. Gracias a Dios, nuestra escolta nos permitió vender parte del arroz y de la harina, para así poder aligerar la carga de las carretas.

Los soldados sabían que no podrían conducirnos a Gulja a través de los glaciares del Tien Shan, ni siquiera disminuyendo el peso de las carretas. Así que, en lugar de eso, nos condujeron hacia la ciudad de Urumchi, tomando una ruta mucho más larga alrededor de las montañas. Durante las siguientes seis semanas, viajamos a lo largo de las estribaciones del Tien Shan. Los soldados se ocuparon de nosotros en todos los sentidos. Incluso nos consiguieron nuevas carretas cada ciento cincuenta kilómetros, las necesitásemos o no.

Dos meses después de dejar Kasgar, el 5 de febrero de 1942, llegamos a Urumchi. La ciudad era mucho más grande que cualquier otra que hubiésemos visto en China, y las calles estaban abarrotadas de gente y de ganado. Nos alojamos en un caravasar a las afueras de la ciudad. Al llegar, me fijé en que había dos grandes camiones del ejército estacionados afuera en un inmenso descampado. Las solapas de lona de la parte posterior de cada camión estaban abiertas, dejando al descubierto sus enormes zonas de carga.

Cuando al fin nos detuvimos, el soldado que se encargaba de darnos instrucciones gritó a través de su megáfono:

—Tienen exactamente tres días para descansar aquí en Urumchi. A mediodía del tercero, partiremos hacia Gulja abordo de estos camiones.

Después, el soldado asignó a cada familia a uno de los tres vehículos. Durante las horas que siguieron, todos se apresuraron a trasladar sus pertenencias al camión designado. Una vez que terminamos de cargar, Misha les dijo al tío y a la tía:

—Vamos a pasar tres días aquí en Urumchi. Creo que podría encontrar a Lena y conseguir que la viésemos antes de que tengamos que partir de nuevo. Tengo cartas suyas con la dirección de la escuela a la que asiste. Han pasado ocho años desde la última vez que la vi. Todo lo que necesitó es un poco de dinero para el autobús.

La tía María se puso claramente nerviosa y comenzó a protestar.

—No tenemos dinero suficiente, y tú quieres tirarlo a la basura con tonterías. Nunca vas a encontrarla y, además, es probable que te pierdas y no regreses a tiempo.

Misha no se dio por vencido.

—Tía, lo único que pido es un poco del dinero que hemos ganado Vanya y yo. Tengo que tratar de encontrar a mi hermana pequeña. Ya han pasado ocho años

—Luego empezó a llorar.

Tío Mitrofan le pasó el brazo por los hombros.

—Déjale ir, María. Por si acaso no regresa a tiempo, dale suficiente dinero como para tomar un autobús a Gulja.

Tía María tenía el ceño fruncido mientras buscaba en su bolso y depositaba algo de dinero en la mano de Misha. Yo estaba muy orgulloso de Misha, por haberse enfrentado a ella. Aunque habría dado casi cualquier cosa por ir con él, sabía que no debía ni preguntar.

Durante los dos días siguientes, pasé cada momento libre oteando el horizonte en busca de Misha y Lena. Al tercer día, todavía no había rastro de Misha, y la tía María comenzó a criticar severamente a tío Mitrofan recordándole que ya le había advertido de que Misha no llegaría a tiempo. Cuando llegó la orden de subir a los camiones, el tío me llevó aparte y me dijo,

—Vanya, vamos a pedirle a Dios un milagro. Tal vez Dios quiera ayudar a Misha a conseguir volver antes de que partamos.

Al orar, sentí el Espíritu de Dios de una manera muy intensa, y sabía que había escuchado nuestra oración. Nada más terminar de orar, escuchamos que se daba a los camiones la orden de ponerse en marcha. Tío Mitrofan y yo subimos rápidamente dentro de nuestro camión, que se disponía a seguir a los otros dos camiones que ya escapaban a toda velocidad. Miré hacia atrás una última vez para ver si venían Misha y Lena, pero no vi a nadie. Aunque al parecer ya no había esperanza, yo seguía orando en voz baja:

—Dios, por favor, detén este camión hasta que Misha y Lena hayan llegado.

De repente, el motor del camión se detuvo. Todo el mundo se preguntaba por qué nos habíamos parado, y tío Mitrofan me hizo señas, diciendo:

—Vanya, ve a averiguar qué está pasando.

Salté del camión justo cuando el conductor estaba saliendo de la cabina. Me acerqué a su lado y le pregunté por qué se había parado el motor. Él murmuró algo acerca de unos documentos incorrectos y se dirigió hacia la oficina. Sabía que esto tenía que ser de Dios, y volví corriendo a contárselo a tío Mitrofan. Dándome un fuerte abrazo, dijo:

—Dios ha respondido a nuestras oraciones.

Durante las dos horas siguientes, nos sentamos y esperamos. Pegué mis ojos a la parada del autobús, donde había visto por última vez a Misha casi tres días antes. Entonces, apareció un autobús en el horizonte. Vi como se abría paso por una colina polvorienta, haciendo varias paradas antes de acelerar cuesta abajo por el camino que conducía a nuestro caravasar. Cuando al fin se detuvo, forcé la vista para intentar distinguir si descendía alguien.

—¡Es Misha! —grité, y bajando del camión de un salto corrí hacia él lo más rápido que pude.

Misha me saludó con la mano y empezó a correr hacia mí. Una chica alta, de cabello oscuro, le seguía de cerca.

—¡Misha! Sabía que regresarías a tiempo. ¡Lo sabía! El camión… el conductor dijo que los documentos no estaban en regla, pero yo sabía que era Dios.

—Cálmate, hermanito. ¡Recupera el aliento!

Detrás de él había una chica a la que apenas podía reconocer. Era alta y delgada, con el pelo negro y largo, y los ojos hundidos. Nos quedamos en silencio por un momento, mirándonos fijamente el uno al otro.

Rompiendo el silencio, Misha dijo,

—Vanya, esta es tu hermana Lena.

Nos arrojamos el uno a los brazos del otro y lloramos lágrimas de alegría y tristeza; alegría por habernos encontrado de nuevo y tristeza por los años que habíamos perdido.

—Vanyushka, cómo te he echado de menos —exclamó Lena—. Déjame que te eche un buen vistazo. Vaya, cómo has crecido. Nunca te habría reconocido. ¿Cuántos años tienes, Vanya?

—Tengo trece años —contesté con la voz aún ahogada por la emoción.

En aquel momento, llegaron tío Mitrofan, tía María y Marusia, que habían corrido hasta nosotros, y ellos también derramaron sobre Lena multitud de abrazos, besos y muchísimas lágrimas.

Sabíamos que teníamos muy poco tiempo para ponernos al día con nuestra hermana, a la que hacía tanto tiempo que no veíamos. Lena nos habló de su deseo de estudiar medicina y de convertirse algún día en médico de familia. A medida que nos dirigimos de vuelta a la camioneta, vimos al chofer saliendo de la oficina.

—Probablemente tengamos que partir pronto —dije, señalando hacia el conductor.

En ese momento, Misha se adelantó y, explicando que acabábamos de encontrar a nuestra hermana, preguntó si podíamos pasar un poco más de tiempo con ella.

—Tienen cuarenta y cinco minutos —respondió—. Después el camión se pondrá en marcha.

Cuando el conductor dio la vuelta y caminó de regreso a la oficina, nuestra familia empezó a abrazarse con Lena de nuevo.

Justo antes de que llegase la hora de partir, Misha persuadió a los tíos para que le diesen algo de dinero a Lena, con el fin de que pudiera visitarnos en Gulja. Lena seguía diciendo que era como un sueño, que casi no podía creer que su familia estuviera junta de nuevo. Cuando el camión se alejó, sus oscuros ojos se llenaron una vez más de lágrimas.

—Gracias por buscarme, Misha. Les quiero mucho a todos.

Yo no podía dejar de llorar. Me quedé mirando a Lena hasta que desapareció en el horizonte polvoriento.

Dios, por favor, pedí en oración, permite que vuelva a ver a mi hermana de nuevo.

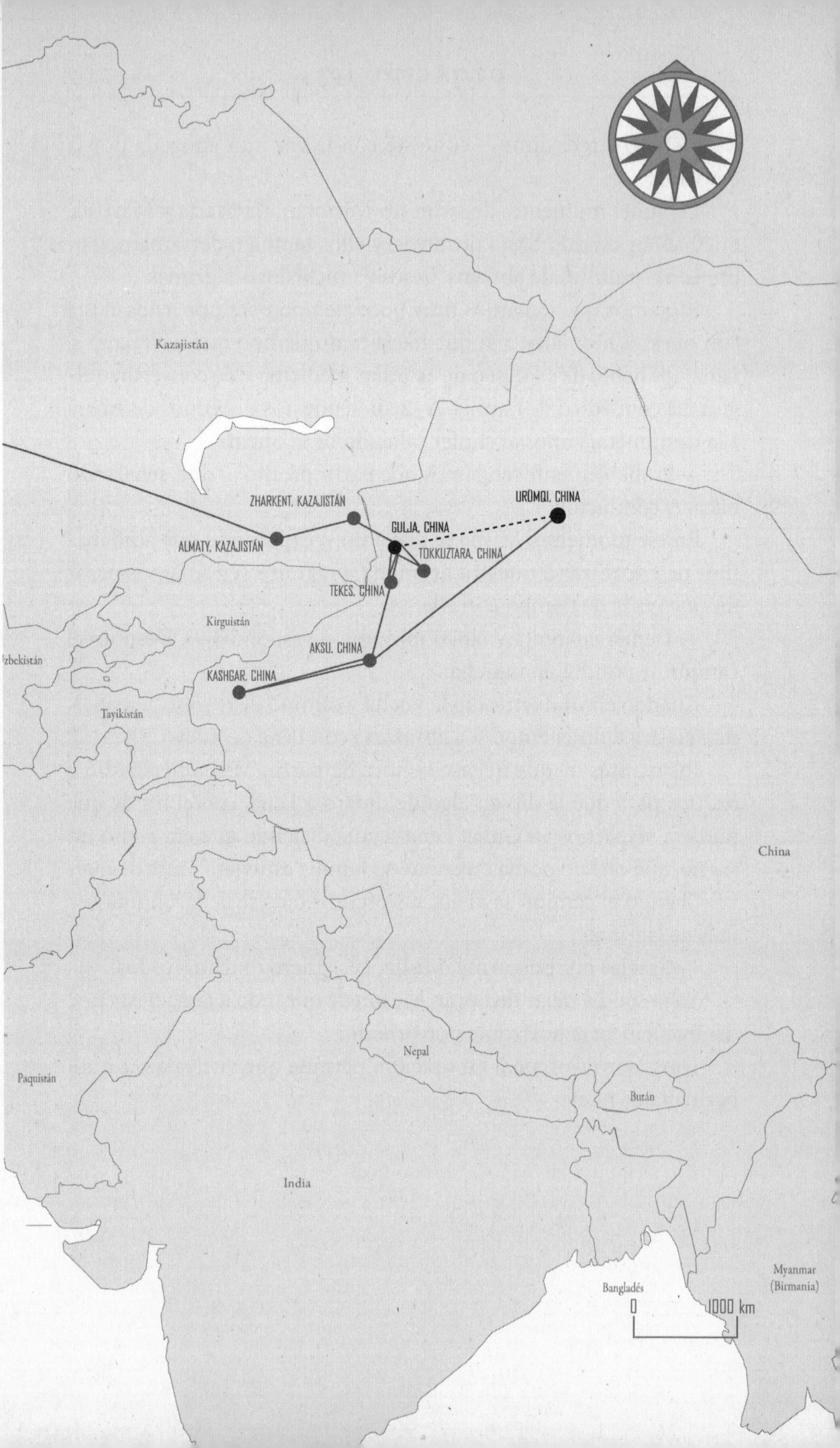
Kazajistán
ZHARKENT, KAZAJISTÁN
URÜMQI, CHINA
GULJA, CHINA
ALMATY, KAZAJISTÁN
TOKKUZTARA, CHINA
TEKES, CHINA
Kirguistán
AKSU, CHINA
Uzbekistán
KASHGAR, CHINA
Tayikistán
China
Nepal
Paquistán
Bután
India
Bangladés
Myanmar (Birmania)
0
1000 km

ONCE

LOS DOS CAMIONES que iban por delante ya debían de andar muy lejos. Como muchas de las personas del grupo estaban preocupadas ante la posibilidad de que nos deportasen a Rusia, pasamos un montón de tiempo orando y cantando himnos en el camión, mientras avanzábamos pegando botes por la carretera. Nuestros líderes decían que había una importante bifurcación en el camino a la altura de una ciudad llamada Wusu. Si al llegar a ese punto girábamos hacia el norte, significaría que nos dirigíamos a Rusia. Si continuábamos hacia el oeste, querría decir que íbamos camino a Gulja. Nuestras oraciones se hicieron cada vez más fervientes a medida que nos acercábamos a Wusu. De repente, escuchamos un fuerte ruido, y el camión se inclinó violentamente hacia la izquierda. Empezamos a dar tumbos y nos dimos cuenta de que nuestro neumático trasero izquierdo acababa de estallar.

Allí estábamos, a menos de un kilómetro de distancia de aquella importante bifurcación en el camino, y sin saber todavía qué ruta tomaría nuestro camión. En ese momento, recordé la palabra que Dios le había dado antes a Misha, y me sentí confortado en la confianza de que Él guiaría nuestro camión hasta Gulja.

Cuando el conductor terminó de cambiar la rueda, partimos de nuevo. Y al aproximarnos a Wusu el camión pareció empezar a girar levemente hacia la derecha, pero en el último momento se desvió al oeste, hacia Gulja. Nuestras oraciones se transformaron en un coro gozoso de cánticos y alabanza.

Al llegar el cuarto y último día de nuestro viaje desde Urumchi, el camión tomó trabajosamente el camino de subida, estrecho y lleno de baches, a través de las montañas Talki. Al llegar a la cima del puerto de montaña, encontramos un lago grande y de aguas de un azul intenso, llamado Sairam. Debido a su belleza, me sorprendió oír decir a tío Mitrofan que estaba muerto y salado, sin peces en él. Al dejar atrás el lago, la carretera cuesta abajo se volvió pronunciada y ventosa. El conductor tuvo que parar varias veces para que se enfriaran los frenos y darnos la oportunidad de descansar. Me alegré de que el conductor fuera tan precavido. Aquel paso estrecho no era buen lugar para quedarse sin frenos. Finalmente, tras un accidentado y polvoriento día de viaje, llegamos al valle y contemplamos los paisajes familiares de Gulja.

Allí nos esperaban varias familias cristianas, incluyendo a los Shevchenko. Corrí hacia Alex y lo abracé. Desde nuestro último encuentro, se había casado y tenía varios hijos. Nos presentó a su familia, y sus padres nos invitaron a vivir con ellos hasta que pudiésemos encontrar nuestro propio alojamiento. Todos seguíamos preocupados con la posibilidad de que nos deportasen a Rusia, pero no teníamos ninguna noticia nueva de las autoridades, así que empezamos a buscar trabajo y tratamos de retomar nuestras vidas en Gulja.

Tras vivir con los Shevchenko durante una semana, nuestros tíos encontraron un apartamento en alquiler. Tenía dos habitaciones grandes divididas por un largo pasillo. Nosotros nos instalamos en una de ellas, y la familia Zhernovy ocupó la otra. Los Zhernovy tenían cuatro hijas, y la menor de ellas, Lily, tenía aproximadamente mi misma edad.

Como los tíos, dedushka, mis hermanos y yo, llevábamos tanto tiempo viajando juntos, ya estábamos acostumbrados a compartir una única habitación, y por tanto éramos capaces de distribuir el espacio común de una forma satisfactoria para todos. Los tíos escondían su cama detrás de una sábana, y Misha y yo dormíamos al otro lado, junto con dedushka. Marusia hacía su cama cerca de la puerta.

La tía María seguía gritándonos por cualquier nimiedad. También maltrataba a dedushka, quizá porque tenía que esforzarse mucho para cuidarlo. A mí no me parecía una carga, y siempre buscaba su compañía. Dedushka estaba harto de los modales bruscos de la tía María, y a menudo se lo hacía saber. Todos los días, exponía sus quejas ante el Señor en oración.

Lo que más odiaba la tía María eran los fuertes ronquidos de dedushka. Muchas veces se levantaba en medio de la noche, le tocaba el hombro con el dedo, y le pedía que dejase de roncar. Tras tragar saliva ruidosamente, dedushka siempre se despertaba y decía:

—Ah, oh, así que eres tú molestándome otra vez. Espera a tener mi edad y ya verás. Ahora vete de aquí y déjame seguir durmiendo.

A mí también me molestaban sus ronquidos, pero intentaba ser más comprensivo. Una noche, yo mismo le toqué el hombro, sólo para ver si se enfadaba con la tía María. Cuando lo hizo, casi me ahogo de risa.

Desde que empezamos a vivir juntos, quise preguntar a dedushka acerca de sus cicatrices en la frente. Una tarde que estábamos solos en casa, reuní el valor suficiente como para preguntarle. Me miró con ojos cansados.

—Es una larga historia, Vanya. ¿Seguro que quieres escucharla?

—¡Sí, ya lo creo!

Sentado a la mesa, Dedushka me sonrió.

—¿Qué tal si primero te cuento una historia acerca de tu papá y tu mamá, y luego te explico lo de estas cicatrices?

—Por favor, hazlo dedushka.

—Tu papá y Mitrofan fueron mis únicos hijos. Mi esposa, tu babushka, y yo les criamos en el seno de la iglesia Ortodoxa, aunque ninguno de nosotros sabía realmente mucho acerca de Dios. Tu tío Mitrofan fue el primero en convertirse en cristiano, después mi esposa y yo aceptamos a Dios en nuestras vidas. Sin embargo, la conversión de tus padres fue un poco diferente.

Yakov era serio y sincero en todos sus caminos, y aceptó el testimonio de Mitrofan acerca de Dios. Cuando le comunicó a Pelageya, tu madre, que ya no quería pertenecer a la iglesia Ortodoxa, ella fue inmediatamente a contárselo a su padre, Matthew Gradovsky. En aquellos tiempos, a los cristianos que no pertenecían a la iglesia Ortodoxa se les llamaba sectarios, y el padre de Pelageya, un devoto creyente ortodoxo, estaba indignado de que Yakov se hubiera unido a una secta.

Pelageya le pidió a su padre que le dijese qué debía hacer para conseguir el regreso de Yakov a la iglesia Ortodoxa. Su consejo fue que humillara públicamente a Yakov cada vez que tuviera oportunidad. Así que cada vez que tu padre se ponía de rodillas para orar, tu madre se acercaba por detrás con un cubo de agua sucia de los cerdos ¡y lo derramaba sobre su cabeza!

—¡Qué asco! —exclamé. Y arrimándome todavía más a dedushka, le pregunté: —pero, ¿qué hacía papá cada vez que mamá le vaciaba un cubo en la cabeza?

Tu papá era un hombre humilde y paciente. Acudía a los líderes de la iglesia, les contaba lo que había pasado, y pedía sabiduría. Siempre le decían que continuase pidiéndole a Dios más paciencia. ¡Y cómo oraba tu papá, porque necesitaba toneladas de paciencia! Ya ves, esta situación se prolongó durante casi tres meses.

Apenas podía creer lo que oía. Incrédulo, pregunté:

—¿Quieres decir que mamá derramó desperdicios de cerdo en la cabeza de papá todos los días durante tres meses?

Dedushka sonrió.

—Todos los días. Durante tres meses, tu papá tuvo que limpiarse la porquería de los cerdos cada vez que oraba.

—Pero, ¿qué es lo que hizo que mamá cambiase? ¿Cuándo dejó de hacerlo y se convirtió en una cristiana? ¿Papá se…

—Calma, Vanya —dijo Dedushka, inclinándose y pasándome la mano por la cabeza. Yo estaba muy disgustado y quería saber cómo mi madre había podido ser tan mala.

—Tres meses más tarde, tu mamá se sentía frustrada porque tu papá no volvía a la fe ortodoxa. Así que, una vez más, volvió a la casa de su padre y le pidió más consejo.

—¿Qué está haciendo Yakov ahora mismo?, —preguntó su padre.

—Está en una reunión de oración con su iglesia, —respondió tu madre.

—Entonces, ve a esa reunión de oración con un gran palo y golpéale, intentando humillarle todo lo que puedas. —Ese fue el consejo de su padre.

—¿De verdad hizo eso mamá? —le pregunté.

Dedushka se frotó las cicatrices de la frente y dijo:

—Oh, sí. Tu mamá hizo exactamente lo que su padre le dijo que hiciera. Encontró un gran palo de madera, entró en el edificio de la iglesia, y levantó el palo por encima de su cabeza, lista para atacar a tu papá.

—Pero… pero no golpeó a papá, ¿verdad?

—Bueno, Vanya, sucedió algo increíble —dijo dedushka, frotándose las manos por el placer anticipado de lo que estaba a punto de contar.

—Yo estaba en esa reunión de oración y lo vi todo. Cuando entró Pelageya, sólo unos pocos nos fijamos en ella. Todos los demás estaban concentrados en oración. Me di cuenta de que arrastraba aquel gran palo de madera y supe que no podía tratarse de nada bueno. La expresión de su cara también la delataba. Cuando levantó aquel palo sobre la cabeza de tu papá, varios de nosotros pensamos en tratar de detenerla, pero nadie se movió. Nos limitamos a observar como sucedía un milagro ante nuestros ojos.

Pelageya se puso de repente a llorar, y el aspecto malvado de su rostro se desvaneció. Sus manos empezaron a temblar, y aquel gran palo se estrelló contra el suelo. Era casi como si alguien se lo hubiera quitado de las manos. Al caer al suelo hizo un estruendo, y Yakov y el resto de nuestro grupo, sobresaltados por el ruido, levantaron la vista hacia Pelageya. Hasta el día de mi muerte, siempre recordaré la mirada en el rostro de Yakov.

Dedushka miró la foto de papá y mamá colgada en la pared y suspiró.

—Dedushka, ¿qué pasó después?

—Bueno —continuó, fijando de nuevo su vista en mí—, Pelageya parecía aturdida, como si alguien la hubiera golpeado a ella en la cabeza. Probablemente, el Espíritu Santo, si quieres mi opinión. De todos modos, Yakov se puso en pie de un salto y gritó:

—¡Pelageya! ¿Qué estás haciendo aquí?

Tu mamá tenía un aspecto acongojado, y dijo:

—No sé lo que me está pasando. He venido aquí para humillarte, pero no puedo seguir con esto. Me siento tan mal por la forma en que te he tratado durante estos últimos tres meses. Me siento sucia. Yakov, quiero lo que tú tienes. Yo quiero a Dios.

Yakov comenzó a llorar y abrazó a tu mamá. Entonces todo el grupo los rodeó y comenzó a orar. Deben haber orado por ellos durante más de una hora. Y así es como tu mamá aceptó a Jesús.

Miré la foto de papá y mamá y la contemplé durante un largo rato. Cómo los echaba de menos, incluso después de tantos años. Mientras me secaba los ojos llenos de lágrimas con la manga, me di cuenta de que dedushka se frotaba la cabeza, entonces me acordé de sus cicatrices.

—Dedushka, me prometiste que me hablarías de tus cicatrices.

—Sucedió hace mucho tiempo, cuando todavía vivíamos en Ucrania —comenzó dedushka—. Creo que fue hacia 1932. Vivíamos en Adamovka, el pueblo donde nacieron tu papá y tu mamá. Mitrofan y María ya se habían trasladado a Taskent, y Yakov se había llevado a su familia a Bakú.

Mitrofan nos envió una carta urgiéndonos a que nos uniésemos a ellos en Taskent, y después de mucha oración, estuvimos de acuerdo en ir. Vendí mi casa por cerca de tres mil rublos, y justo antes de la partida, recibí el dinero y oculté la mayor parte bajo uno de los tablones sueltos del suelo. Además, puse unos setenta rublos en un tarro junto a la cama.

Esa noche, mientras estábamos durmiendo, me despertó un fuerte ruido. Sonó como si un barril se hubiese estrellado contra el suelo. Tu babushka también lo oyó, y me dijo que iba a ver lo que era. Cuando se levantó de la cama, tomé una cerilla y la seguí hasta la puerta del dormitorio. Al abrirla, encendí la cerilla. Lo que pasó después fue una auténtica pesadilla.

Los ojos de dedushka se llenaron de lágrimas y su labio comenzó a temblar. Me acerqué y tome sus manos entre las mías, y le di un apretón tranquilizador.

—Todo sucedió muy rápido, casi como un torbellino. Pero pude ver sus caras antes de que alguien apagase mi cerilla. Lo único que podía oír era a babushka gritando mientras la estrangulaban. Empecé a agitar los brazos y a gritar, con la esperanza de que me escuchasen fuera. Entonces alguien me empujó hacia atrás y comenzó a golpearme con una especie de tubería. Los gritos de babushka se hicieron cada vez más débiles, hasta que dejé de escucharla.

Después de eso, ambos hombres continuaron pegándome. Me patearon, me arrancaron la barba a mechones, y me golpearon la cabeza contra el suelo, gritando:

—¿Dónde está el dinero? Sabemos que vendiste esta casa. Ahora dinos, ¿dónde está?

—Estaba muy asustado, pero decidí revelarles dónde se encontraban los setenta rublos, no el dinero oculto bajo los tablones del suelo. Se fueron a buscar el dinero y volvieron más furiosos que antes—. Aquí no está todo, viejo. ¡Dinos dónde está el resto, o te mataremos!

Sabía que habían matado a tu babushka, lo vi en sus rostros, y supe que probablemente me iban a matar a mí también. Sentí que no tenía nada más que perder, así que no les dije dónde estaba el resto del dinero. Todo lo que recuerdo después de eso es la forma en que golpearon mi cabeza contra el suelo y me patearon. Debo haberme desmayado, porque lo siguiente que recuerdo fue abrir los ojos y sentir un gran peso encima de mí. Me parecía casi imposible respirar, y me dolía todo el cuerpo. Traté de moverme, pero tenía las manos atadas a la espalda. Yacía boca abajo, y traté de girarme lo suficiente para que lo que estuviese encima de mí cayese hacia un lado. Sorprendentemente, conseguí arreglármelas para salir de debajo.

Por fin pude respirar de nuevo, pero algo emborronaba mi visión. Poco a poco me puse en pie. Los ladrones habían desgarrado mi cama y me la habían tirado encima. Me limpié los ojos con la tela de la cama y vi que mi camisa estaba llena de sangre. De hecho, aún sangraba por las heridas en la cabeza, y sabía que tenía que conseguir ayuda rápidamente. Entonces oí un ruido afuera. Alguien nos llamaba a mí y a babushka.

Salí dando tumbos fuera de la habitación, y casi tropiezo con mi querida esposa. Al verla, caí de rodillas y la llamé por su nombre varias veces, con la esperanza de que siguiese respirando. Pero cuanto más me acercaba a ella, más me daba cuenta de que ya no estaba viva. La habían asesinado.

Entonces dedushka y yo empezamos a llorar. Nos abrazamos, llorando por el amor que había perdido.

Aún me reservaba otra pregunta que me inquietaba, y tenía que hacérsela. Le miré a la cara y le pregunté en voz baja:

—¿Le dijiste a la policía lo que había sucedido?

Dedushka sacudió la cabeza y suspiró profundamente.

—Yo sabía exactamente quién lo había hecho, pero cuando la policía me interrogó, no les dije nada. ¿Por qué crearle aún más problemas a mi familia, pensé. Mi esposa había muerto, y nada iba a traérmela de vuelta. Desde luego, no la venganza, ni el resentimiento.

Dedushka se frotó las cicatrices de nuevo y miró hacia otro lado. Me puse de pie, rodeé su cuello con mis brazos y lo apreté tan fuerte como pude, acariciando suavemente sus cicatrices.

—¡Gracias, abuelo! —le susurré al oído—. ¡Te quiero!

Esa iba a ser la última historia que dedushka me contase. Unos meses más tarde, se fue a dormir y ya nunca despertó.

3ª PARTE

Enero de 1942 — Gulja

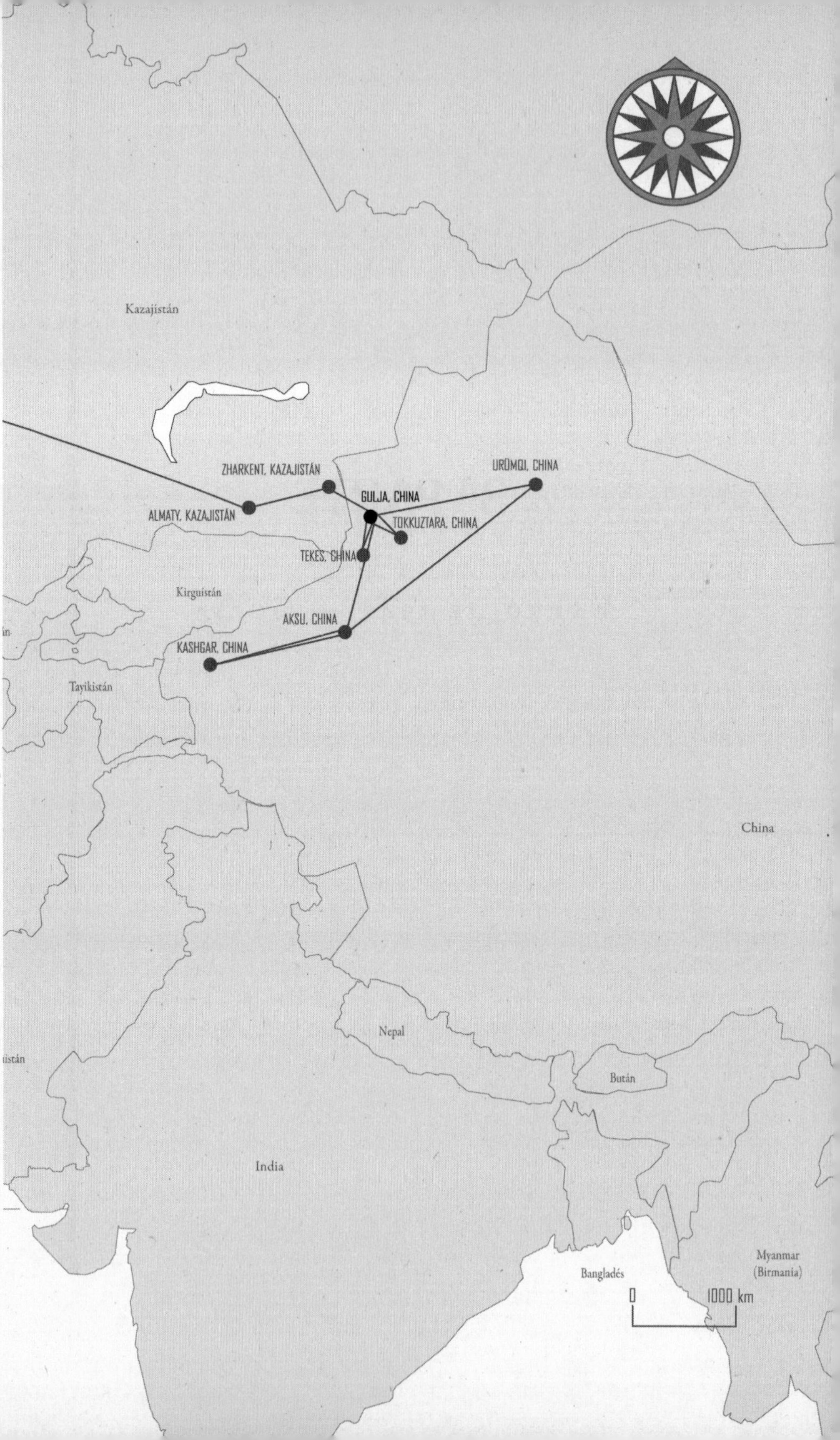
Kazajistán
ZHARKENT, KAZAJISTÁN
ALMATY, KAZAJISTÁN
GULJA, CHINA
URÜMQI, CHINA
TOKKUZTARA, CHINA
TEKES, CHINA
Kirguistán
AKSU, CHINA
KASHGAR, CHINA
Tayikistán
China
Nepal
Bután
India
Bangladés
Myanmar
(Birmania)
0
1000 km

DOCE

A PRINCIPIOS DE 1942, nuestras vidas en Gulja parecían transcurrir totalmente ajenas a las grandes batallas que se desarrollaban en el resto del mundo. Apenas oíamos hablar de la Segunda Guerra Mundial. Sabíamos que Rusia se había aliado con Estados Unidos e Inglaterra contra los Nazis de Alemania; y en el este, que Japón había invadido China, Corea y el sudeste asiático. También habíamos oído hablar de un ejército revolucionario chino liderado por alguien llamado Mao. Tanto los soldados rusos como los chinos actuaban en el interior y los alrededores de Gulja, y nunca sabíamos quién tenía realmente el control de la situación. Nuestra esperanza estaba puesta en que Rusia y China estuviesen tan ocupadas con la guerra que nadie se molestase en deportarnos.

Poco después de llegar, Misha encontró un trabajo como técnico de mantenimiento en el aeropuerto local. También se enamoró de Nadya Vodopyanova, por lo que pasaban un montón de tiempo juntos. El pastor y los ancianos nos enseñaban constantemente a los jóvenes acerca de los peligros de la lujuria, así que nunca se nos permitía estar a solas con alguien del sexo opuesto. Los chicos y las chicas sólo podíamos estar juntos en grupo. Se nos explicó que así estaríamos protegidos contra las tentaciones del pecado.

Marusia quería ser costurera, y convenció a la tía María de que le permitiese estudiar en un comercio local. Yo me preguntaba si su deseo no tendría algo que ver con Joseph, con quien ya me había encontrado varias veces. Era evidente que Marusia le quería, y debo decir que a mí también me caía bien. Joseph era un músico excelente y un extraordinario director de coro. Me resultaba incomprensible que a la tía María no le gustara; a mí me parecía que podía ser un gran marido para Marusia.

Un día, Joseph nos hizo una visita, pero en vez de pedir permiso para ver a Marusia, pidió hablar con el tío Mitrofan. Misha y yo nos arrimamos a la puerta para escuchar la conversación.

—Me… me… gustaría… hablarle… acerca de Marusia —balbuceó Joseph.

—De acuerdo —dijo tío Mitrofan.

—Amo a Marusia y me gustaría pedirle su mano en matrimonio —dijo Joseph, repentinamente seguro de sí mismo y sin que le temblara la voz.

—¿Deseas casarte con Marusia? —preguntó tío Mitrofan.

—Sí, eso es lo que quiero.

—Te daré mi permiso con una condición —replicó tío Mitrofan—. Que no se case en tu iglesia.

—Pero, ¿por qué? —Joseph sonaba hundido y conmocionado.

—Misha y yo pudimos escuchar al tío separando su silla de la mesa. La conversación había terminado. Nos dimos la vuelta y corrimos fuera, y Misha me hizo señas para que le siguiera. Vimos a Joseph que se alejaba arrastrando los pies, con los hombros hundidos y una expresión de desconcierto en su rostro.

Varías semanas más tarde, oímos decir a Marusia que Joseph se había puesto enfermo y pedía que la boda se aplazase. Tía María, envalentonada por el aplazamiento, intentó desesperadamente que Marusia se casase con Álex Mahovski. Álex y sus padres asistían a nuestra iglesia, y yo le veía a menudo en las reuniones de jóvenes. Era bastante bajo y rechoncho, y más tímido aun que Marusia. La tía María comenzó a invitar a Álex y sus padres a cenar, sentando siempre a Marusia junto al chico. Pero a Marusia no le gustaba Álex. Constantemente le preguntaba a la tía si podía invitar a Joseph a cenar, pero la respuesta era invariablemente la misma: «¡No!».

Un día pude oír por encima una conversación de Marusia con tía María.

—Porque sólo eres una pobre huérfana con una mano lisiada. Por eso tienes que casarte con Álex —dijo furiosa la tía María.

—¡Pero no le amo! —exclamó Marusia.

—¿Y qué tiene que ver el amor con todo esto? —preguntó a gritos tía María—. Vives en mi casa, bajo mi techo. No tienes nada que opinar sobre este asunto.

—No me casaré con Alex —replicó Marusia, llenándose de valor—. Joseph vendrá por mí. Dios me lo ha dicho.

Me quedé impresionado con su determinación. Y no tuve que esperar mucho para ver cómo acababa aquello.

Menos de una semana después, entraba alegremente por la puerta de casa cuando Misha salió a mi encuentro.

—¿Te has enterado de lo de Marusia? —dijo.

—No —respondí con curiosidad—. ¿Qué ha ocurrido?

—¡Se casa! —exclamó Misha con una amplia sonrisa en el rostro.

—Por favor, no me digas que se casa con Alex —repliqué.

—¡Se casa con Joseph, su príncipe azul, quien vino y la raptó, llevándosela en su carreta!

Y así fue como ocurrió. Como la tía María ya no permitía que Joseph visitase a Marusia en nuestra casa, un día, aproximadamente una semana antes, Nadya Vodopyanova vino a hacernos una visita. La tía María no sospechó nada, y no vio nada malo cuando Nadya le pidió a Marusia que la acompañase fuera. Sin que la tía María lo supiese, un amigo de Joseph esperaba a Marusia con una carreta. Nadya literalmente empujó a Marusia para que se subiese a ella y partieron lo más rápido posible.

A una cuadra de nuestra casa, Joseph subió a la carreta con Marusia, y salieron disparados hacia la oficina de registro matrimonial. Una hora más tarde estaban oficialmente registrados para casarse y ya tenían fecha para la boda: el 4 de abril de 1942.

Marusia se casó con Joseph en una maravillosa ceremonia que se celebró en la casa del novio. Tía María no asistió a la boda, pero sí lo hizo tío Mitrofan. Tanto Misha como yo asistimos al evento. Les casó Ionko, el pastor ayudante de nuestra iglesia pentecostal. Dos semanas después, el 25 de abril, también se casaron Misha y Nadya. De repente, estaba una vez más viviendo solo con mis tíos, pero me sentía muy feliz por mi hermana y mi hermano.

Por lo que a mí respecta, decidí continuar el aprendizaje del oficio de zapatero. Tío Mitrofan era muy bueno en él, y se había especializado en la confección de botas. Dediqué muchas horas a observarle y así aprender a hacer las botas a mano. Pero en vez de enseñarme tan solo a hacer botas, tío Mitrofan quiso que asistiese a un programa de entrenamiento oficial donde podía aprender a diseñar y cortar patrones para zapatos. Si lo completaba, dijo, podríamos trabajar juntos.

Misha también quería que continuase mi formación, y convenció a la tía de que me permitiese asistir a un programa de aprendiz de zapatero de treinta meses de duración. Incluso prometió ayudar a pagar parte de mi capacitación con sus propios ingresos. Y así, poco después de su boda, comencé mi aprendizaje. El director de la escuela era Foon Svo, un maestro zapatero chino de habla rusa que había aprendido el oficio en Vladivostok, Rusia. El asistente de Foon Svo, Chee Svo, también venía de Rusia. Su escuela tenía dieciséis estudiantes y se dividía en dos secciones: el lugar de preparación, o zapatería; y el sitio donde hacían las suelas. Como ya tenía algo de experiencia, me tocó trabajar en la zapatería junto con otros siete estudiantes.

Cuando los clientes ordenaban un cierto estilo de zapato, Chee Svo cortaba el patrón en el cuero y me lo entregaba. Mi labor consistía en doblar y pegar todas las terminaciones, dejándolas listas para coserlas a la suela. El único que tenía permiso para usar la máquina de coser industrial que teníamos era el maestro, pero al cabo de nueve meses Foon Svo ya me permitía realizar todo el trabajo de costura para la tienda.

Foon Svo me cayó bien desde el primer momento y, debido a mi honestidad, me puso a cargo de los estudiantes. Cada vez que había un altercado entre ellos, lo primero que hacían Foon Svo y Chee Svo era preguntarme qué había sucedido. Siempre me creían, por encima de lo que dijese cualquier otro estudiante. Durante la semana, vivíamos todos juntos en un austero dormitorio, y los fines de semana se nos permitía visitar a la familia. A pesar de que mi fe en Dios era fuerte, ésta se puso a prueba, sobre todo durante el primer año.

La mayoría de mis compañeros aprendices eran chinos. Pero mis mejores amigos eran dos hermanos de Rusia, Vanya y Kolya Kopeykin. Aunque sus padres iban a la iglesia, los hijos no estaban muy interesados en Dios. Tampoco lo estaban los otros tres aprendices rusos: Viktor, Paul y Efrim. Los seis empezamos a salir juntos por las noches, y una de ellas fue cuando comenzaron mis problemas.

Aquella noche, justo antes de la cena, los aprendices empezamos a comentar lo poco apetitoso que nos parecía el contenido de nuestra gran olla comunal. Entonces, a Kolya se le ocurrió una emocionante alternativa.

—Vayamos al mercado y robemos algunas sandías.

—¡Esa sí que es una gran idea! —dijo Viktor, dándome una palmada en la espalda—. Venga, Vanya, vayamos a pasar un buen rato.

Los chicos empezaban a levantarse cuando me dirigí a ellos.

—¡No! —exclamé—. Soy cristiano, y creo que robar es malo.

—¡Oh, vamos *baba*! —dijo Viktor—. ¡Por una vez en tu vida haz algo divertido! —todos los demás comenzaron a reír y darme palmaditas en la espalda.

—¡No puedo robar! —exclamé con todas mis fuerzas.

—Está bien, está bien —replicó Kolya—. Ven y haz como si estuvieras comprando la sandía, y nosotros la robaremos.

Yo era consciente de que esto tampoco estaba bien, pero lo racionalicé, pensando que, al fin y al cabo, yo no iba a robar la sandía, sino solo a comérmela.

Tengo que admitir que la sandía estaba muy buena. Sentí una punzada de culpabilidad mientras me la comía, pero rápidamente deseché ese pensamiento. La segunda vez fue un poco más fácil, y al cabo de un mes, robábamos sandías tres veces a la semana. Yo no las robaba directamente, sino que distraía al vendedor para que mis amigos pudieran robarlas. Así estuvimos cerca de cuatro meses. A veces, cuando asistía a los servicios religiosos, sentía punzadas leves de culpabilidad, pero una vez que estaba de regreso con mis amigos los sentimientos de culpa desaparecían rápidamente.

Un sábado por la noche, al llegar a casa encontré a mi tío compartiendo el evangelio con un estudiante universitario llamado Mitya Chirkoff. Había visto a Mitya antes, pero, debido a la diferencia de edad, nunca había hablado con él. Me senté en silencio, escuchando con atención a mi tío, el cual le daba testimonio acerca de Jesús, y de cómo el Señor había muerto por nosotros, por lo que era el único camino al cielo. Decía que debíamos arrepentirnos de nuestros pecados, porque Dios era justo y santo, y a los pecadores no arrepentidos no se les permitía entrar en Su presencia.

Entonces mi tío empezó a hablarle a Mitya sobre el día del juicio, y sobre cómo Dios no podía tolerar el pecado. Le dijo que todo pecado hería a Dios y hacía estragos en nuestras vidas. La única forma de recibir vida nueva era a través del arrepentimiento y la sangre de Jesús.

Mientras escuchaba, empecé a sentir de nuevo aquellas punzadas de culpabilidad, sólo que mucho más fuertes. Era como si el tío Mitrofan me estuviese hablando directamente a mí. Empecé a sudar y a moverme inquieto. Algo en mi interior me decía que alzase la voz en arrepentimiento y reconociese mi hipocresía. *No puedo seguir viviendo en la mentira. Tengo que hacer algo. Necesito cambiar. Tengo que confesar mi pecado. ¡Oh Dios, por favor, ayúdame!*

Justo en ese momento, Mitya se levantó y estrechó la mano de mi tío.

—Gracias por decirme todo esto. Me gustaría tomarme algún tiempo para pensar en lo que me ha dicho. Tal vez podamos hablar pronto de nuevo.

Tan pronto como Mitya salió por la puerta, grité:

—¡Tío! ¡Basta ya! ¡No puedo seguir así ni un minuto más!

—Vanya, ¿qué te pasa? ¿Estás enfermo? —mi tío parecía asustado, se acercó y me miró a los ojos.

—Tío, no puedo seguir viviendo así. Tú crees que soy un buen chico cristiano, pero no es así —las lágrimas corrían por mis mejillas. Mi voz temblaba, y apenas podía hablar—. Me siento tan mal, tan sucio. Soy un mentiroso y un ladrón. Robamos sandías y nos las comemos. Llevo haciéndolo con mis amigos durante más de cuatro meses. No puedo seguir así. Tío, por favor, ora y pídele a Dios que me perdone.

Ya no pude contener mi dolor. Igual que un dique que se rompe, caí de rodillas, llorando y pidiéndole perdón a Dios. Mi tío no sabía muy bien qué estaba pasando, pero puso sus manos sobre mí y comenzó a clamar a Dios, mientras yo oraba que me perdonase.

—Oh Dios —exclamé—, perdóname por mentir y robar. Me comprometo a no volver jamás a hacerlo. Quiero consagrarte de nuevo mi vida.

La convicción de pecado que sentía de parte de Dios era muy fuerte. Nunca olvidaré lo bien que me sentí después de recibir Su perdón. Mis sentimientos de culpa desaparecieron, y me sentí libre y limpio.

Cuando terminamos de orar y nos levantamos, el tío Mitrofan me miró a través de sus ojos llenos de lágrimas, y dijo:

—Este es un momento muy importante de tu vida, Vanya. Cualquier promesa que uno le haga a Dios debe tomársela muy en serio.

—Tío, le he prometido a Dios que oraré cada mañana y cada noche en el dormitorio en presencia de mis compañeros, sin importar lo que digan. Y nunca volveré a participar en el robo de sandías.

No tenía ni idea de lo difícil que me sería mantener mis promesas. Aquella noche, tras volver a mi dormitorio, me preparé rápidamente para irme a dormir. Todos los demás chicos jugaban en sus camas, charlando en voz alta acerca de lo que habían hecho en los últimos dos días. Estaba decidido a ponerme de rodillas y orar en voz alta, cuando de repente sucedió algo extraño. No podía moverme. Era como si estuviera pegado a mi cama. Intenté mover los pies y comencé a sudar profusamente. Traté de levantarme de la cama y ponerme de rodillas, pero algo me detenía.

Mientras tanto, oía a mis amigos hablando de robar sandías de nuevo. Sabía que en cualquier momento hablarían conmigo. Justo entonces, me impulsé hacia delante, caí sobre mis rodillas, y grité lo más alto que pude:

—¡Oh, Dios! ¡Te amo! Ayúdame a servirte todos los días. Perdóname por haber robado sandías, prometo no volver a robar nunca más.

Se hizo un silencio mortal en la habitación y yo casi podía sentir la mirada de mis amigos clavándose en mi nuca. Mi cuerpo empezó a temblar, y tenía la frente perlada de sudor. Entonces empezó todo. Pude reconocer la voz de Viktor burlándose de mí. —¡El san-ti-to! ¡Tenemos a un auténtico santito entre nosotros!

La almohada de Viktor rebotó en mi cabeza mientras el resto de los chicos se unían a las burlas con sus gritos hirientes. Sentía el impacto de las almohadas en mi espalda y cabeza, mientras la habitación al completo estallaba en una carcajada burlona. Todo el mundo gritaba, y desde cada rincón llovían almohadas sobre mí.

Pero lo había hecho. Había mantenido mi promesa de orar en voz alta. Con el tiempo las risas cesaron, y los almohadazos desaparecieron. Y yo empezaba y terminaba cada día sobre mis rodillas, justo como le había prometido a Dios.

Durante los siguientes dos años, mis amigos continuaron tentándome a participar en sus robos, pero yo me negué; y como tenía el favor y la confianza de nuestros dos jefes, mis compañeros no pudieron intimidarme demasiado.

Cuando terminé mi aprendizaje, en agosto de 1944, trabajé durante varios meses junto a Foon Svo y Chee Svo como maestro zapatero. Más tarde encontré trabajo con Hong Che, un maravilloso zapatero chino que era propietario de una pequeña tienda situada a varios kilómetros de Gulja.

Durante mi segundo mes con Hong Che, la guerra hizo finalmente acto de aparición en nuestro pequeño rincón del mundo. Fue algo extraño, porque se suponía que Rusia y China eran aliadas en la guerra contra Japón. Pero a lo largo de la frontera la tensión iba en aumento. Donde nosotros vivíamos, aquel conflicto recibió el nombre de Guerra del Turquestán, aunque nunca pude entender del todo por qué se había declarado. Lo poco que sabía provenía de los comentarios que hacían las personas mayores de nuestra iglesia. Decían que diez años antes el gobierno ruso había promovido la revolución en Sinkiang. Ahora, el ejército chino a las órdenes del general Chiang Kai-Shek, desalojaba a los rusos de todos los puestos de poder en Sinkiang y otras áreas fronterizas, en muchos casos recurriendo directamente al asesinato. Los militares chinos ocuparon posiciones estratégicas en Urumchi y Gulja, incluyendo Seeleemboo, una fortaleza en la parte antigua de Gulja.

Los líderes de nuestra iglesia decían que los rusos habían respondido apoyando el levantamiento de los uigures y los dunganes contra los chinos. Oímos rumores de que se estaba formando un ejército clandestino liderado por un comandante ruso llamado Leskin. Este ejército crecía rápidamente, ya que los chicos rusos mayores de doce años tenían la obligación de alistarse. Los rusos se movilizaron en nuestra zona con la intención expresa de retomar el fuerte Seeleemboo de manos de los chinos.

A medida que avanzaba la guerra, todos los días morían ciudadanos chinos. Me quedé conmocionado al enterarme de que mis amigos Foon Svo y Chee Svo estaban entre los asesinados. No podía comprender por qué los soldados rusos mataban a personas que habían ayudado a tantos chicos rusos. Cada vez que pensaba en ello, mis ojos se inundaban de lágrimas. A mi nuevo jefe, Hong Che, los rusos le obligaron a trabajar para sus soldados. Se lo llevaron tan sin avisar, que ni siquiera tuvo oportunidad de pagarme el salario de mi último mes de trabajo. Decidí visitarle, para asegurarme de que estaba vivo.

Cuando llegué, Hong Che se quedó muy sorprendido de verme y me rogó que le perdonase por no haberme pagado. Le aseguré que no era esa la razón por la que estaba allí. Era evidente que estaba asustado, y sólo se tranquilizó cuando le dije que me preocupaba su seguridad. Después, oré por él y me marché de allí.

A mediados de octubre de 1944, el ejército vino a buscarme. La mayoría de las veces, los soldados se limitaban a llevarse a los chicos que veían por la calle. Pero aquellos soldados llamaron a nuestra puerta y me obligaron a seguirles. Al despedirme, el tío y la tía me dijeron que orarían por mí todos los días, convencidos de que Dios me libraría. Fui conducido a un gran camión militar junto con otros muchos chicos de mi edad, e incluso más jóvenes. Nos llevaron a un gran descampado que había en las afueras, y que ahora estaba cubierto de tiendas del ejército y cientos de asustados reclutas. Tras rellenar un cuestionario, me puse al final de una larga fila de chicos que esperaban a que se les asignase un destino. Al frente de la fila les recibía un oficial militar muy alto, que informaba a cada uno acerca de dónde le iban a enviar.

Todos los chicos que tenía a mí alrededor, mientras esperaban su turno hablaban sobre la inminente batalla que se iba a librar para tomar Seeleemboo. Se podía palpar el miedo. Muchos lloraban sin disimulo; otros rezaban pidiéndole a Dios que les protegiese de morir en la batalla.

Mientras tanto, la fila seguía avanzando, y pude ver mejor al oficial ruso que daba las órdenes. Tenía un aspecto enorme y terrorífico, especialmente debido a la brillante pistola Mauser que colgaba de su cartuchera. Con un leve gesto del dedo y sin ningún tipo apreciable de emoción, enviaba a la guerra a niños de doce años. No paraba de darle vueltas a aquello en mi mente, mientras en silencio oraba pidiendo ayuda.

¿Dios mío, qué debería decirle? Si me envían al frente, puede que nunca vuelva con vida. Entonces me vino de repente un pensamiento a la cabeza. *Le diré que mis convicciones religiosas no me permiten agarrar un fusil y matar gente. ¡Eso es! ¡Eso es lo que voy a decirle!*

Estaba seguro de que eso era lo que Dios quería que dijera. Pronto estaba cara a cara frente al rostro severo y de rasgos duros del oficial. Me miró y escuché su voz tronando:

—¿Y qué es lo que tienes tú que decir, jovencito?

Mi boca se abrió, y estas fueron las palabras que brotaron de ella:

—Señor, no estoy seguro de por qué me han traído. Verá usted, soy muy joven para estar aquí.

—¿Llevas encima tu documentación? —dijo bruscamente.

—Sí, señor —respondí, al tiempo que le entregaba el documento que acababa de recoger en la oficina del gobierno local. El oficial lo tomó de mi mano y le echó un vistazo rápidamente. Entonces empezó a gritar: —¡Cómo pueden ser tan payasos!

Apenas pude creer lo que veían mis ojos cuando observé como tomaba un lápiz rojo de su mesa y garabateaba a lo largo del documento las siguientes palabras: «¡Envíenlo a casa!».

—Aquí tienes, enséñales este documento a esos ineptos y vete a casa —puso bruscamente el documento otra vez en mis manos y se giró para ocuparse del siguiente chico.

¡Me quedé estupefacto! *Dios*, pensé, *Tú has puesto esas palabras en mi boca. Tú me has librado.* Entonces recordé lo que el tío y la tía me habían dicho al salir de casa.

Corrí hasta los dos oficiales que procesaban nuestros destinos y les mostré el papel. Al examinarlo, se quedaron absolutamente desconcertados.

—¿Cómo puede ser esto? —preguntaron—. Tienes quince años. ¿Por qué demonios te envían a casa?

Mientras se debatían dudando sobre lo que debían hacer, yo mantuve mi boca cerrada. Finalmente, dijeron:

—Es nuestro comandante, no podemos desobedecer sus órdenes. Puedes marcharte.

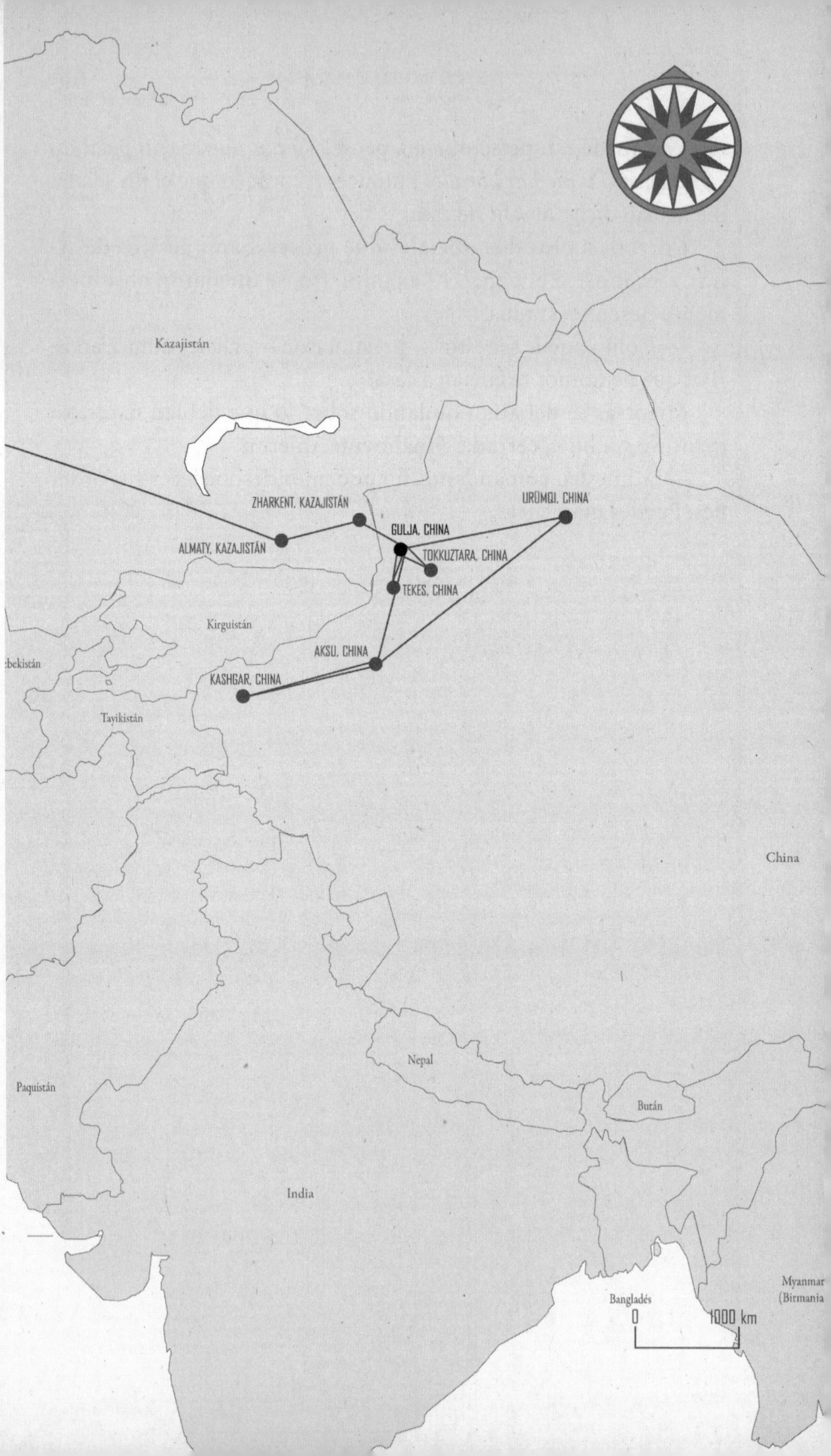

Kazajistán
ZHARKENT, KAZAJISTÁN
ALMATY, KAZAJISTÁN
GULJA, CHINA
TOKKUZTARA, CHINA
TEKES, CHINA
URÜMQI, CHINA
Kirguistán
AKSU, CHINA
KASHGAR, CHINA
Tayikistán
China
Nepal
Paquistán
Bután
India
Bangladés
Myanmar
(Birmania
0
1000 km

TRECE

HICE TODO EL CAMINO DE VUELTA CORRIENDO, e irrumpí por la puerta principal con la lengua fuera. Me pegué una buena sorpresa al encontrar toda la habitación llena de gente orando de rodillas. Me miraron, y después, pronunciando al unísono un grito de asombro, se me echaron encima, abrazándome y dándome palmaditas en la cabeza.

—Me han enviado a casa —dije, mientras abrazaba a mi tío.

—Sabíamos que era eso lo que ocurriría —respondió él, haciendo gala de una seguridad tan grande que me dejó desconcertado—. Dios nos habló en oración, asegurándonos que no te enviarían al frente, sino que hoy mismo volverías a casa; así que te estábamos esperando.

Se puede decir que Dios me salvó de una muerte casi segura. Durante los meses siguientes, se libró una furiosa batalla para tomar Seeleemboo. Muchos niños soldado rusos murieron durante los combates. La batalla principal tuvo lugar en diciembre, y al llegar el nuevo año la fortaleza había vuelto a manos de los rusos. El invierno fue tan crudo que muchos soldados chinos se congelaron mientras los evacuaban. Había cadáveres esparcidos por toda la ciudad, especialmente dentro y alrededor del fuerte. A mí habían querido enviarme al frente en octubre, sólo Dios sabe si habría sobrevivido.

Sin embargo, mi exención del servicio militar fue de corta duración. En enero de 1945, dos soldados llamaron a nuestra puerta. Esta vez no pude decir nada, ya que me llevaron directamente a los barracones militares principales situados en el centro de la ciudad. Tras rellenar los formularios correspondientes, esperé mis órdenes. Varios oficiales pasaron a mi lado, pero sólo uno se detuvo y habló conmigo.

—¿Cómo te llamas, hijo?

Su pregunta me sorprendió, y de un salto me levanté y me puse en posición de firmes.

—Vanya Yakovich Iliyn, señor.

—¿Y a qué te dedicas, Vanya Yakovich?

—Soy maestro zapatero, señor.

—¿Cuántos años de experiencia tienes?

—Tres años y cinco meses, señor.

—¿Sabes cómo cortar patrones y utilizar maquinas de coser industriales?

Sus preguntas indicaban que tenía algún conocimiento del oficio de zapatero. Respondí:

—Esa es mi especialidad, señor.

—Ya veo —dijo, frotándose el mentón. Por su uniforme, podía ver que se trataba de un comandante. En su identificación ponía «Beardin».

—Descanse, Vanya Yakovich —dijo, y dando media vuelta se alejó de allí.

No tuve mucho tiempo para meditar en este extraño encuentro, ya que aparecieron dos soldados y me ordenaron que les siguiese. Me condujeron a unos largos barracones repletos de literas desvencijadas.

—La de arriba es la tuya —dijo uno de los soldados, al tiempo que ponía un fusil de asalto en el pecho—. Y este es tu fusil. Asegúrate de mantenerlo limpio.

Yo rechacé agarrarlo.

—¿Qué es lo que te ocurre? —preguntó, mirándome con incredulidad.

—Lo siento, pero no puedo agarrar el fusil. Soy cristiano, y mi fe no me permite matar a otras personas.

Al decir esto, los demás soldados empezaron a prestar atención.

—¡Estás en el ejército! ¡No tienes opción! —aquellos dos soldados empezaron a arrojarme el fusil. Yo mantuve las manos tras la espalda, y falto poco para que el arma se cayese al suelo, pero uno de ellos consiguió sujetarla. En pocos minutos, estaba rodeado por una turba de soldados que se burlaban y me gritaban obscenidades, por negarme a agarrar el fusil.

En mi corazón le pedía a Dios que me diese el valor necesario. La atmósfera estaba tan llena de odio que era consciente de que en cualquier momento podía haber un altercado.

—¡No dejen que se salga con la suya!

—¡Sí, no es más que un mariquita!

—¡Enrollémosle el fusil alrededor del cuello!

El círculo se fue estrechando a mí alrededor, y de repente sentí la correa del fusil colgando alrededor de mi cuello. El barracón empezó a temblar a medida que los soldados batían sus pies y gritaban en estado de frenesí.

¡Oh, Dios!, rogué en mi interior. *Ayúdame.*

Esperaba que me empezasen a patear y golpear en cualquier momento, cuando de repente todos se callaron. Uno de los dos primeros soldados había levantado su mano y tranquilizado al barracón, diciendo en tono burlón.

—No pienses que vas a salirte con la tuya. Me importa un bledo tu fe en Dios. Ahora estás en el ejército, ¡y obedecerás las órdenes!

Le palpitaban las aletas de la nariz, y su cara se volvió roja mientras hablaba. Las venas del cuello se le hincharon. Acercó tanto a mí su cara que casi pude saborear su ira.

—¿Tienes miedo de morir? —me susurró.

—No, no lo tengo —respondí enfáticamente, cruzando los brazos sobre mi pecho.

—Muy bien —prosiguió—, porque voy a recomendar a nuestro oficial superior que te ponga ante los demás soldados como ejemplo de lo que les puede suceder si desobedecen.

Después se volvió al resto de los soldados y gritó —¡Pongámosle frente a un pelotón de ejecución!

Todo el barracón estalló en una marea incontenible de ira. Los soldados gritaban y pateaban sus literas, ante la expectativa de mi fusilamiento. Algunos empezaron a arremolinarse de nuevo a mí alrededor, dándome puñetazos en la cabeza y lanzándome insultos soeces. De repente sentí que alguien me agarraba de las manos y me las ataba a la espalda. Podía sentir la cuerda penetrándome en la carne mientras la apretaban alrededor de mis muñecas. Intenté darme la vuelta para ver quién me estaba maniatando, cuando súbitamente todo se volvió oscuro. Por un momento, me quedé completamente desorientado. Entonces me di cuenta de que me habían vendado los ojos. Una vez que la venda estuvo bien asegurada alrededor de mi cabeza, los soldados vitorearon como hinchas de fútbol que celebrasen el gol de la victoria de su equipo.

En medio de todo este frenesí, de repente empecé a sentirme como si me hubieran transportado a un remanso de paz. Era casi como si me encontrase en uno de mis amados rincones oscuros, donde nada ni nadie podía dañarme, donde podía estar a solas con mis pensamientos y con Dios. Allí estaba yo, a punto de ser ejecutado por un pelotón de fusilamiento, y totalmente en paz con Dios y conmigo mismo.

—Dios —susurré—, si esta es Tu voluntad, estoy preparado para morir. Quizá sea aquí donde termine mi vida y finalmente pueda entrar en tu presencia y volver a ver a mis padres. Tan sólo una bala y estaré en el cielo contigo.

Pareció inundarme un gozo sobrenatural. No sólo estaba preparado para morir, sino que también me encontré a mí mismo diciéndole a Dios: «Llévame ahora. Espero ansioso esa bala».

La siguiente cosa que supe, es que estaba siendo arrastrado por la multitud hacia un rincón. Me retiraron la venda, y me encontré mirando de frente al rostro de nuestro oficial en jefe.

Los soldados gritaban incluso más alto.

—¡Ejecútenlo! ¡Qué sirva de ejemplo! ¡No tengan misericordia!

El oficial levantó su mano y gritó:

—¡Silencio!

El barracón se aquietó al instante, y todos los soldados se pusieron en posición de firmes, aunque con sus oídos atentos y ligeramente inclinados hacia mí.

—¿Qué es todo esto, Iliyn —preguntó.

—Señor, estoy completamente en sus manos. Puede hacer conmigo lo que quiera. Estoy dispuesto a realizar cualquier cosa por usted, excepto tomar el fusil.

El oficial sonrió.

—¿Sabe que puedo enviarle al frente sin él, y que probablemente no duraría allí ni veinticuatro horas?

—Sé que puede hacerlo, señor —le dije—, pero eso no va a cambiar mis convicciones. Puedo morir en el campo de batalla o ante un pelotón de fusilamiento. Sea de una forma o de otra, señor, repito que no tengo miedo a morir.

Los soldados que me rodeaban se removieron incómodos, pero nadie dijo nada por miedo al oficial. Al levantar la vista, vi que éste se atusaba su bigote de morsa y miraba fijamente por la ventana. Era consciente de que aquel hombre podía enviarme a la muerte con sólo chascar los dedos. Sin embargo, no sentí ningún temor. Sabía que, en última instancia, mi vida estaba únicamente en las manos de Dios.

Entonces, el oficial se volvió hacia los soldados y dijo:

—¡Escuchen! Olvídense del pelotón de fusilamiento. Yo me ocuparé personalmente de Vanya enviándolo al frente sin su fusil. Dejemos que sean los chinos quienes le maten. Eso debería bastar para enseñarle una lección a él, y a cualquier otro que desobedezca las órdenes. ¡Rompan filas!

El oficial en jefe me agarró por los hombros mientras los demás soldados se dispersaban.

—Iliyn, ¿crees que no te enviaré al frente?

—Al contrario, señor. Sé que tiene usted la autoridad para ponerme delante de un pelotón de ejecución o mandarme al frente sin un fusil. Estoy a su merced.

Me miró lleno de ira.

—Esté listo para partir hacia el frente mañana a las 06:00 —giró bruscamente hacia su izquierda y salió de la habitación.

Me quedé observándole mientras se alejaba, y por el rabillo del ojo vi la cabeza de otro oficial de pie al lado de la puerta. No podía decir quién era, pero me pregunté cuánto tiempo llevaría allí esperando. Se acercó a mi oficial y comenzó a hablar con él. Los pocos que quedábamos en el barracón permanecimos como si estuviésemos en posición de firmes, con los oídos apuntando hacia la puerta. La voz del otro oficial me resultaba vagamente familiar, pero no podía identificarla.

La conversación subió rápidamente varios decibelios y ambos hombres empezaron a hablarse de forma estridente el uno al otro. Como me encontraba más cerca de la puerta, escuché gritar mi nombre varias veces. Tenía la esperanza de que Dios me librase, pero estaba aturdido por lo que estaba escuchando.

—No puedes quedarte con Vanya —gritaba mi oficial—. Sale hacia el frente mañana por la mañana.

—Cancelarás inmediatamente esa orden y pondrás a Vanya bajo mi mando —bramó el otro.

—¿Por qué insistes en llevarte a Vanya? —preguntó mi oficial—. Entre mis hombres hay muchos que saben hacer zapatos, puedes llevarte a todos los que quieras.

—Vanya tiene habilidades que necesito. Además, quiero que trabaje para mí.

¿Cómo conocerá este militar mis habilidades como zapatero? pensé. ¿Quién será?

—¡No puedes llevártelo! —chilló nuevamente mi oficial—. Haré todo lo que esté a mi alcance para mantenerlo alejado de ti y le enviaré al frente. Ha desobedecido una orden directa al negarse a tomar un arma. No voy a permitir que esto suceda sin que tenga consecuencias.

—¿Cómo te atreves a hablarme así? —replicó enfurecido su interlocutor—. ¡Si no lo reasignas a mi destacamento de inmediato, serás tú el que te dirijas al frente mañana!

Ambos oficiales se insultaron el uno al otro durante varios minutos más; entonces uno de ellos se alejó repentinamente lleno de ira. Lo siguiente que recuerdo es la puerta del barracón abriéndose de golpe, y a un oficial gritando:

—¡Vanya Yakovich, preséntese!

Me puse en posición de saludo, y dije

—¡Vanya Yakovich Iliyn, señor!

Fue entonces cuando vi la identificación con el nombre del oficial: Beardin.

Lo que al principio del día pensé que tan solo había sido un encuentro casual, terminó siendo mi salvación. Beardin era el oficial que estaba a cargo de la fábrica que suministraba las botas a los soldados. Era bajo y corpulento, y lucía un característico bigote curvo. Su rango de comandante le daba autoridad suficiente para enfrentarse a mi oficial.

El comandante Beardin se convirtió en mi ángel de la guarda, protegiéndome durante mi estancia de un año en el ejército ruso. Era un excelente zapatero, un experto a la hora de utilizar la máquina de coser. Pero el comandante Beardin no sabía cómo cortar los patrones y hacer el trabajo preparatorio. Como aquella era precisamente mi especialidad, llegó a depender mucho de mis habilidades. Mi nuevo comandante era amable y protector. Los demás zapateros sabían de mi negativa a tomar las armas e hicieron todo lo posible para ridiculizarme. Todos tenían que hacer guardia con sus fusiles, a pesar de que eran zapateros. Cada vez que se me ordenaba hacer guardia, el comandante Beardin intervenía y cancelaba la orden. Gracias a su protección, nunca tuve que tomar el fusil ni una sola vez durante todo mi tiempo en el ejército. En lugar de eso, hice botas.

La Guerra del Turquestán terminó a principios de 1946, pero yo permanecí en el ejército hasta la primavera siguiente. Poco después de que me licenciaran, el comandante Beardin me invitó a ir de vacaciones con él a su casa de campo cerca de Gulja. Durante los siguientes tres meses, viví con él y le ayudé a recolectar miel. Cada día era para mí una fuente de descubrimientos, en los que aprendía todo lo que había que saber sobre las abejas y la miel. Le apasionaban sus quince colmenas y sabía cómo hacerlas producir al máximo. Yo estaba fascinado con la ética del trabajo que exhibían las abejas, su dependencia respecto a la reina, y el increíble orden de la colmena.

Un día antes de mi planeado regreso a casa de mis tíos en Gulja, mi anfitrión me llevó aparte para hablarme de algo importante.

—Vanya, ¿has disfrutado de tu tiempo aquí conmigo? —preguntó.

—Muchísimo. Me ha hecho sentir casi como un hijo, y me ha encantado aprender a trabajar con las abejas. Nunca olvidaré este tiempo con usted.

Beardin se movió nerviosamente en su silla.

—Vanya, me alegro tanto de que te lo hayas pasado bien. Sin embargo, estaba pensando sobre el futuro. Eres un zapatero maravilloso, y yo planeo abrir una tienda de zapatos. Con tu habilidad, podríamos tener la mejor tienda de Gulja. Vanya, quédate conmigo, y ayúdame a empezar esta tienda. ¿Querrás hacerlo?

Beardin había compartido conmigo esta idea en otras ocasiones, pero había algo diferente en este momento. Parecía como si me rogase, inclinándose con una mirada de angustia en el rostro.

—No puedo iniciar el negocio sin ti —imploró—. Tú y yo trabajamos tan bien juntos que lo que creo es que deberíamos ser socios. No digas que no, Vanya. Piensa en las posibilidades de futuro.

Beardin fue tan convincente que casi acepto su oferta en aquel mismo momento. Pero en el fondo de mi corazón sabía que Dios tenía algo diferente para mí. Tío Mitrofan ya me había dicho que sentía que Dios nos estaba guiando a salir de Gulja y partir hacia Shanghái, y que no tardaríamos mucho en marcharnos. A pesar de eso, no quería decepcionar a Beardin, que había sido tan amable conmigo aquellos últimos dieciocho meses.

—De verdad que me gustaría trabajar con usted si fuese posible —contesté—. Pero mi destino no es quedarme aquí, en China. Dios me está guiando a Shanghái, y luego sólo Él sabe dónde iremos. Espero que entienda por qué no puedo quedarme con usted y ayudarle a iniciar el negocio.

Los ojos de Beardin brillaron, y una lágrima escurrió lentamente por su mejilla.

—Te has convertido en un hijo para mí —dijo—. Sólo te deseo lo mejor. Si eso es lo que tienes que hacer, entonces ve y encuentra tu destino.

Rodeó mi cuello con sus fuertes brazos y me dio un abrazo grande y prolongado; no pude contener mis lágrimas durante más tiempo.

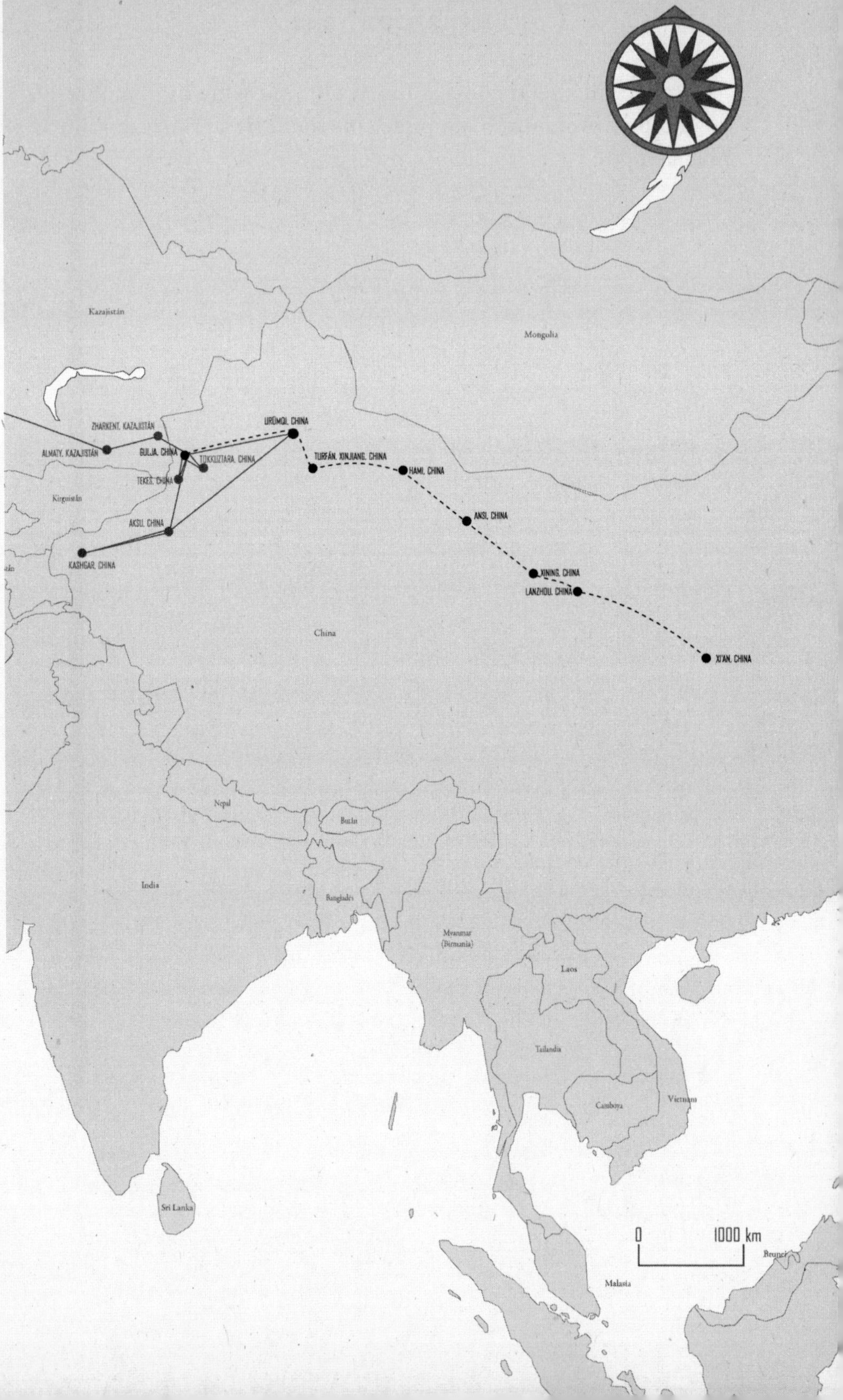

Kazajistán
Mongolia
ZHARKENT, KAZAJISTÁN
ALMATY, KAZAJISTÁN
GULJA, CHINA
TOKKUZTARA, CHINA
TEKES, CHINA
URÜMQI, CHINA
TURFÁN, XINJIANG, CHINA
HAMI, CHINA
ANSI, CHINA
XINING, CHINA
LANZHOU, CHINA
XI'AN, CHINA
Kirguistán
AKSU, CHINA
KASHGAR, CHINA
China
Nepal
Bután
India
Bangladés
Myanmar
(Birmania)
Laos
Tailandia
Camboya
Vietnam
Sri Lanka
0
1000 km
Malasia

CATORCE

POCO DESPUÉS de que me licenciaran del ejército, Lena regresó una vez más a nuestra vida. Un día estaba cenando con mis tíos, cuando oímos que nuestros vecinos nos llamaban para que saliéramos. Miré por la ventana y vi que Joseph y Marusia iban con una chica por el camino de tierra que conducía hasta nuestra puerta. No pude ver la cara de la chica, pero su forma de caminar me resultó familiar.

—¡Lena! —grité, apartando mi silla de la mesa. Todavía con un tookach en la mano, salí disparado de la casa todo lo rápido que me permitieron mis pies—. Lena, ¿eres tú realmente? —pasando junto a Joseph y Marusia, me arrojé a los brazos de mi hermana.

Lena empezó a gritar:

—¡Vanyushka, Vanyushka!

—Sabía que Dios respondería a mis oraciones —dije, abrazando a Lena con fuerza y sollozando profundamente.

—¿Oraste pidiendo volver a verme? —preguntó Lena mirándome.

—Hace cuatro años —dije secándome accidentalmente los ojos con el tookach—, allí en Urumchi, mientras nuestro camión se alejaba y te decía adiós con la mano, oré pidiéndole a Dios que por favor me permitiese volver a verte —Lena parecía confusa mientras yo seguía hablando—. Y ahora estás aquí. Dios ha respondido mi oración.

—Vanya, Dios no tiene nada que ver con esto.

—La respuesta de Lena me dejó desconcertado, pero antes de que pudiera preguntarle qué había querido decir, aparecieron tío Mitrofan y tía María y empezaron a abrazar a mi hermana.

—¿Cómo has conseguido venir desde Urumchi? —preguntó perplejo tío Mitrofan.

—He utilizado el dinero que me dejó Misha. Además, la escuela de medicina me premió con una suma como recompensa por mi excelencia académica —dijo Lena—. Incluso me animaron a que pasase el verano con mi familia.

—¿Vas a pasar tres meses con nosotros? —exclamé.

—¡Sí! —dijo Lena desbordante de felicidad—. Pero tendré que volver a la escuela de enfermería en octubre.

Por fin, tía María dijo:

—Bienvenida a casa.

Durante las semanas siguientes, me quedó claro por qué Lena me había respondido de la forma en que lo hizo: ya no creía en Dios. Nuestro tío mantuvo muchas conversaciones con ella sólo para verse rechazado por las enseñanzas del ateísmo que había recibido tanto de las familias con las que había vivido, como de la escuela a la que había asistido. Cada vez que iba al culto de jóvenes, Lena se negaba a acompañarme. En lugar de eso, salía a bailar con algunos amigos no cristianos que había conocido en la ciudad. Empecé a estar muy preocupado por mi hermana, y dediqué mucho tiempo a orar por su salvación.

Entonces, un día que nuestros tíos dirigían una reunión de oración en nuestra sala de estar, resultó que Lena se encontraba en la habitación contigua. El tiempo de oración se prolongó durante dos horas, y en un momento dado Dios habló mediante profecía a través del tío Mitrofan: «Hijitos, no pierdan la esperanza. Porque yo les guiaré lejos, muy lejos, hasta que lleguen a Estados Unidos. Simplemente, confíen en mí».

Esa noche, Lena tenía una extraña expresión en el rostro.

—¿Qué te pasa? —le pregunté.

—¿Qué será de mí cuando todos se vayan a Estados Unidos? —dijo.

Pronto, Lena empezó a interesarse en las reuniones de oración, e incluso en nuestros cultos de jóvenes. También comenzó a hacer preguntas acerca de Dios y de cómo orar. A menudo la veía hablando con tío Mitrofan de la Biblia, e incluso llegó a hacerme preguntas acerca de mi fe. Durante un mes, Lena asistió a todas nuestras reuniones de jóvenes, y hasta nos acompañó a la iglesia los domingos. Me di cuenta de que algo estaba ocurriendo en su vida.

¡Y entonces sucedió! Lena llegó un día dando saltitos a casa después del culto de jóvenes, corrió a la cocina, y gritó:

—¡Soy salva, soy salva! —tío Mitrofan y tía María la abrazaron y comenzaron a llorar lágrimas de alegría. Yo también corrí y los abracé a los tres. Allí estábamos, en medio de nuestra sala de estar, llorando y abrazándonos entre nosotros.

El mes siguiente pasó volando. El tío y la tía se preparaban febrilmente para dejar Gulja junto con otras cinco familias. El tío me dijo que la Comisión de Naciones Unidas para los Refugiados (ACNUR) había accedido a ayudar a reubicarnos en otro país. Queríamos ser el primer grupo cristiano ruso en recibir esta ayuda. Me maravillé al ver cómo usaba Dios esta organización recién creada para cumplir la palabra profética que nos había dado.

A mediados de septiembre de 1946, seis familias, que sumaban cuarenta personas, emprendieron un viaje a través de China. Joseph me dijo que él y Marusia, junto con sus dos hijos ya mayores, Nida y Peter, esperaban poder unirse a nosotros más tarde, ya que planeaban salir en diciembre. Misha y Nadya, con sus dos niños, Víctor y Walter, sintieron en oración que el Señor les llamaba a permanecer en China. Lena decidió marcharse con nosotros a Estados Unidos en lugar de regresar a la escuela.

El ACNUR nos alquiló un gran camión plataforma sobre el que amontonamos todos nuestros bienes. La plataforma del camión llevaba insertados verticalmente a lo largo de sus laterales una serie de tableros de casi cuatro metros de altura, que unidos entre sí con cuerdas, permitían sujetar el conjunto de nuestras pertenencias. Todas las mujeres y los niños se sentaron en medio del camión, encima de la carga. Los hombres se sentaron al borde de los tableros verticales, y balanceaban las piernas a los lados del camión.

Nuestro viaje nos llevó de Gulja a Urumchi, y de allí a Turfán. Se decía que teníamos suerte de viajar en septiembre y no en julio. Turfán tenía fama de ser el lugar más caluroso de China, y la temperatura en verano alcanzaba fácilmente los 44ºC (110 Fahrenheit). La gente aseguraba que el calor reflejado en la tierra podía llegar a superar los 70ºC (160 Fahrenheit). En septiembre todavía hacía calor, pero di gracias por no estar viajando en julio.

Durante el trayecto, pasamos las noches en los caravasares que salpicaban las carreteras polvorientas y llenas de baches que conectaban cada ciudad. Al llegar a Turfán, compramos bolsas de pasas y otros frutos secos. De Turfán viajamos a Hami, Anxi, y Xining, y, finalmente, después de tres semanas de viaje, llegamos a Lanzhou. El ACNUR nos alojó en un caravasar a las afueras de la ciudad, donde permanecimos durante los siguientes seis meses.

Un día, mientras caminaba a lo largo de las ruidosas calles, llenas de bicicletas, de Lanzhou, vi vendiendo pasas a Paul Shevchuk, una de las personas de nuestro grupo. Los chinos se agolpaban a su alrededor, apartándose y dándose codazos unos a otros, tratando de comprar su mercancía. Yo no podía entender cómo había conseguido atraer a tanta gente. Al fin y al cabo, había docenas de vendedores ambulantes de pasas a lo largo del camino, pero ninguno de ellos estaba rodeado por una multitud como aquella. Cuando se le agotaron las pasas, me acerqué a Pablo con curiosidad.

—¿Qué es lo que sucede, Pablo? —le pregunté—. ¿Por qué todos estos chinos te compran las pasas?

—Es extraño, Vanya. Creo que como soy ruso, piensan que estas uvas provienen de allí. Algunos de ellos me dijeron que nunca antes habían probado pasas rusas. Antes de que pudiera darme cuenta de lo que estaba ocurriendo, ya las había vendido todas.

—¡Nosotros también tenemos pasas que compramos en Turfán! —exclamé mientras corría de vuelta al caravasar.

Durante los siguientes seis meses, todos nos ganamos la vida mediante la venta de pasas. Cuando nos quedamos sin las que habíamos comprado en Turfán, compramos más en el mercado mayorista de frutas locales. Como éramos rusos, nuestras pasas se agotaban casi inmediatamente. Los pobres chinos vendedores de pasas se rascaban la cabeza con asombro. Al fin y al cabo, nuestras pasas eran exactamente iguales que las suyas. Incluso ampliamos nuestra oferta e incluimos albaricoques y ciruelas secos. No importaba lo que tratásemos de vender, los chinos lo compraban. En seis meses, habíamos vendido más pasas y otros frutos secos que cualquier otro vendedor ambulante de Lanzhou. Una vez más, Dios proveyó para nosotros de una manera muy inusual.

En abril de 1947, nos pusimos en marcha hacia Shanghái. El ACNUR nos proporcionó un guía chino que hablaba ruso, quien nos acompañó a la ciudad de Xi'an, donde, dijo, tomaríamos el tren que llevaba a Shanghái.

Cuando llegamos a la atestada estación de tren de Xi'an, nuestro guía compró los billetes y nos encontró un lugar donde pasar la noche. Nuestro tren partía a la mañana siguiente, y tuvimos que transportar todas nuestras pertenencias a través de la estación. No recuerdo haber visto jamás a tantas personas hacinadas en un edificio tan pequeño. Era como nadar en un mar de gente.

Una vez que nos instalamos, me fijé en que varios de nuestros jóvenes hablaban con dos chicos chinos. Al acercarme, noté que los jóvenes chinos eran en parte rusos. Sentían curiosidad acerca de nuestro grupo, nos hacían preguntas sobre nuestro destino e incluso querían ver los pasajes. Me pareció curioso que no se apartaran de nuestro lado hasta que llegó el tren. Explicaron que también se trataba de su tren, y que nos verían a bordo. Pero, tan pronto como el tren entró en la estación, nos separamos en el océano agitado de personas que se movían hacia las vías.

Nuestros hombres entraban y salían, abriéndose paso entre la pared de gente, en busca de espacio en el tren para nuestro grupo. Desde donde yo estaba, podía ver a los chinos colgados de las ventanas, agolpándose en torno a las escaleras y las puertas de cada vagón. Sin embargo, de alguna manera, más y más chinos conseguían subir al tren. Me fijé en que los dos hombres de habla rusa habían conseguido estrujarse a bordo. Cuando el silbato del tren advirtió a todo el mundo de su inminente partida, ni una sola persona de nuestro grupo había conseguido subir al tren.

En aquel momento se desató el pánico. Nuestros hombres empezaron a gritar órdenes a diestra y siniestra. Trataron de abrirse camino hacia el tren, pero no pudieron entrar. El convoy comenzó a moverse, aunque lentamente al principio. Los hombres nos gritaban que agarrásemos nuestras cosas y nos metiésemos dentro como fuera. Lo intentamos con todas nuestras fuerzas, pero ninguno de nosotros tuvo éxito. Cuando el tren partió, todos nos reunimos alrededor de nuestras pertenencias, sudorosos, lívidos, y abatidos.

—¿Cómo ha podido suceder esto? —dijo alguien—. Se supone que Dios quería claramente que subiésemos a ese tren. Incluso habíamos comprado los pasajes. ¿Qué vamos a hacer ahora?

La gente dejó caer sus maletas al suelo. Todos estábamos muy desanimados, y finalmente tío Mitrofan nos reunió y nos condujo en oración.

Justo en ese momento, nuestro guía chino llegó con buenas noticias. Le había explicado nuestro problema a las autoridades, quienes le explicaron que otro tren con destino Shanghái llegaría al cabo de dos horas. Como era un tren de primera clase, tendríamos que añadir una pequeña cantidad de dinero para los nuevos billetes, algo que hicimos con mucho gusto.

Cuando el segundo tren llegó a la estación, estaba prácticamente vacío, y nadie se agolpaba por subir a bordo. Caminamos hasta el tren totalmente relajados, sin nadie que nos empujase o gritase. Unas horas antes nos habíamos quejado por no haber podido subir a un tren que resultó ser de tercera clase, cuando lo cierto es que, desde el principio, Dios había querido bendecirnos con uno de primera. ¡Cómo le agradecimos a Dios el poder subir a aquel convoy casi vacío! Pude escuchar cómo muchos exclamaban, «¡Gracias, Jesús!» y «¡Alabado sea Dios!», pero otros también decían: «¡Oh Dios, perdónanos por no haber confiado en ti!»

Al llegar a una de las muchas estaciones que salpicaban la vía, nos dimos cuenta de que en el andén había un gran grupo de soldados. Cuando el tren se detuvo, los soldados subieron al tren y preguntaron por el responsable de nuestro grupo. Nuestro guía chino se adelantó, y con mi limitada comprensión del mandarín, me di cuenta de que los soldados le estaban explicando que teníamos que bajar del tren.

—¡Pero tenemos pasajes válidos para todo el trayecto hasta Shanghái! —exclamó nuestro guía.

—Llegarán a Shanghái —dijo un oficial chino—. Sin embargo, hay un problema que tenemos que solucionar antes de que puedan continuar.

—¿Y de qué problema se trata? —preguntó el guía.

El oficial nos miró a todos.

—El tren que iba delante de este también se dirigía a Shanghái. Una partida de guerrilleros revolucionarios disparó al tren, lo detuvo a cuarenta kilómetros de esta estación y subió a bordo. Al parecer querían asesinar a un grupo de cuarenta rusos.

Mientras decía esto, paseaba lentamente su mirada sobre cada uno de nosotros, casi como si quisiera asegurarse de que comprendíamos el alcance de sus palabras.

—Al parecer, sus espías les dieron información equivocada, ya que no encontraron ningún ruso a bordo.

Todos dejamos escapar un sonoro suspiro de alivio. Inmediatamente comprendimos quiénes eran aquellos chinos medio rusos, y por qué Dios nos había impedido subir a ese tren.

Mientras aún comentábamos lo que acababa de suceder, los soldados desengancharon del tren nuestra máquina y dos vagones, y partieron para combatir a la guerrilla. Un par de horas más tarde, pudimos escuchar los sonidos de una batalla que se libraba a distancia. Caímos de rodillas y dimos gracias a nuestro Padre celestial por protegernos a pesar de nuestras quejas.

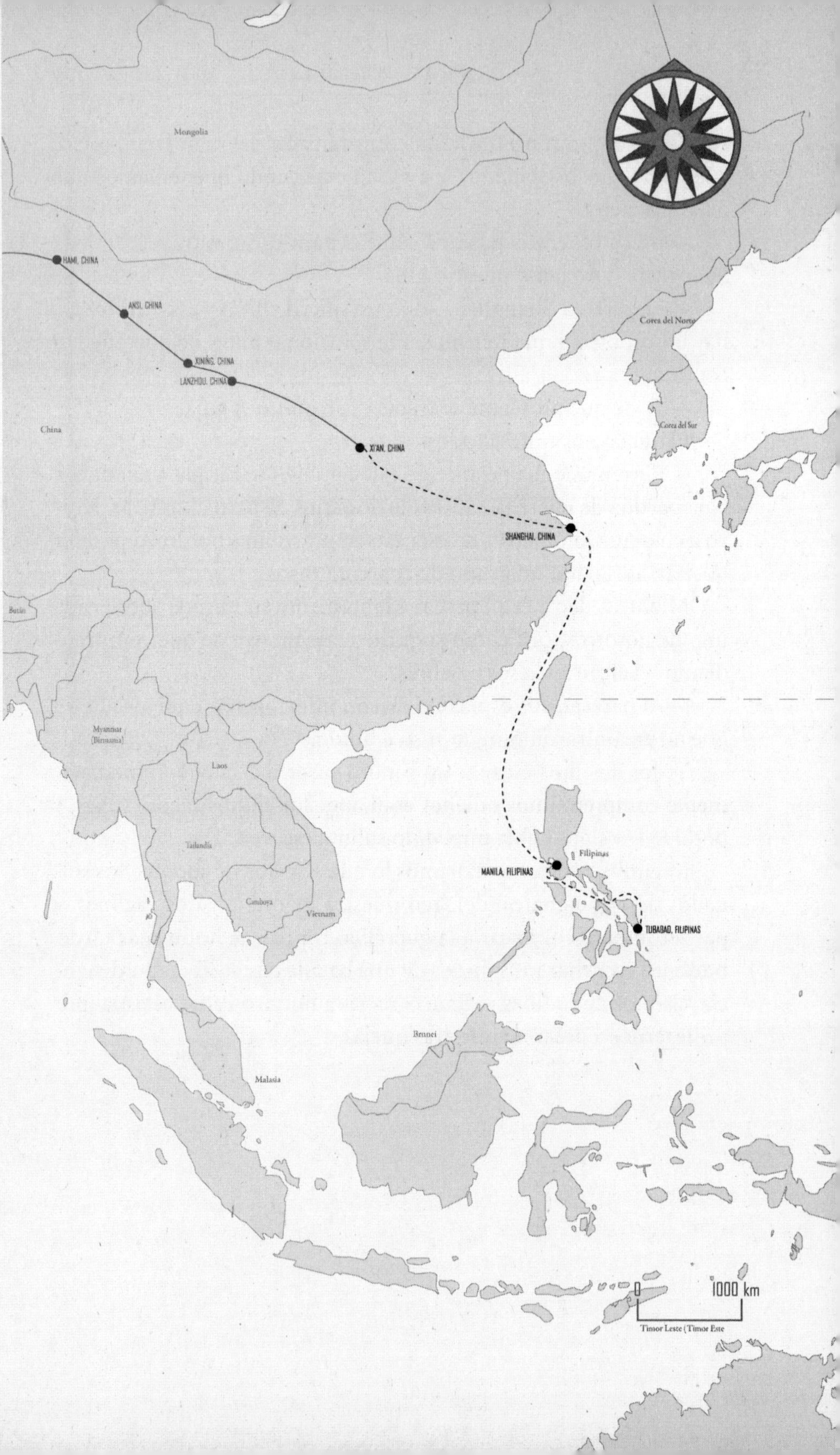
Mongolia
HAMI, CHINA
ANSI, CHINA
XINING, CHINA
LANZHOU, CHINA
China
XI'AN, CHINA
Corea del Norte
Corea del Sur
SHANGHAI, CHINA
Bután
Myanmar
(Birmania)
Laos
Tailandia
Camboya
Vietnam
Filipinas
MANILA, FILIPINAS
TUBABAO, FILIPINAS
Brunei
Malasia
0
1000 km
Timor Leste (Timor Este)

QUINCE

CUANDO NUESTRO TREN LLEGÓ a la estación de Shanghái, en mayo de 1947, estábamos en plena primavera. Grandes camiones de Naciones Unidas nos transportaron rápidamente a varios viejos almacenes, enormes y profundos. Nuestro grupo de cuarenta personas entró arrastrando los pies por el suelo de tierra, cargado con todas nuestras pertenencias, mientras el aire se llenaba con una nube de polvo. Cientos de camas de metal cubiertas con sabanas blancas llenas de manchas, se alineaban por todo el suelo del almacén. El espacio estaba dividido en cuartos, separados mediante sábanas multicolores colgadas de cables que cruzaban de lado a lado. A cada familia se le asignó un determinado «cuarto» en base al número de miembros de la familia.

El nuestro era uno de los más pequeños. La tía María retiró rápidamente las sábanas que había en las camas y empezó a acomodar nuestras cosas. Me fijé en que los Zhernovy vivían a sólo unas pocas sábanas de nosotros. Aunque había visto a Lily a menudo durante estos últimos años, e incluso había estado en su casa, de repente me fijé de verdad en ella. Era preciosa. Ahora, cada vez que la veía, sentía una opresión en el pecho y cuando ella me hablaba, a mí se me secaba la boca. ¿Qué me estaba pasando?

Un mes más tarde, tenía dos trabajos: durante el día reparaba zapatos, y al caer la noche vigilaba un almacén. El tío Mitrofan colaboraba en la distribución de paquetes de comida, que la ONU entregaba a nuestro grupo y a otros refugiados que acababan de llegar a Shanghái. Cuatro meses después de llegar, finalmente dejamos el almacén y nos mudamos a una pequeña y destartalada casa que nuestro tío le alquiló a una familia china. Aquel fue nuestro hogar durante todo el año siguiente. En mayo de 1948, otro gran grupo de rusos, que incluía a los Shevchenko, llegó desde Gulja.

Tío Mitrofan y otros hombres encontraron una pequeña iglesia bautista de habla rusa que nos dio la bienvenida con los brazos abiertos. Nada más llegar de Gulja, Alex Shevchenko organizó un coro, y muy pronto, aquella pequeña iglesia bautista se llenaba de música cada domingo. Durante los siete meses siguientes, cantamos y adoramos junto a nuestros nuevos amigos bautistas rusos

Nunca antes había sentido hacia una chica lo que sentía por Lily. Como Misha vivía en Gulja, no tenía a nadie a quien contarle dichos sentimientos, así que derramaba mi corazón ante Dios.

Un día, decidí decirle a Lily lo que sentía. A medida que me aproximaba a ella, era como si se me fuese a salir el corazón por la boca. Además, no podía creer la cantidad de sudor que era capaz de producir mi cuerpo. Llevaba la camisa empapada, me temblaban las rodillas, y tenía seca la garganta. Nos sentamos en un banco en el exterior del edificio de nuestra iglesia. Me volví hacia Lily, y le dije:

—Me gustas mucho, y me gustaría preguntarte algo importante.

Lily me miró con sus grandes ojos, y dijo:

—Tú a mí también me gustas.

Con mis esperanzas por todo lo alto, continué:

—Hemos sido amigos durante varios años, y me gustaría saber si estarías dispuesta a pasar conmigo el resto de tu vida.

Esperaba que fuese correcto decirlo de ese modo. Lily se limitó a mirarme y sonreír.

Interpretando eso como una buena señal, finalmente solté lo que tenía en mente:

—Me gustaría casarme contigo.

Lily se puso colorada y bajó la vista al suelo. Entonces levantó rápidamente la mirada, y simplemente dijo:

—Por mí está bien.

Los meses siguientes fueron como un sueño. Nos veíamos con frecuencia en las reuniones de jóvenes, hacíamos excursiones en grupo, cantábamos juntos en el coro, y nos visitábamos en nuestras respectivas casas. Ni siquiera tía María puso objeciones, e incluso me animó a que me casara con ella. Yo tenía en mi corazón la firme determinación de hacerlo, y comencé a pensar en los preparativos de boda. Entonces, todo se vino abajo bruscamente.

Un día, Paul Shevchuk se me acerco después de una de las excursiones de jóvenes. Aunque conocía a Paul, no era uno de mis amigos. Iba acompañado por Lily, y me dijo:

—Vanya, necesito hablar contigo.

Sentí una sacudida en el estómago, y fue como si se me hubiese parado el corazón.

—De acuerdo —murmuré, mirando a Lily.

—Sé que te gusta Lily. De hecho, Lily y yo somos íntimos amigos.

—¿Qué quieres decir con eso de que son íntimos amigos? —pregunté.

—Quiero casarme con ella —dijo Paul.

—¿Y Lily está de acuerdo? —pregunté, mirando a Lily con expectación.

Paul agachó la vista al suelo.

—Sí que lo está.

—Necesito escucharlo de sus propios labios —me temblaba la voz, y se me empezaban a formar lágrimas en los ojos.

—Lo siento, Vanya, pero es verdad —Lily no podía mirarme a los ojos, sino que seguía mirando hacia el suelo mientras hablaba—. Sé que me pediste que me casara contigo, pero voy a casarme con Paul.

—Bueno, pues me alegro por ustedes —no sabía qué más decir.

Paul arrastró nervioso los pies, retorció las manos y entonces se dio la vuelta y se alejo caminando. Tras dar unos pocos pasos, se detuvo y se giró hacia Lily, haciéndole señas para que le siguiese. Me pareció ver una lágrima en los ojos de ella, mientras me daba la espalda tímidamente y corría hacia Paul.

Me quedé allí solo, sujetando mi corazón roto entre las manos, sintiéndome una vez más abandonado y terriblemente herido. Las lágrimas me corrían por las mejillas. Quería esconderme de la gente, llorar y gritar. ¿Dónde estaban los rincones oscuros cuando los necesitaba? Casi podía sentir el dolor de las palizas de Masha, pero esta vez lo que me dolía era el corazón.

Eché a correr sin dirección fija, como si buscase algo, pero sin saber exactamente el qué. Entonces lo vi: un huerto de manzanos. Me arrojé de bruces al suelo bajo la sombra protectora de aquellos árboles, y sollocé profundamente mientras derramaba mi corazón ante el Único que podía entender lo que sentía.

—¡Otra vez no, Padre! —grité—. Es como si me fuera a explotar el corazón.

Golpeé con el puño la tierra blanda sobre la que yacía. —El dolor que me producía Masha era horrible, pero lo soporté, aunque a veces todavía puedo sentir sus golpes en mi espalda. Pero este… este dolor… ni siquiera puedo explicarlo. Es algo que está en lo más profundo de mi corazón. Jamás había sentido un dolor de este tipo. Pensé que ella me amaba. ¿Cómo ha podido… nunca podré… ¡Oh, Dios!

Grité y golpeé el suelo con ambos puños. Me quedé allí tumbado, sollozando, intentando entender mi dolor. No sé cuánto tiempo permanecí allí tirado, pero llegó un momento en que me quedé dormido. Debe haber sido en mis sueños cuando me vi a mí mismo corriendo hacia los brazos abiertos de Jesús, y sintiendo su fuerte abrazo. De repente, mi dolor se había desvanecido.

Cuando desperté, el sol ya se había puesto y estaba oscureciendo. Una fina lluvia empezó a caer. Me levanté tambaleante, me sequé los ojos y la nariz en las mangas, y me marché hacia casa. Todavía podía sentir algo de dolor, pero también sentía los fuertes brazos de Jesús a mí alrededor. Durante los meses que siguieron, mi dolor empezó a menguar lentamente. Pero, ¿podría volver otra vez a confiar mi corazón a una chica?

Poco después de llegar a Shanghái, empecé a sufrir dolores de estómago en extraños momentos. Al principio se trató de dolores muy leves, que casi pasaban desapercibidos, solo una leve punzada a la altura de la cintura, justo sobre mi cadera derecha. Pensé que quizá se debía a que no estaba familiarizado con el contenido de los paquetes de comida asistencial que nos entregaba la ONU. Pero entonces, el dolor empezó a hacerse más agudo, forzándome a veces a doblarme sobre mí mismo en medio de un gran malestar. Como los dolores eran tan impredecibles, nunca se los mencioné a tía María o a mi hermana Lena.

El tío Mitrofan continuó dirigiendo las reuniones de oración en nuestra casa. Aunque estábamos incómodos en nuestro pequeño hogar, seguíamos esperando con expectación cada semana aquellos fructíferos tiempos de oración y adoración. Dios continuaba hablándonos, y nos dijo que aquel no era el final de nuestro viaje. Él nos iba a guiar a otro lugar.

En enero de 1949, nuestro grupo abordó el *Hwa-Lien*, un barco de refugiados costeado por la ONU con destino a Filipinas. Fuimos la primera remesa de refugiados enviados a Filipinas por la Organización Internacional de Refugiados (OIR), una agencia de las Naciones Unidas. Después de tocar puerto brevemente en Manila, nuestro viaje de dos semanas terminó finalmente en Tubabao, una pequeña isla en el extremo sur de Samar, seiscientos kilómetros al sureste de la capital.

Al acercarnos a la isla, me sorprendió ver que los cocoteros crecían a lo largo de todo el litoral. Lo primero que hice después de pasar el control de las autoridades fue correr hasta una palmera y contemplar en su alta copa la divertida forma de aquellos frutos. Mientras estaba allí, preguntándome a qué sabrían, alguien me toco levemente mi brazo izquierdo. Al girarme vi un poco sorprendido que en pie, junto a mí, había un chico filipino de piel oscura y escasamente vestido.

El muchacho me sonrió, y su mano extendida me ofreció lo que parecía ser un tazón blanco y brillante con una corteza de color marrón. El chico insistía en entregarme aquella cosa, diciendo algo en un idioma extraño. Me di cuenta de que quería que me lo comiese. Me aparté, tratando de rechazar cortésmente su regalo. De repente, señaló hacia la palmera, y luego otra vez a la taza blanca que llevaba en la mano. Sonrió de nuevo, y fue entonces cuando me di cuenta de que por primera vez en mi vida me estaban ofreciendo probar un coco. Tan pronto como lo tomé de su mano, salió corriendo, saltando y riendo. Le dije a mi hermana Lena que se acercase, y juntos, con la espalda apoyada contra una alta palmera, nos los comimos poco a poco, saboreando cada bocado.

Antes de que pudiéramos terminar nuestro festín, la tía María comenzó a gritarnos.

— ¡Vengan aquí inmediatamente! ¿Qué es lo que comen?

—Es coco —dije—. ¿Te gustaría probar un poco?

Ella me lo quitó de la mano.

—¿De dónde sacaste esto? —exigió.

—Me lo ha dado un niño filipino.

Alzó la mano, y sabiendo lo que se proponía hacer, casi lloro al decir:

—¡Por favor, no lo tires! Está muy bueno y…

—¡Silencio! —grito ella bruscamente, mientras arrojaba el trozo de coco al mar—. Ahora ponte en la fila. Las autoridades nos van a llevar al campo de refugiados.

Lena y yo recogimos nuestras pertenencias y nos unimos a una multitud de varios cientos de ellos, en su mayoría eslavos, que se preparaban para partir.

—¿Por qué la tía es siempre tan mala? —dijo Lena muy enfadada—. ¡No tenía por qué tirar ese pedazo de coco!

—Estoy seguro de que simplemente intentaba cuidarnos mucho, por nuestro propio bien. Seguramente no quería que enfermásemos.

Me di cuenta de que mi respuesta no apaciguaba la ira de mi hermana, y rápidamente agregué:

—Oye, no te preocupes por el coco perdido. Subiré a una palmera y te conseguiré un gran coco fresco sólo para ti.

Finalmente conseguí que Lena sonriera.

Así comenzó nuestra estancia de ocho meses en Filipinas. El campo de refugiados estaba situado en un gran descampado abierto rodeado por la jungla. El equipaje de los quinientos refugiados que desembarcaron del *Hwa-Lien* se descargó sin ningún cuidado, formando una enorme pila en un claro al lado del campamento. La tía María se puso furiosa cuando le dijimos lo del equipaje. Una vez que localizamos nuestras cosas, nos dijeron que hiciésemos un claro en la jungla, tomásemos una tienda, la levantásemos, y nos instalásemos en ella. Nunca antes había visto tantas tiendas verdes del ejército juntas.

Cuando llegamos al campamento, aún había muchas tiendas de campaña sobre la hierba, a la espera de ser montadas. El sello del Ejército de EE.UU. era claramente visible en todas ellas. Algunos soldados las montaban, mientras que otros dirigían el tráfico. Había filas y más filas de tiendas, algunas lo suficientemente grandes como para servir de refugio a varios cientos de personas, otras lo suficientemente pequeñas como para una familia de ocho miembros. Pude escuchar a los soldados comentarles a algunos de nuestros hombres que el campamento tenía capacidad para cinco mil seiscientas personas.

El único mobiliario que nos proporcionaban junto con cada tienda consistía en camas de metal de estilo militar. Estas tenían la particularidad de estar completamente rodeadas por una fina red. Nunca había visto algo parecido y se me ocurrió preguntar para qué se utilizaba aquella red. Un funcionario de la ONU me contestó que tan pronto como se pusiera el sol, yo mismo me enteraría.

¡Y ya lo creo que me enteré! Aquella misma noche, fuimos atacados por hordas de mosquitos sedientos de sangre. Había tantos de ellos zumbando alrededor de nuestras cabezas, que era imposible permanecer quieto en ningún lugar sin agitar frenéticamente las manos. Corrimos a ponernos a cubierto, buscando un refugio en el que estar a salvo de los mosquitos. Fue entonces cuando caí en la cuenta de por qué todas las camas estaban rodeadas por aquella fina tela.

Todas las noches, nuestra tarea más importante era asegurarnos de que el mosquitero estaba en su lugar. Si la red tenía el más mínimo agujero, resultaba imposible conciliar el sueño. Incluso si alguien, por descuido, se apoyaba en la red durante la noche, los mosquitos le atacaban sin misericordia. Cada mañana era bastante fácil identificar a aquellos que habían rodado accidentalmente contra la red.

Nuestra familia vivía en una tienda de tamaño medio compartida con otras dos familias. Diariamente nos distribuían raciones militares de alimentos. Alrededor de nuestra ciudad de tiendas habían instalado un tosco sistema sanitario, y la mayoría de nosotros se lavaba en el océano. Como la temperatura del mar era tan agradable, pasábamos mucho tiempo disfrutando de la playa y metidos en el agua.

Los oficiales del campo no tardaron en darse cuenta de que muchos de nosotros éramos cristianos, y nos ofrecieron una gran tienda como lugar de reunión y adoración. Sólo en nuestro grupo éramos cerca de 150 personas. Durante toda nuestra estancia en el campamento nos unimos a los bautistas y organizamos cultos conjuntos. También se organizó un coro común bajo la dirección de mi cuñado, Joseph Lokteff. Él y Marusia habían llegado al campamento varios meses antes que nosotros. Joseph era un maestro de música autodidacta, y un talentoso director de coro. Pronto recibimos una gran afluencia de visitas a nuestros cultos, en gran parte atraídas por el interés en escuchar el maravilloso canto de nuestro coro unido.

También formamos un buen grupo de jóvenes. Rápidamente nos hicimos amigos de los jóvenes bautistas, y creamos un gran grupo unido como nuestro propio coro. Michael Lokteff, el hermano mayor de Joseph, se convirtió en nuestro líder de jóvenes. El celo de Michael por el Señor y su amor por la música, tuvieron un profundo impacto en todos nosotros. Durante los ocho meses que estuvimos en el campamento, adoramos y nos divertimos juntos, sin prestar atención a las diferencias denominacionales. Dios hizo de nosotros una familia muy unida, en la que cada uno se interesaba de verdad por los demás. Nuestras reuniones de oración duraban con frecuencia hasta tres horas. A Michael le encantaba orar, y su pasión por Dios nos inspiraba a todos.

Cuando empezamos el grupo de jóvenes, yo no podía imaginar el papel fundamental que jugaría en mi vida.

UN MES DESPUÉS de nuestra llegada a Filipinas, caminaba de vuelta a nuestra tienda con Lena cuando, de repente, un fortísimo dolor me hizo doblar el espinazo.

—¡Vanya! ¿Qué te ocurre? —exclamó ella.

—Me duele mucho el estómago.

—¿Puedes caminar? —preguntó ella, agachándose junto a mí.

El dolor era mucho más intenso de lo que nunca había sentido antes, pero intenté ser valiente.

—Creo que sí —le dije, mientras luchaba por incorporarme.

Al agarrar mi brazo izquierdo para ayudarme a levantar, me tocó la frente sin querer.

—¡Vanya! —dijo tragando saliva—. ¡Estás ardiendo!

Gotas de sudor caían por mis mejillas, y mi camisa estaba repentinamente empapada. Apenas podía permanecer de pie, mucho menos caminar. El dolor en mi costado no se calmaba, como había sucedido las otras veces. Era como si alguien me estuviera apuñalando en el costado y retorciendo el cuchillo. Me dejé caer al suelo y pude escuchar a mi hermana pidiendo ayuda a gritos. Sentí que unos brazos me recogían. Varios hombres me cargaban en brazos, y oí a alguien decir que debían llevarme a la tienda médica. Una vez allí, la enfermera responsable me hizo un rápido chequeo.

—Está muy enfermo —dijo—, y aquí no podemos ayudarle. Tendrán que llevarlo al hospital.

Por aquel entonces, el dolor ya era insoportable. La presión en el interior de mi cuerpo seguía en aumento, pero no había nada que me aliviase. Me sentía como si fuera a explotar.

—¡Oh Dios! ¡Por favor, ayúdame!

El tío Mitrofan y la tía María se encontraban en pie junto a mí.

—¿Qué le pasa a Vanya? —preguntó mi tío.

—Está muy grave —respondió la enfermera—, pero no tenemos un médico que pueda atenderle. Debemos llevarlo al hospital en Guiuan.

Escuché como mi tío hablaba con otros hombres. Unos fuertes soldados me levantaron otra vez y me transportaron a un jeep militar que estaba esperando con un soldado sentado al volante. Lena subió y se puso a mi lado.

—¡Por favor, dese prisa! —le dijo al conductor, que aceleró dejando tras de sí una nube de polvo.

El trayecto hasta Guiuan nos llevó cuarenta y cinco minutos, pero para mí fue como una eternidad. El camino estaba repleto de baches monstruosos, y yo podía sentir cada sacudida del camino. Ya no me dolía sólo alrededor del estómago, sino que el dolor se había extendido por todo mi cuerpo. Sentía como si alguien me hubiese inflado con aire y cualquier vía de escape estuviera taponada.

—¡Abran las ventanas! —grité—. ¡Estoy ardiendo!

Lena me puso un paño húmedo en la frente.

—Vanya, el jeep no tiene ventanas. Está completamente abierto.

Podía oírla pidiéndole a Dios que nos ayudase. Yo también intenté orar, pero me resultaba imposible concentrarme en otra cosa que no fuese el dolor.

Tras cruzar un pequeño puente construido por los militares americanos, finalmente llegamos a Guiuan. Lena y el conductor me llevaron, medio en brazos medio a rastras, hasta el interior del hospital. Una enfermera les indicó dónde había una cama libre. A través de una neblina de fiebre y dolor, escuché a mí alrededor los gemidos de otros enfermos. El hospital no era más que una gran habitación llena de pacientes que yacían en sus lechos. Apenas había un médico para atenderlos a todos. Éste se me acercó, pero en lugar de examinarme, se arrodilló junto a la cama de al lado. Me esforcé por ver qué estaba haciendo y vi que examinaba a un hombre con aspecto de estar muy enfermo. El médico empezó a dar instrucciones a gritos, y entonces, de repente, se detuvo. Vi como tomaba una sábana blanca y la extendía sobre el cuerpo de aquel hombre, tapando su rostro. Entonces, se dio la vuelta y me miró.

—¿Qué te ocurre? —preguntó, tocándome la frente.

Lena respondió en mi lugar, a pesar de sus temblores y lágrimas.

—Este es Vanya, mi hermano, y está muy enfermo. Algo malo le ocurre a su estómago.

El médico sacó su estetoscopio y empezó a realizarme un rápido examen.

—Dime dónde te duele —dijo, mientras daba golpecitos con sus dedos sobre el abdomen.

Cuando me tocó el costado derecho, di un grito.

—¡Me duele todo! —grité—. ¡Doctor, estoy ardiendo! La presión es cada vez más… más… ¡No puedo…! ¡Por favor, haga algo!

—¡Oh, no! —exclamó el doctor—. ¡Le ha estallado el apéndice! ¡Enfermera! Traiga una bolsa de hielo y penicilina. ¡Ahora!

Me pusieron bolsas de hielo sobre el rostro y el pecho. Una enfermera retiró la sábana y me limpió el brazo con una bola de algodón. Vi como la aguja se hundía en mi brazo. Esperaba sentir un alivio inmediato, pero no sucedió nada.

El doctor le hizo señas a mi hermana, y vi como se decían algo. Solo pude entender la última parte de la frase:

—¿Y quién piensa usted que soy? ¿Dios? Su hermano está prácticamente muerto.

Lena se tapó la cara con las manos y lloró. Parecía como si quisiese gritar. El doctor le puso la mano en el hombro y le dijo algo más al oído. Entonces señaló hacia la parte trasera de la habitación. Seguí su mirada y vi una puerta.

Lena todavía lloraba cuando se sentó junto a mi cama. Vi que quería decirme algo, pero no podía. Sus ojos reflejaban una profunda tristeza. Sabía que fuese lo que fuese que el médico le hubiera dicho sobre mi estado, no era nada bueno. También lo sabía porque yo mismo sentía como si me estuviera muriendo lentamente.

—Lena —susurré.

Se acercó tanto que pude sentir sus cálidas lágrimas cayendo sobre mis mejillas.

—Me siento peor. Todo me duele por dentro —dije, arrastrando cada vez más las palabras—. Vuelve al campamento y diles que oren por mí. Dile a Michael que reúna a los jóvenes para que oren por mí. Que oren todos los que crean en Jesús. Por favor, Lena. Ora.

Lena lloraba mientras ponía nuevas bolsas de hielo sobre mi cabeza

—No quiero dejarte así, Vanya —lentamente se puso de pie y empezó a empujar mi cama en la dirección que el médico le había señalado.

—¿Dónde me llevas? —pregunté.

—El médico quiere que tengas tu propia habitación.

Una vez dentro, Lena se inclinó para besarme y me rodeó el cuello con sus brazos, sollozando desconsoladamente. Después se incorporó y corrió hacia la puerta. Me pregunté se sería la última vez que la vería aquí en la tierra.

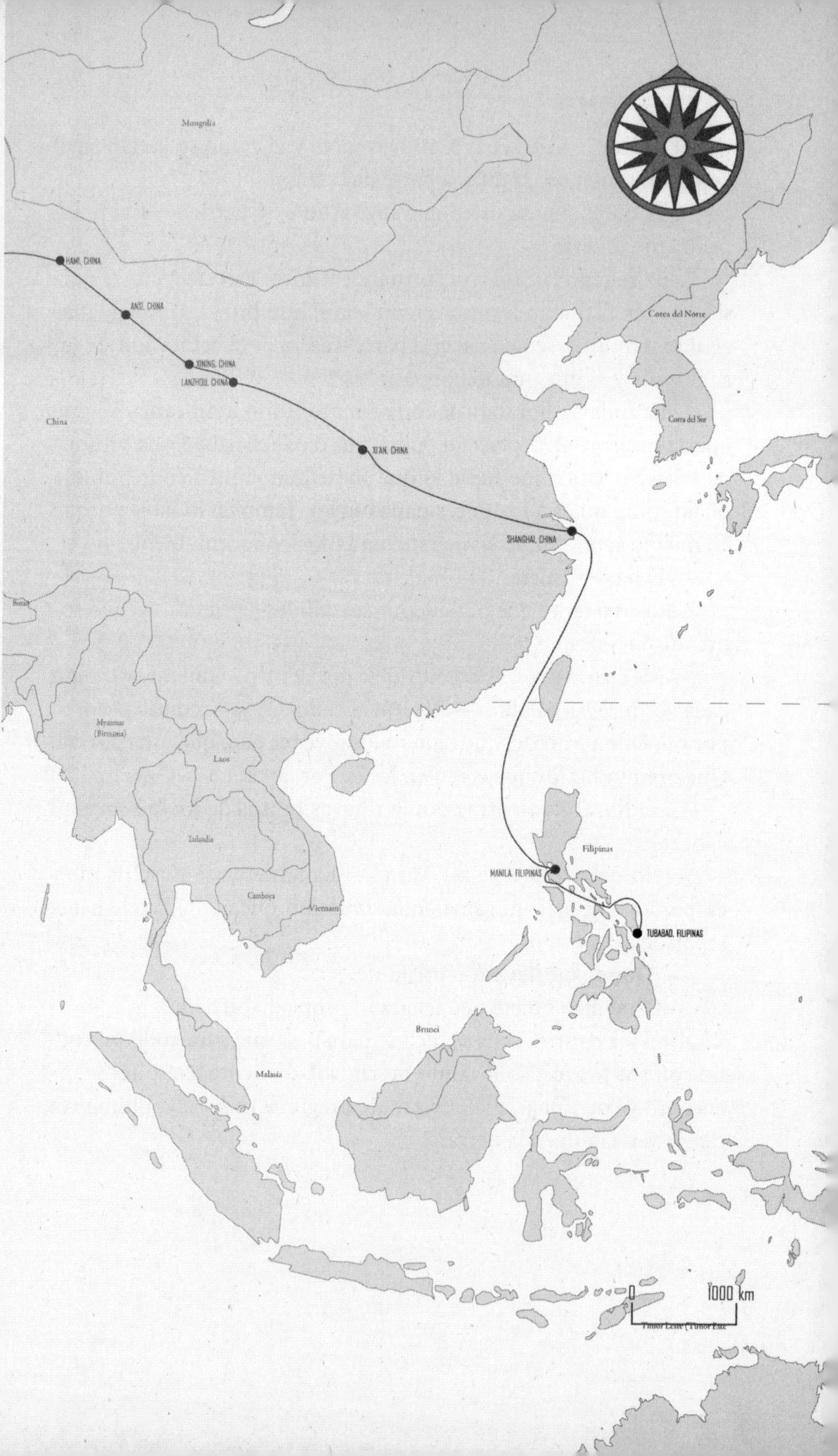

Mongolia
HAMI, CHINA
ANSI, CHINA
XINING, CHINA
LANZHOU, CHINA
China
XI'AN, CHINA
Corea del Norte
Corea del Sur
SHANGHAI, CHINA
Myanmar
(Birmania)
Laos
Tailandia
Camboya
Vietnam
Filipinas
MANILA, FILIPINAS
TUBABAO, FILIPINAS
Brunei
Malasia
0
1000 km

DIECISÉIS

ENTRE ESTALLIDOS DE DOLOR, intenté enfocar la vista en el único objeto visible de mi pequeño y deprimente cuarto, un oxidado reloj circular de pared. Al salir Lena, marcaba las 20:30. Cuando abandonó la habitación me sentí muy solo. Afortunadamente, de vez en cuando entraban enfermeras a comprobar mi estado. Parecían disgustadas por su incapacidad de disminuir mi dolor. El médico escuchó mis gritos y vino varias veces, dando instrucciones a las enfermeras para que me dieran más penicilina y sustituyeran por otras nuevas las bolsas fundidas de hielo que había sobre mi rostro y cuerpo. Pero su lenguaje corporal decía claramente que las inyecciones y el hielo estaban surtiendo poco efecto.

A las 22:00 horas, una enfermera me colocó cerca un orinal. La presión dentro de mi cuerpo seguía creciendo. Casi podía sentir el veneno extendiéndose por mis manos y piernas hasta llegar a la punta de los dedos de mis pies. Me estaba muriendo. Lo sabía. Todo lo que podía hacer era esperar. Éramos yo, Jesús, y el dolor. Con cada pequeño aliento que podía juntar, musitaba:

—Papá, mamá. Me voy a casa.

La habitación pareció oscurecerse con una oscuridad amiga, como la de aquellos rincones de la casa de Masha. Me sentí como si tuviera otra vez seis años, golpeado por Masha por no haber encontrado suficientes huevos. Recordé que mientras estaba de rodillas en aquel húmedo y maloliente granero, el único con quien podía hablar era con Jesús. Sólo Él sabía realmente por lo que estaba pasando.

¡Jesús!, oré. Tú lo sabes todo. Tú me conoces. Esta vez me duele de verdad. Y no por culpa del azote de Masha. Creo que mi apéndice se ha roto, pero Tú sabes lo que me causa este dolor.

Me dolía cada centímetro del cuerpo, ardía de fiebre, y mi almohada estaba empapada, tanto de sudor como por causa del hielo fundido de las bolsas. No podía dormir, y parecía perder y recuperar la conciencia a ratos. Pronto me di cuenta de que las enfermeras habían dejado de venir a comprobar mi estado. No más jeringuillas con penicilina. Probablemente pensaban que suponía desperdiciar medicamentos. Recuerdo la expresión en el rostro de una de ellas, cuando al salir se volvió y me miró de reojo. Sus ojos estaban tristes. Era como si me mirase por última vez.

Entonces, a las tres de la mañana lo sentí. Sé qué hora era porque el dolor hizo que me retorciese de forma tan violenta que me encontré a mí mismo mirando fijamente la pared donde estaba el viejo reloj. Había llegado a un punto de no retorno. Mi dientes estaban apretados y mis puños tensos. Las lágrimas me resbalaban por las mejillas, mezclándose con el copioso sudor que me brotaba de cada poro.

De repente, sentí un rayo de electricidad golpeando mi cabeza. Fue tan poderoso que mi cabeza rebotó en la almohada. Abrí de par en par los ojos buscando su origen. No se veía a nadie en la habitación conmigo, pero yo sabía que había sido Jesús. Ya lo había sentido antes.

Aquella sensación atravesó rápidamente mi cuello y mi pecho. Fue como si alguien empujase todo mi interior hacia abajo, hacia mi cintura. El rayo atravesó mi pecho hasta mis manos y mi estómago. Yo continué temblando bajo su increíble poder mientras corría por cada pierna hacia los dedos de mis pies.

La presión interna se hizo insoportable. Grité:

—¡Enfermera! ¡Ayúdeme! ¡Necesito… ir al servicio… por favor… ayuda!

Me levanté con un tremendo esfuerzo de la cama, agarré el orinal y vomite allí mi débil cuerpo. No sé cómo sucedió, pero, de repente todo aquel veneno, pus y sangre salieron despedidos de mi cuerpo en dirección al orinal. El dique se vino abajo.

Tenía un cuerpo nuevo. Al menos es así como me sentía. Jesús, mi fiel amigo, me había tocado y había sanado mi cuerpo adolorido. No pude verlo, pero sabía que estaba allí. Lo pude sentir muy cercano y muy real. No puedo decir cuánto tiempo me quedé allí, pero sentía como si las nubes me sostuviesen. No sentía ningún dolor, sólo una calma absoluta, como una pluma que flotase plácidamente, sin preocuparse por nada en el mundo. Quería que aquella sensación durase para siempre.

—Gracias, Jesús —susurré.

Alrededor de las 8 de la mañana la puerta se abrió de par en par y entró el médico. Se aproximó a mi cama y me miró fijamente. Estoy seguro de que esperaba encontrarme muerto. Cuando le devolví la mirada y sonreí, pareció conmocionado. Simplemente se quedó allí durante tres minutos, con su labio inferior temblando levemente y sin pestañear. Finalmente, habló.

—Señor Iliyn, ¿cómo se encuentra? —me preguntó, con un genuino interés en su cara.

—Me encuentro bien. Dios me ha sanado.

El doctor balanceó su cabeza asombrado, después dijo a las enfermeras

—Yo no he tenido nada que ver en esto. ¡Esto sólo ha podido hacerlo Dios!

—Sí, doctor. Ha sido Dios.

Unas pocas horas después, Lena entró dando saltitos en mi cuarto.

—Vanya, ¿es verdad lo que dicen? ¡Dime que es verdad, Vanya! —corrió hacia el borde de mi cama y se inclinó sobre mi rostro, poniendo su cálido aliento en mi mejilla—. ¡Es verdad! —dijo boquiabierta—. Tienes un aspecto tan bueno, tan lleno de paz. ¡Gracias, Jesús!

Me agarró por los hombros y empezó a abrazarme y llorar de gozo.

—Hermanita, cuidado. Me vas a romper el cuello.

—Perdóname, Vanya. ¡Es que estoy tan feliz!

Lena dejó mi cabeza sobre la almohada y se sentó a mi lado.

—¡Es un milagro, Vanya! Deberías estar muerto —a Lena se le salían los ojos de las órbitas, mientras decía: —El médico me llevó aparte anoche y me dijo que te había estallado el apéndice, y que la infección se había extendido por todo tu cuerpo. Dijo que ibas a morir y que nadie podía ayudarte. Dijo que a las nueve de la noche ya estabas prácticamente muerto.

Lena extendió su mano y me acarició la mejilla con ternura.

—No quería apartarme de tu lado, Vanya. Quería permanecer contigo toda la noche. Pero tú insististe en que volviese al campo de refugiados y reuniese a todos los jóvenes para que orasen. ¡Vanya, deberías haber estado allí! Fue un espectáculo increíble. Cientos de personas, jóvenes y adultos, bautistas y pentecostales, reunidos para orar por ti. Oramos fervientemente, pidiéndole a Dios que te sanase.

Sus ojos derramaban nuevas lágrimas.

—Tenía tanto miedo de que te murieses. No quería volver a perder a mi familia.

Lena se colgó de mí como si temiese que alguien me fuera arrebatar de su lado. En ese momento me sentí tan seguro, tan amado. Jesús, mi mejor amigo, había sanado milagrosamente mi cuerpo moribundo, y ahora estaba de nuevo en los brazos de mi familia. Era como si las lágrimas purificadoras de Lena se llevasen todos aquellos recuerdos dolorosos de Masha y mis demás penurias. Todos aquellos rincones oscuros, todos aquellos lugares de refugio, se desvanecieron. Era nuevamente feliz. Me sentía bien por estar vivo. Por no tener ningún dolor. Y por tener una familia.

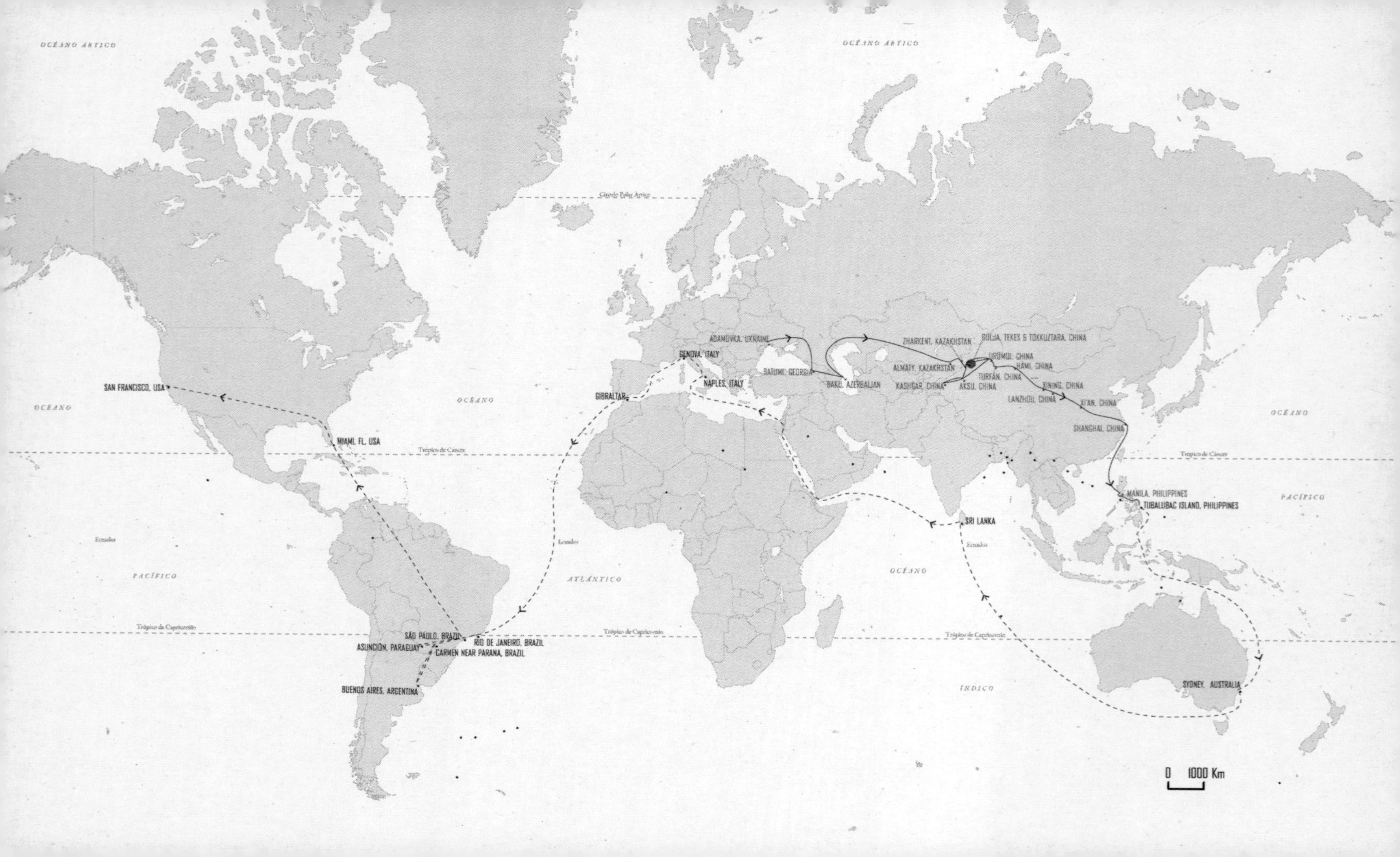
OCÉANO ARTICO
OCÉANO ARTICO
Círculo Polar Artico
SAN FRANCISCO, USA
MIAMI, FL, USA
OCÉANO
OCÉANO
OCÉANO
OCÉANO
Trópico de Cáncer
Trópico de Cáncer
Ecuador
Ecuador
Ecuador
PACÍFICO
PACÍFICO
ATLÁNTICO
ÍNDICO
Trópico de Capricornio
Trópico de Capricornio
Trópico de Capricornio
SÃO PAULO, BRAZIL
RIO DE JANEIRO, BRAZIL
ASUNCIÓN, PARAGUAY
CARMEN NEAR PARANA, BRAZIL
BUENOS AIRES, ARGENTINA
GIBRALTAR
GENOVA, ITALY
NAPLES, ITALY
ADAMOVKA, UKRAINE
BATUMI, GEORGIA
BAKU, AZERBAIJAN
ZHARKENT, KAZAKHSTAN
GULJA, TEKES & TOKKUZTARA, CHINA
ALMATY, KAZAKHSTAN
KASHGAR, CHINA
AKSU, CHINA
URUMQI, CHINA
HAMI, CHINA
TURFAN, CHINA
XINING, CHINA
LANZHOU, CHINA
XI'AN, CHINA
SHANGHAI, CHINA
MANILA, PHILIPPINES
TUBALUBAC ISLAND, PHILIPPINES
SRI LANKA
SYDNEY, AUSTRALIA
0 1000 Km

DIECISIETE

EL 23 DE SEPTIEMBRE DE 1949, casi ocho meses después del día en que llegamos a Filipinas, subimos a bordo del USS *Marine Jumper* para empezar un viaje de tres meses hasta Paraguay, en América del Sur. Nuestro nuevo «hogar» era un barco viejo y gris de transporte militar, ahora repleto de refugiados de guerra. Nuestro grupo, de casi cien personas, incluía a los Shevchenko y otros amigos de nuestra antigua patria.

Alex Shevchenko me dijo que su familia había decidido acompañarnos, después de que una comisión especial paraguaya de distribución de tierras visitase nuestro campamento en Filipinas. Los miembros de dicha comisión buscaban refugiados que quisieran asentarse en Paraguay para cultivar las tierras de ese país. Prometían terrenos y equipamiento agrícola para que los refugiados comenzasen sus propias granjas. Muchos de los miembros de nuestro grupo aceptaron con entusiasmo esta oportunidad de comenzar una nueva vida en un nuevo país. Algunos, sin embargo, decidieron quedarse atrás, con sus esperanzas puestas en establecerse en Estados Unidos. Entre ellos estaban Joseph y Marusia, y sus tres hijos: Nida, Peter y Reuben. Marusia estaba embarazada de más de siete meses, y nuestro barco no disponía de instalaciones médicas adecuadas para atender un parto.

—Sé que nos volveremos a ver —dijo Marusia, entre grandes lágrimas. Lena y yo la acompañamos en su llanto, y le rogamos a Dios que nos permitiera volver a estar juntos muy pronto.

Recordé el tiempo de oración que habíamos tenido varios meses antes, cuando Dios nos dijo claramente que nos esperaba un largo viaje por mar. También nos dijo que le alabásemos cuando estuviésemos en alta mar. No podía imaginar lo largo y difícil que sería nuestro viaje.

El primer puerto que hicimos durante la travesía fue Sídney. Desde allí rodeamos Australia y tardamos catorce días en surcar el Océano Índico, realizando una escala muy breve en Sri Lanka. Yo pasé en cubierta todo el tiempo que pude, con la esperanza de contemplar las vistas de todos aquellos lugares por los que pasásemos. Los días transcurrieron en su mayoría largos y tediosos, con pocas vistas de interés. Las cosas empezaron a cambiar cuando entramos en el Golfo de Adén, y surcamos el Mar Rojo en dirección al Canal de Suez. Al este teníamos el misterioso desierto de Arabia, y al oeste podíamos distinguir la línea costera de Etiopía y Egipto. Todos estos eran lugares de los que había oído hablar en las historias bíblicas, y estaba ansioso por verlos.

El capitán del barco nos permitía reunirnos en un gran camarote para celebrar el culto dominical. Nuestro coro también ensayaba y cantaba, a menudo tanto para los pasajeros como para la tripulación. Un domingo por la mañana, mientras atravesábamos el Canal de Suez y cantaba nuestro coro, volví a recordar la profecía que había recibido anteriormente. Dios había sido fiel a su palabra. Efectivamente, le habíamos alabado en alta mar.

Poco después de dejar el Canal de Suez, nos vimos envueltos por una terrible tormenta, nunca había visto las aguas agitarse con tanta violenta, y por supuesto jamás había estado en medio de una tempestad semejante. Las olas se alzaban estrellándose contra la cubierta, balanceando el barco de un lado a otro como un juguete en una bañera. Muchos pasajeros estaban paralizados de terror, y algunos miembros de la tripulación murmuraban diciendo que aquello era el cementerio de barcos del Mediterráneo.

La mayoría de los tripulantes corrían por cubierta, intentando desesperadamente asegurar las escotillas del barco, y mantener el navío a flote. A los pasajeros se nos ordenó que permaneciésemos abajo y nos agrupásemos en el centro del barco. La tripulación nos repartió bolsas a todos, lo que al principio me dejó confuso. Pero a medida que la tormenta se intensificó, el propósito de las bolsas se hizo dolorosamente obvio. En pocos minutos, el balanceo del barco nos produjo a todos un gran mareo. Yo empecé a vomitar de forma incontrolada. Al cabo de veinte minutos, mi bolsa estaba completamente llena, y el barco despedía un olor insoportable.

La tormenta seguía azotando nuestro barco, y yo me sentía tan mal que quería morirme. Alrededor mío, la gente gemía angustiada cubierta con su propio vómito. Yo me tumbé en el suelo y clamé a Jesús:

—Por favor, por favor, ayúdanos. Yo… yo… confío en ti… te necesito ahora.

—¡Vanya, ven aquí!

Volví la cabeza débilmente y vi la imagen borrosa de Lena deslizándose junto a mí.

—Me han dado algunas píldoras que se supone que ayudan con el mareo —dijo, depositando una pequeña pastilla en mi mano—. ¡Tómatela cuanto antes!

Me sentía tan enfermo que me habría tomado cualquier cosa a condición de que me quitase esa horrible sensación. Me tragué la píldora, esperando resultados instantáneos. No sucedió nada. Simplemente me entró sueño, un sueño enorme.

Al parecer, pasé dormido lo peor de la tormenta, porque cuando me desperté el barco parecía inmóvil. Si no fuese por aquel desagradable hedor, la tormenta hubiese parecido solo una terrible pesadilla.

NAVEGAMOS frente a la isla de Creta, rodeamos Sicilia y atracamos en Nápoles, Italia. Llevábamos navegando más de cinco semanas.

Cuando desembarcamos, deseaba besar el suelo. Durante nuestro mes de estancia en un gran campo de tránsito de refugiados, se nos permitió visitar muchos lugares de interés histórico, incluidos Pompeya y Roma. Durante el trayecto en tren hasta Roma, Lena y yo viajamos pegados a la ventanilla, contemplando asombrados los bellos paisajes del campo italiano. Por dondequiera que mirábamos descubríamos viñedos cargados de enormes y jugosas uvas. La campiña italiana parecía muy ordenada, y toda la gente tenía muy buen aspecto. Comparado con el lugar de donde procedíamos, aquello parecía el paraíso.

Roma era como un mundo diferente. El Coliseo y el Vaticano hacían que cualquier otro edificio que yo hubiera visto pareciese diminuto. Mientras paseábamos por la Basílica de San Pedro y la Capilla Sixtina, nos quedamos estupefactos ante la contemplación de tantos tesoros. Incluso las calles normales tenían estatuas y edificios que databan de tiempos de los antiguos griegos y romanos.

Pronto estábamos de vuelta en un tren camino de Génova, donde nuestro grupo abordaría un barco francés con destino Marsella, Gibraltar y luego, atravesando el Océano Atlántico, Brasil. A finales de noviembre, tras otros dos meses en el mar, finalmente llegamos a Rio de Janeiro. De allí nos llevaron en tren a São Paulo, desde donde tomamos un viejo avión de línea para la etapa final de nuestro viaje hasta Paraguay.

Al iniciar el descenso para tomar tierra, miré por la ventanilla y no pude ver ningún camino pavimentado, mucho menos una ciudad o un aeropuerto. Alex Shevchenko iba sentado frente a mí, y me incliné para preguntarle

—¿Dónde vamos a aterrizar?

Alex no parecía preocupado.

—Nos dirigimos a Carmen del Paraná, una pequeña ciudad del sur de Paraguay, así que es probable que se trate de una pista de aterrizaje muy pequeña.

Cuando faltaban menos de trescientos metros para tomar tierra, Alex estiró el cuello buscando el lugar de aterrizaje. Entonces, gritó de repente:

—¡Sujétense, vamos a aterrizar en medio de un campo!

Y efectivamente, así fue. Nuestro avión tocó tierra con bastante brusquedad en medio de un campo de tierra. Nuestro agotador viaje de tres meses, finalizó el 19 de diciembre de 1949.

AL BAJAR del avión, lo primero que me sorprendió fue la humedad y el calor. No lograba entenderlo, ya que estábamos en diciembre. ¿Por qué hacía tanto calor? Alex me explicó que ahora estábamos en el hemisferio sur, donde las estaciones iban al revés. En América del Sur, el verano comenzaba en diciembre.

Un alegre grupo de creyentes se acercó a saludarnos. Escuché como algunos de ellos le decían al tío Mitrofan que iban a llevarnos a un lugar llamado Operra, en la colonia de Fram. Esta etapa final de nuestro viaje hizo que nos preguntásemos si habíamos cometido un error viniendo aquí. El campo estaba desértico, hacía un calor infernal, y la carretera estaba repleta de baches y polvo. El viejo autobús rechinó durante todo el trayecto, mientras intentaba evitar algunos baches lo suficientemente grandes como para engullirlo por completo.

Como si esto no fuese suficientemente malo, al llegar no había ningún funcionario esperando para recibirnos. Eso significaba que no había tierra gratis, ni herramientas, ni provisiones para ayudarnos a empezar. De hecho, ninguna de las promesas que nos hicieron los miembros de la comisión se cumplió jamás. Fuimos abandonados a nuestros propios recursos para que desbravásemos aquellas tierras sin explotar. Si no hubiese sido por la escasa ayuda que recibimos de los creyentes locales, habríamos muerto de inanición.

Durante nuestras dos primeras semanas en Operra, vivimos en viejos dormitorios militares con suelo de tierra. Muchas noches llorábamos y nos preguntábamos que íbamos a hacer en aquel lugar desolado. Una vez que comprobamos que no recibiríamos ninguna ayuda del gobierno paraguayo, acudimos a Dios en oración. En más de una ocasión, Dios nos aseguró que este sería un alto temporal en nuestro camino a Estados Unidos. Tan pronto como tuvimos esa esperanza, emprendimos la tarea de buscarnos una forma de vivir y trabajar.

El tío Mitrofan y su amigo Keroosha tenían suficiente dinero ahorrado como para comprar una pequeña granja. En cuanto al resto, la mayoría tuvo que buscarse algún terreno para cultivar en medio de aquellas tierras salvajes. Tras trabajar como granjeros durante cerca de un año, el tío Mitrofan se dio cuenta de que aquella vida no estaba hecha para nosotros. Vendimos nuestra parte a Keroosha y, con el poco dinero que nos quedaba, empezamos un negocio de zapatería en Carmen del Paraná.

Por fin hacía aquello que me gustaba. Alquilamos una pequeña tienda justo al lado de la calle principal de la ciudad. Luego compramos bloques de una madera dura, que yo y mi tío tallamos laboriosamente hasta convertirlos en hormas de diferentes tamaños para zapatos de hombre, mujer y niño. Dichas hormas eran bastante toscas pero servían bien a su propósito. Después encontré pieles baratas y compré las suficientes como para fabricar algún calzado.

Qué emoción sentí cuando el primer cliente cruzó el umbral de nuestra pequeña y polvorienta tienda y encargó nuestro primer par de zapatos. Mi tío empezó inmediatamente a hacer las suelas, mientras yo preparaba la parte superior. Aquellos fueron, sin duda, zapatos hechos a mano. Me sentí muy orgulloso cuando recibimos el pago por nuestro primer trabajo.

Una vez que empezamos recibir cada vez más encargos y pudimos ahorrar algún dinero, tomé un tren hacia Asunción, la capital de Paraguay, y compré hormas profesionales de zapatos hechas de madera de arce. También encontré un excelente lugar donde proveernos de cuero, y pude comprar una máquina de coser industrial. Con nuestros magros ingresos alquilamos una pequeña tienda a pie de calle en la avenida principal de Carmen del Paraná. El 14 de noviembre de 1950, un día antes de mi veintiún cumpleaños, abrimos las puertas de nuestra nueva zapatería.

Aunque la vida en Paraguay era difícil, la iglesia y el coro nos ayudaban a sobrellevar nuestras muchas pruebas. Casi nada más llegar a Paraguay, Alex organizó un coro de jóvenes y otro de adultos. Yo cantaba como bajo en el de jóvenes. Además de cantar cada domingo por la mañana y por la tarde, aquel primer año nos invitaron a todas las bodas que se celebraron. ¡Y hubo muchas bodas!

Creo que fue durante una de aquellas bodas cuando me fijé por primera vez en una joven que me pareció tan hermosa, que no podía parar de mirarla. Sus ojos eran deslumbrantes; me dejaban hechizado, hipnotizado cada vez que los miraba. Se llamaba Sofía Neciuk. Tenía dieciocho años, y todos los chicos solteros de Paraguay querían casarse con ella. Yo también, ¿pero cuáles eran mis probabilidades? ¿Se fijaría alguna vez en Vanya, el huérfano delgaducho? Con frecuencia me descubría a mí mismo observándola embelesado en la iglesia, intentando adivinar sus pensamientos. En cuanto a mí, ¿será que debía considerar siquiera la posibilidad de volver a abrir mi corazón de par en par, teniendo en cuenta que hacía tan poco tiempo que había cicatrizado después del rechazo de Lily? ¿Debía arriesgarme a ser rechazado de nuevo?

Algo me empujaba a intentarlo. De alguna forma, supe que esta vez las cosas serían diferentes. Cada noche, cuando me arrodillaba a orar, Sofía dominaba invariablemente mis pensamientos. Mi corazón se estaba abriendo lentamente, con la garantía de parte de Dios de que esta vez no resultaría destrozado.

No es que hubiese dudado de Dios en ningún momento. El Señor nunca me había abandonado o hecho daño. Pero desde la muerte de papá y mamá, siempre habían sido las personas, a veces con buena intención, y a veces incluso cristianas, las que me habían ocasionado todo mi dolor y miseria. Luchaba mucho por no perder mi fe en la gente, pero eran los rincones oscuros los que me proporcionaban más compañía y consuelo. Y, sin embargo, algo en Sofía me hacía querer volver a confiar.

Recuerdo bien aquella noche en la que permití que Dios abriese de nuevo mi corazón, tan lleno de cicatrices, herido y dolorido.

Sabes cuánto he confiado en ti, clamé. Tú has sido mi papá y mi mamá durante los pasados diecisiete años. Cuando todos los demás me abandonaron, tú estuviste siempre allí, cuidando de mí mientras me acurrucaba fuertemente en aquellos rincones oscuros, intentado huir del dolor.

El recuerdo de Masha flagelándome la espalda con su azote especial de cuero, pasó ante mis ojos con un estremecimiento.

Cada vez que no me comprendían y me expulsaban de casa, era hacia Tus brazos abiertos y consoladores adónde corría. Cuando me abandonaron para que muriese, Tú permaneciste conmigo. Me coloqué las manos sobre el corazón y sollocé. Cuando la gente pisoteaba mi corazón, Tú lo recogías y, con Tus lágrimas de comprensión, me lo devolvías sanado. Sé que siempre puedo confiar en ti. ¿Pero será que puedo confiar nuevamente mi corazón a una chica?

Cuando me acosté, la almohada estaba húmeda por tantas lágrimas derramadas, pero sentía mi corazón liviano, y la profunda seguridad espiritual de que todo iba a ser diferente esta vez. Mientras me iba quedando dormido, podía oírme a mí mismo decir una y otra vez

—Confío en ti. Te entrego mi corazón. Creo que amo a Sofía...

Los padres de Sofía eran los dueños de una tienda de mercancías situada algo más abajo, en la misma calle donde estaba nuestra propia tienda. Siempre que podía buscaba alguna excusa para ir a su tienda, con la esperanza de verla. Sofía era la hermana mayor, y pronto conocí a sus dos hermanos, Bill y George. A sus padres les encantaba cantar, igual que a Sofía. Como a mí también me gustaba, esta circunstancia me abrió la puerta para visitar su casa. Allí iba muchas noches, a charlar con sus padres y cantar con ellos y con Sofía.

A veces pasaba varias horas sentado sencillamente en la cocina charlando con Michael, el padre de Sofía. Michael me recordaba en muchas cosas a mi propio padre. Era un hombre bondadoso y amable, con un gran amor por Dios. Me encantaba observar cómo trataba a Nastia, su esposa. El amor que se profesaban mutuamente era bastante manifiesto. Michael siempre ayudaba a Nastia con las tareas domésticas, incluso durante mis visitas.

Nastia, una abreviatura de Anastasia, era una gran cocinera. Y aunque yo les visitaba principalmente para ver a Sofía, también me gustaba tener la oportunidad de probar sus deliciosas recetas caseras. Durante los dos meses siguientes, pasé muchas de mis noches libres en casa de Sofía, sentado a la mesa, comiendo, cantando y hablando con su familia.

Sofía y yo dábamos muchos paseos juntos, durante los que conversábamos, reíamos o simplemente pasábamos juntos el rato. Una de las cosas que nos encantaba era caminar hasta la estación de tren y ver venir la máquina de vapor traqueteando hasta el apeadero.

Aunque deseaba estar con Sofía, también me encantaba estar con sus padres. Anhelaba en mi corazón algo que ellos tenían. Muchas veces me quedaba extasiado simplemente observando cómo se trataban entre sí o trataban a sus hijos. Era maravilloso. *Quizá es así como son las verdaderas familias,* pensaba. *Si papá y mamá vivieran, serían exactamente como Michael y Nastia.*

Un día, mientras estaba cosiendo un par de sandalias de hombre, mi mente volvió de repente a China, a cuando tenía cuatro años y medio. Allí estaba yo, otra vez, apoyado contra la pared de la zanja junto al camino, contemplando como rezumaba el barro de mis sucios zapatos, y pensando en papá. Pero en esta ocasión lo que pensaba era: «Me gustaría ser como Michael». Aquel fue el día en el que me di cuenta de que Dios había sanado al fin mi corazón.

Cada vez pensaba más y más acerca de Sofía. Al orar por ella, sentía como se agitaban las emociones en lo más profundo de mi corazón. Emociones que pensaba enterradas y olvidadas para siempre, florecían una vez más desde mi interior. Era casi como si mi corazón fuera despojándose de tiras de gruesa piel, y pudiese llenar con amor de nuevo mi vida. Sofía me hacía sentir especial, y sus padres me aceptaban por quien yo era. Para ellos no era un huérfano delgaducho y sin educación; ¡yo era Vanya Iliyn!

Una noche, me arrodille a orar y noté que mi corazón sobreabundaba de esperanza y amor, mientras le decía al Señor: Sofía es la mujer con la que quiero pasar el resto de mi vida.

Esto sucedió a los dos meses de conocerla, cuando me di cuenta de que la amaba y deseaba casarme con ella. Durante aquellos dos meses, tuve mucho cuidado de no sobrepasar con ella los límites de la amistad. Aunque tenía muchas ganas de tomarla de la mano, e incluso quizá de besarla, nunca sucumbí a mis sentimientos. La mayor parte del tiempo permanecíamos en compañía de sus padres o con otros jóvenes de la iglesia.

El 15 de diciembre, el tío Mitrofan y yo visitamos la casa de Sofía con la intención de pedir a sus padres su mano en matrimonio. Aunque estaba nervioso, sentía una paz inexplicable en el corazón.

De alguna forma sabía que todo iba a salir bien. Cuando Michael dijo que sí, todos nos arrodillamos y oramos. No pude aguantarme las lágrimas al expresarle a Dios mi gratitud. Mi corazón explotaba de gozo solo de pensar en Sofía, en mi futura familia, en mi futuro hogar. Mi hogar, mi familia, una auténtica familia, ¡al fin!

Nuestra boda tuvo lugar el 14 de enero de 1951, en nuestra pequeña iglesia de Carmen del Paraná, Paraguay. La ceremonia fue simple pero bella. Sofía estaba arrebatadora en su vestido de novia color perla, mientras caminaba por el pasillo central junto con su padre. Michael puso la mano de Sofía en la mía, y yo me estremecí de emoción al apretar mis dedos firmemente en torno a su suave mano. La ceremonia la presidió nuestro pastor, Anisim Koval. La mayor parte de ella está borrosa en mi memoria, pero nunca olvidaré el momento en que levanté el velo de Sofía y besé sus suaves labios por primera vez, quería que ese momento durase para siempre.

Antes de que pudiera saber lo que estaba sucediendo, estábamos en el exterior saludando a todos los que nos deseaban felicidad. Mientras la gente nos abrazaba y besaba, mi espíritu estaba en otro lugar. Podía ver a la gente, e incluso responder a sus felicitaciones, pero mi mente bullía de pensamientos de acción de gracias a Dios.

Esto no es un sueño. Estoy realmente casado. Y mira a mi Sofía, mi palomita. Tan elegante, tan bella. Tú nunca me has defraudado, pero esto es más de lo que esperaba. Ella es tan hermosa, y es mi esposa. Dios, yo no quiero defraudarte. La amaré de la manera en que papá amó a mamá, de la manera en que Michael ama a Nastia, de la manera en que Tú me amas.

Nuestros primeros ocho meses de matrimonio fueron muy dichosos, y llenos de amor y gozo. El día de nuestra boda nos mudamos con el tío Mitrofan y la tía María. Yo continué trabajando en nuestra zapatería, mientras que Sofía trabajaba en la tienda de sus padres. Sofía, mi pequeña palomita, trajo una inmensa serenidad y felicidad a mi vida. Aunque nuestros días eran a menudo ajetreados y frenéticos, nuestras noches eran pacíficas e idílicas. Con los rincones oscuros de mi pasado a mis espaldas, el futuro parecía resplandeciente y prometedor.

Al inicio del segundo mes de matrimonio, Sofía se quedó embarazada. Aunque me pedía extraños alimentos a las horas más inoportunas y se mostraba algo más fatigada de lo habitual, continuó trabajando normalmente durante todo su embarazo. A principios de julio, me ofrecieron un trabajo mejor en una importante zapatería de Buenos Aires. Pocos días después, íbamos camino de Argentina.

Durante los siguientes dos meses, trabajé en una zapatería del centro de Buenos Aires, mientras Sofía permanecía en casa. El 13 de septiembre de 1951 empezó como cualquier otro día. El aire olía a primavera. La zapatería estaba inusualmente llena de trabajo aquella tarde, cuando me avisaron de que tenía una llamada urgente de casa.

—¡Vanya, vuelve a casa, rápido!

Por los gritos que daba al teléfono, sabía que Anna, nuestra vecina y amiga cercana, estaba al borde de un ataque de pánico.

—¿Por qué? —pregunté—. ¿Pasa algo malo? ¿Está bien Sofía?

—¡Está muy, muy enferma!... Creo... creo que va a...

—¡Anna! —grité—. Dime exactamente qué le ocurre a Sofía.

—Suda copiosamente, y grita. Se sujeta el estómago y... ¡Oh, Dios mío!

—Anna, ¿qué...?

—¡Ha roto aguas! —chilló Anna—. ¡Vanya, Sofía está dando a luz!

—¿Qué? —grité—. ¡No puede ser! —estaba asombrado. Me quedé mirando el teléfono y grité incluso más alto, —¡No puede ser! Sofía sólo está embarazada de ocho meses.

—Agarré el auricular con tanta fuerza que mis nudillos se volvieron blancos. Estaba tan conmocionado que no podía moverme. Sentía como si me hubiesen clavado al suelo. El corazón me retumbaba como un tambor, y la cabeza empezó a darme vueltas. Podía escuchar a Anna gritándome algo, pero ni siquiera podía acercarme el auricular al oído. Simplemente, me quedé mirando el teléfono totalmente incrédulo.

—Esto no puede estar sucediendo —susurré—. ¿Qué dirá la gente?

—¡Veo la cabeza! —la voz histérica de Anna sonaba metálica, irreal—. ¡Vanya! —oí que gritaba—. Creo que es...

Solté el teléfono y salí disparado de la habitación. Ni siquiera puedo recordar exactamente cómo llegué a casa, pero al entrar como una tromba, pude escuchar el llanto de un bebé. Pasé corriendo junto a una Anna aturdida y de mirada perpleja, y débilmente la escuché decir:

—¡Es una niña, Vanya! ¡Eres papá!

Dejé atrás a nuestra vecina y volé hacia Sofía y, de repente, me encontré cara a cara con un bebé, una niña, mi hijita. No sé durante cuánto tiempo permanecí allí, contemplándola absolutamente extasiado e incrédulo.

—¡Vanya! —la voz quebrada de Sofía me trajo de vuelta a la realidad—. ¿Qué te ocurre? ¿Parece como si te fueras a desmayar?

Me di cuenta de que tenía la boca abierta, y empezaba a balancearme hacia los lados. Me sentía mareado, desorientado, emocionado, conmocionado. Una sensación de temor me envolvió como una pesada nube de tormenta y lluvia.

—Sofía —dije débilmente—, ¿qué ha ocurrido? ¿Cómo ha podido...? Es decir, ella es tan bonita, esto... se parece a ti. Pero sólo han pasado ocho meses. ¿Qué dirá la gente? ¿Oh, Dios, qué vamos a hacer?

—Tómala en brazos, Vanya. Toma a tu hija —la suave voz de Sofía calmó instantáneamente mi espíritu atribulado, y agachándome tomé con cuidado en brazos a mi primogénita, mi hijita. Al contemplar sus oscuros ojos marrones empezaron a correr las lágrimas por mis mejillas. Sentí que me barrían olas de emoción, busqué una silla y me dejé caer, apretando con fuerza a mi hijita contra mi pecho. No sabía lo que me estaba sucediendo. Por un lado, estaba desbordante de gozo. *¡Esta es MI hija! ¡Soy un papá!* Por otro lado, era como si una ominosa nube negra se cerniera sobre mi cabeza, lista para tragarme.

Sólo ocho meses, pensé. *¿Cómo puede haber nacido después de sólo ocho meses?* Estaba seguro de que la gente en la iglesia cuestionaría mi integridad, mi honestidad. ¿Era posible realmente que un bebé naciera después de sólo ocho meses? Y sin embargo, allí estaba, sosteniendo en brazos a mi hija. Sabía perfectamente lo que Sofía y yo habíamos hecho y cómo habíamos llegado a nuestra boda, así que tenía la conciencia tranquila.

Y, sin embargo, era como si un poderoso imán me arrastrase hacia mis viejos amigos, los rincones oscuros. Sabía que allí, acurrucado en un rincón oscuro, estaría a salvo. Nadie me juzgaría mal; nadie cuestionaría mis actos o mis motivaciones.

Mi hija daba grititos y agarraba con su manita mi dedo índice. Me tenía sorprendido. Sus ojos marrones me miraban con tanta intensidad que tenía que desviar la mirada. Mi vista se desviaba hacia su pequeña manita que apretaba mi dedo. Fue entonces cuando escuché la voz de Dios, hablándome en la profundidad de mi alma: «Fe, Vanya. Limítate a tener fe».

Instantáneamente, supe que el nombre de mi hija sería Vera, que significa «fe» en ruso. Mientras nuestra hijita se aferraba tenazmente a mi dedo, una sonrisa me iluminó el rostro.

Como te amo, Vera, pensé. Siempre estaré aquí para ti. Puedes confiar en mí. ¡Te quiero tanto que daría mi vida por ti!

POCO DESPUÉS del nacimiento de Vera, fui llamado a comparecer ante los ancianos de la iglesia e interrogado durante horas. Varios de los hombres insistieron en que debía confesar abiertamente mi pecado. Les dije que habría estado encantado de hacerlo, pero que no había ningún pecado que confesar. De hecho, les dije, si confesaba haber pecado mentiría. No había hecho nada malo.

Uno de los hombres de nuestra congregación continuó acosándome cada vez que me veía. Aquello se volvió tan serio que evité el contacto con él. De rodillas, derramé mis frustraciones y dolores delante del único que podía entenderme, y mi fe en Dios se hizo más fuerte cada día. Me di cuenta de que no necesitaba defenderme. El tiempo me daría la razón. Tuvieron que pasar varios años más hasta que desapareció toda sospecha.

Poco después del nacimiento de Vera, recibimos una carta de mi hermana Marusia y su marido Joseph, que por entonces vivían en San Francisco, California. Habían podido emigrar directamente a Estados Unidos desde Filipinas, poco después de nuestra partida hacia Paraguay, y llevaban viviendo en San Francisco desde diciembre de 1950. Marusia me escribía a menudo, animándome a que no perdiese mis esperanzas y sueños de emigrar a Estados Unidos.

Cuando todavía vivíamos en Filipinas, había rellenado los formularios apropiados para emigrar a Estados Unidos, pero me dijeron que el tiempo de espera normal podía ser de entre tres y cuatro años. Desde su llegada a San Francisco, Joseph y Marusia habían estado buscando fielmente un avalista, y en su carta nos decían que finalmente habían encontrado uno.

Con el fin de prepararnos para nuestro viaje a Estados Unidos, nos mudamos de nuevo a Carmen del Paraná. Mitrofan me recibió encantado de vuelta a la zapatería. El negocio iba bien, y empecé a ahorrar cada centavo que pude con la mente puesta en el viaje que teníamos por delante. El 13 de febrero de 1954, Sofía dio a luz a nuestro primer hijo, Peter. Poco después de este gozoso acontecimiento, nos mudamos otra vez, junto con Mitrofan y María, a Asunción, para poder estar más cerca del consulado de EE.UU. Mitrofan y yo abrimos una zapatería, y una vez más vimos como prosperaba el negocio.

El consulado de Estados Unidos se demoraba en respondernos respecto a nuestro visado, así que puse todo mi empeño en la tienda de zapatos. Mi prioridad era ahorrar tanto dinero como pudiese, incluso a pesar de darme cuenta de que jamás ahorraría lo suficiente como para pagar nuestro pasaje allí. Pero mi fe en Dios y sus promesas nunca se tambaleó.

Poco después del nacimiento de Peter, empecé a notar que por todo Asunción proliferaban las joyerías especializadas en vender monedas de oro de diferentes países. Aunque había conseguido ahorrar varios cientos de dólares, sabía que no tenía suficiente para los billetes, y mucho menos para los gastos que tendríamos que afrontar para empezar a vivir en Estados Unidos. Sofía y yo estábamos orando un día, cuando ambos sentimos fuertemente de parte del Señor que debíamos comprar monedas de oro. Compré monedas de oro de México, Chile y Rusia, además de dinero estadounidense.

Nuestro segundo hijo, Johnny, nació el 15 de diciembre de 1955, y poco después, todas las ventas de oro en cualquiera de sus formas, se detuvieron abruptamente. El precio del oro se disparó por las nubes. Antes de que pudiera darme cuenta, mis monedas de oro valían tres veces más de lo que había pagado por ellas. No solo tenía dinero suficiente para nuestros pasajes, sino que además nos sobraba dinero para cuando nos instaláramos en Estados Unidos.

Cuando finalmente llegó la carta del consulado de Estados Unidos, informándonos de que podíamos entrar en el país, Sofía y yo nos arrodillamos junto a nuestra cama y lloramos de gratitud a Dios.

—¡Tú cumples tus promesas!

Los preparativos para partir fueron un torbellino de actividad. Tras vender nuestro negocio de zapatería a un amigo, empezamos a introducir nuestras escasas pertenencias en nuestras viejas maletas. Mitrofan y María viajarían a Estados Unidos con nosotros. El día de nuestra partida al fin había llegado: 13 de septiembre de 1956. Mi hermana Lena, su esposo Anatoly, y sus tres hijos, John, Peter y Tony, viajaron al aeropuerto con nosotros. Lena me envolvió entre sus brazos y me deseó un feliz viaje.

—¡Vanyushka, tu viaje prácticamente ha terminado! —exclamó Lena, mientras me abrazaba con todas sus fuerzas—. Una nueva tierra te espera. Oraré para que Dios te dé una vida próspera y buena. Pero no te olvides de tu familia.

—No lo haré —abracé a Lena incluso más fuerte—. Sé que pronto estaremos juntos en Estados Unidos.

—No te olvides de Misha y su familia en China —continuó Lena—. Ahora tiene cuatro hijos y también intenta emigrar allí.

Aunque emprendía el viaje con mi pequeña familia, sabía que la promesa de Dios a nuestros padres no se completaría hasta que mis hermanos y yo estuviésemos juntos en EE.UU.

La primera parte de nuestro vuelo nos llevó a São Paulo, Brasil. Desde allí, tomamos un avión con destino Miami, Florida. A medida que el avión se aproximaba al aeropuerto de Miami, no pude evitar fijarme en lo diferente que era comparado con aquel campo cubierto de hierbajos y lleno de baches que nos sirvió como nuestra primera pista de aterrizaje en Paraguay. Tocamos tierra el 14 de septiembre de 1956. Apenas recuerdo el proceso de pasar la aduana y recoger nuestro equipaje. Lo primero que hice una vez salimos del aeropuerto, fue arrodillarme y besar el suelo de Estados Unidos, mi nuevo hogar.

Nos esperaba un trayecto de cuatro días en un autobús interurbano hasta San Francisco. Joseph y Marusia nos esperaban allí, y nos recibieron en su hogar. Tras las emociones de nuestro reencuentro, sentí necesidad de estar unos minutos a solas, y salí de la casa un momento.

¡Estados Unidos!, casi no podía hablar mientras las lágrimas me rodaban por las mejillas. Hace mucho tiempo prometiste a papá y mamá que su familia se instalaría alguna vez en una nueva tierra. Hoy, la mitad de nuestra familia está aquí. Sé que algún día traerás también a Misha y Lena.

Mientras contemplaba la silueta de San Francisco, caí de rodillas, levanté las manos hacia el cielo y exclamé:

—¡Gracias, amado Padre! Nunca te olvidaste de este chico huérfano. Mi corazón va a explotar de gratitud por todo lo que has hecho en mi vida. ¡Nunca lo olvidaré! El dolor de mi niñez está absolutamente olvidado. He dejado atrás todos mis rincones oscuros, y estoy preparado para recibir todo lo que tengas para mi familia en esta nueva tierra.

Cuando me puse en pie, la puerta de la casa se abrió de par en par, y Vera y Peter gritaron emocionados:

—¡Papi, papi, estamos en Estados Unidos! ¡Nos encanta esto!

Saltaron a mis brazos y los besé repetidamente y abracé muy fuerte. Sofía salió con el pequeño Johnny, y todos nos quedamos allí en el jardín, abrazados, riendo y llorando. Al ver a mi esposa y mis hijos, hice una promesa a Dios en mi corazón. *Ellos sabrán todos los milagros que Tú has hecho en mi vida.*

Y así fue, cuando al fin nos instalamos en nuestro primer apartamento en la calle Geary, algunos de mis más dichosos momentos fueron aquellos que dediqué a contarles historias a mis hijos, antes de orar con ellos y acostarlos. Vera y Peter siempre me rogaban que les contase historias acerca de cuando era pequeño.

—Queridos hijos —empezaba—, cuando tenía cuatro años, escapamos de Rusia a China. Mi mamá se había perdido y mi papá estaba en algún lugar de un campo de arroz. Todavía recuerdo como si fuese ayer las primeras palabras que salieron de mi boca, —¿Papá, dónde estás?

EPÍLOGO

MIENTRAS ESCRIBO ESTO, mi padre tiene ochenta y dos años, y vive retirado en Woodburn, Oregón, junto con Sofía, el amor de su vida. Joseph y Marusia emigraron a Estados Unidos durante el invierno de 1950. Misha (Michael) y Nadya y su familia, emigraron a Australia en 1958, y a Estados Unidos en la primavera de 1963. Anatoly y Lena Kozaczuk y su familia, emigraron a Estados Unidos en el invierno de 1963. Marusia murió en un accidente de automóvil en 1978.

Decidí escribir este libro porque quería honrar a mi padre, honrar a Dios, y dejar a mis hijos un testimonio escrito acerca de la vida de su abuelo. Quería que supieran cómo un niño huérfano y abandonado, profundamente herido y maltratado por aquellos más cercanos a él, nunca se dejó vencer por la amargura, sino que creció con un sentimiento profundo de gratitud a Dios. También espero que la historia de la vida de mi padre tenga un impacto positivo en las vidas de muchas personas heridas hoy .

Los primeros años después de llegar a Estados Unidos desde Paraguay pasamos muchas penurias económicas. Como ninguno de nosotros hablaba inglés, papá y mamá tuvieron que buscar un trabajo de cualquier tipo en líneas de producción y montaje. Mitrofan y María tuvieron que cuidar de nosotros.

En aquella época teníamos muy pocas cosas. Por ejemplo, nunca tuvimos una televisión. Nuestros padres, sin embargo, siempre se aseguraron de que tuviésemos una buena casa y montones de comida. La vida giraba en torno a la mesa del almuerzo. En Estados Unidos nacieron dos nuestras hermanas, Lily y Rita, y un hermano, Paul.

Crecimos hablando ruso, sobre todo porque nuestros padres no hablaban inglés. También asistimos a una escuela de habla rusa que organizó nuestra iglesia de San Francisco. Durante nueve años, cada sábado estudiamos tres horas de gramática y literatura rusas. A ninguno de los niños que asistíamos nos gustaba aquella escuela, pero nuestros padres nos decían casi todos los días: «Un día te alegrarás de que hayamos insistido en que conserves el ruso. Dios abrirá puertas para que puedas utilizar tu idioma».

Para entretenerme, leía todos los libros de los Hardy Boys que lograba encontrar, pero mis historias favoritas eran las que papá nos contaba a la hora de dormir. Cada noche, reunía a todos sus hijos bajo un caliente edredón tejido por mi madre, y antes de orar por nosotros, nos contaba una historia corta. No se trataba simplemente de cualquier vieja historia; sino de historias verdaderas acerca de su infancia, retazos de su vida, aventuras en Rusia, China y América del Sur. Cada vez que mi padre terminaba una historia, gritábamos:

—Cuéntanos otra, papá. ¡Por favor!

Él siempre respondía:

—Mañana —y yo no podía esperar a que papá volviese a casa del trabajo.

Este libro que acaba de leer incluye las historias que escuché contar a mi padre año tras año, mientras crecía, hasta que llegaron a convertirse en parte de mi ADN. La historia de la vida de mi padre ha tenido un profundo impacto en mi propia vida. Me gusta decir que el 90 ó 95 por ciento de lo que soy y lo que enseño, lo he cosechado de mi papá.

Recuerdo una de las primeras veces que nos narró la historia acerca de Masha y los huevos. Cuando nos la contó, mi padre pensaba que Masha aún vivía y residía en Australia. Después nos enteramos de que había muerto en China. Al decirnos que le había golpeado por no encontrar suficientes huevos, todos elevamos la voz al unísono:

—Eso no está bien, papá. ¿Por qué te golpeaba Masha? No era culpa tuya que no pudieses encontrar los huevos. ¿Y por qué te odiaba por ser un niño? Eso tampoco era tu culpa. Dinos dónde vive Masha, papá, ¡y haremos explotar su casa y le daremos una paliza!

A mi padre le bastaba con habernos dicho:

—Así es, niños. Masha era una mujer horrible y yo la odiaba,— y nosotros habríamos crecido con amargura hacia una mujer a la que nunca habíamos conocido.

En cambio, con lágrimas en los ojos, papá siempre añadía:

—Chicos, no odien a Masha. Si me encontrara hoy con ella, sería el primero en correr hacia ella, abrazarla y darle las gracias, porque a pesar de que me odiaba, al menos estuvo dispuesta a hacerse cargo de un niño huérfano —en lugar de sembrar semillas de amargura en nuestros tiernos corazones vírgenes, mi padre plantó semillas de gratitud.

Al escuchar cómo Dios llegó a convertirse en un padre para mi papá, recuerdo haber pensado, *me gusta Dios porque se hizo cargo de mi papá*. Fue así como me enamoré de Dios. En segundo lugar, me enamoré de mi papá. La razón de que nunca cayese en ningún pecado grave durante mi infancia, se debió principalmente a lo mucho que yo le amaba, por lo que no quería traer más dolor a su vida. Tras conocer las circunstancias por las que había pasado, me di cuenta de que ya había sufrido suficiente.

Hoy en día, como adulto, me doy cuenta de que éste es el tipo de relación que Dios quiere que tengamos con él. No quiere que le sirvamos porque tenemos miedo del infierno, o porque queremos ir al cielo. Quiere que lo sirvamos porque lo conocemos y no queremos traer más dolor a su corazón. Mi padre me enseñó la importancia de tener una relación íntima y personal con Dios.

Poco después de llegar a estados Unidos, papá conoció a dos hermanos que habían abierto hacía poco una tienda de zapatos. Papá se convirtió en el tercer socio de aquella empresa. A partir de entonces, cada minuto libre que teníamos lo empleábamos trabajando en la tienda. Desde barrer el suelo, a pulir zapatos, pasando por la entrega de publicidad, se puede decir que estuvimos ocupados a lo largo de toda nuestra infancia. A la tienda de zapatos le fue bien justo hasta 1968. Durante los siguientes cuatro años, el negocio se vino abajo, hasta el punto de que en 1972 la tienda había quebrado.

Papá tuvo que encontrar otra forma de sostener a la familia. Después de haber pasado su vida trabajando con zapatos, se convirtió en pintor. Los primeros seis meses pintando casas en San Francisco forzaron hasta tal punto sus músculos que apenas podía moverse. Pero no se quejó y no se dio por vencido. Con el tiempo se convirtió en un pintor excelente.

Casi al mismo tiempo, me gradué en la escuela secundaria y proseguí mis estudios en la universidad. Mi padre nunca tuvo la oportunidad de recibir una educación, pero animó encarecidamente a sus hijos a que cursasen estudios superiores. Así que es fácil imaginar lo orgulloso que se sintió mi padre al verme lanzar mi birrete al aire. Acababa de recibir mi licenciatura de ciencias en Ingeniería Eléctrica y Materiales de la Universidad de California, Berkeley. Era junio de 1976, y todos mis compañeros conseguían trabajos excelentes en Silicon Valley. Pero yo estaba tan enamorado de Dios que quería servirle como misionero el resto de mi vida.

Poco después de la graduación, me senté con mi padre y discutí con él mis planes para el futuro.

—Papá —le dije—, amo a Dios y quiero ser misionero sirviendo a tiempo completo con Juventud con una Misión en Los Ángeles.

—Eso es maravilloso, hijo. Estoy orgulloso de ti. ¿Y cuál será tu salario inicial? —preguntó papá.

—No voy a recibir ninguno. Tendré que levantar mi propio sostén, papá —murmuré.

Mi padre no lo entendía.

En otoño de 1976, me uní al personal de JUCUM, Los Ángeles. Durante los siguientes dieciocho meses, regresaba periódicamente a casa tras recorrer varios países. Invariablemente, mi papá y yo teníamos una conversación similar a la anterior. No es que me rebelase contra mi padre para continuar sirviendo con JUCUM. La misión nos enseña a confiar en Dios para nuestras necesidades financieras. Simplemente obedecía a Dios, oraba y esperaba la bendición de mi padre.

Un año y medio más tarde, al regresar una vez más del campo misionero, mi papá y yo tuvimos otra conversación. Pero esta vez mi padre dijo:

—Hijo, no sé por qué no tengo paz en cuanto a esto. Vamos a orar al respecto.

Nunca olvidaré ese tiempo de oración. Mi papá, mi mamá, y yo oramos durante más de media hora. Vi a mi papá de rodillas, levantar su voz a Dios, y clamar:

—Padre, ¿por qué no tengo paz respecto a lo que mi hijo está haciendo? Por favor, habla conmigo. No me levantaré de mis rodillas hasta que no escuche tu voz hablándome.

Las lágrimas corrían por las mejillas de mi padre, acumulándose junto a sus rodillas mientras clamaba a Dios por una respuesta. Cuando por fin se puso en pie, fijó sus ojos en mí y dijo con autoridad:

—Hijo, ya sé por qué no tenía paz respecto a esto. Dios me ha mostrado claramente el problema. Me ha dicho que no estaba dispuesto a dejarte libre. Ahora, hijo, te bendigo y te libero para seguir el llamado que Dios ha puesto en tu vida.

Me sentí como un canario en una jaula. Era como si de repente mi padre abriese la puerta y exclamase: «¡Vuela, hijo! ¡Vuela!» Hoy ese pequeño canario se ha convertido en un águila.

Cuando miro atrás hacia ese incidente, me doy cuenta de que la razón de que mi padre tuviese un problema con mi decisión de ser misionero era su temor de que, al no tener sueldo, sería pobre igual que lo había sido él. Cuando Dios le convenció para que accediese a liberarme, en esencia, lo que estaba diciéndole a Dios era, *Dios, he aquí a mi hijo. Te lo encomiendo por completo, para que seas Tú quien cuides de él.* Durante estos últimos treinta y tres años de trabajo misionero a tiempo completo, Dios me ha mostrado fielmente su cariño y su cuidado.

En el otoño de 1978 me mudé a Salem, Oregón, y me uní al equipo de JUCUM en el centro de ministerio recién inaugurado. Fue allí donde conocí a la más hermosa y excepcional de las mujeres, Luba Svetlichny. Nuestro compromiso comenzó con una escena en los Alpes austríacos con reminiscencias a *Sonrisas y Lágrimas*. Nos casamos en Vernon, BC, Canadá, el 28 de noviembre de 1980. Rápidamente me enamoré de los padres de Luba. Sus padres era los dueños de una granja de 400 hectáreas en Armstrong, BC, y nos encantaba visitarles una vez o dos veces al año. La madre de Luba era una cocinera maravillosa y siempre nos daba de comer, sin importar la hora de la noche a la que llegásemos. La mamá de Luba recordaba también con mucha precisión los sucesos de su vida en Rusia y China, y nos encantaba escuchar todo el relato del trayecto de su familia hasta Australia. La abuela de Luba, Nadezda, también vivía con ellos, y un día nos contó algunas historias asombrosas.

Un día, Nadezda comenzó a contarnos la historia de un niño huérfano de quince años de edad, que la había visitado cuando vivían en China. Al hacer más preguntas sobre este chico, ¡resultó ser Vanya, mi padre! Como si eso no fuera una coincidencia lo bastante grande, Nadezda también nos habló de cómo su padre y varios de sus hermanos conocieron al Señor cuando estaban en China. Había sido el tío de mi papá, Mitrofan Iliyn, quien les había guiado al Señor. Al llegar ese punto, Luba y yo estábamos sentados en el borde de nuestros asientos, boquiabiertos al comprender cómo había intervenido Dios en nuestras vidas, incluso antes de que naciésemos.

Luego nos enteramos de la historia final que confirmó el claro llamado de Dios en nuestra vida como pareja. Luba nació el 26 de noviembre de 1958, en la provincia Sinkiang, China. Poco después del nacimiento del hermano menor de Luba, Alex, su familia comenzó el largo viaje a Shanghái, y eventualmente a Australia. Luba tenía dos años y medio de edad cuando se acercaban a la ciudad de Lanzhou. En aquel momento había un grave brote de cólera en toda China, y al parecer Luba contrajo la enfermedad. Mientras estaban en Lanzhou, Luba dejó de respirar. Comenzó a ponerse azul mientras su tío, que era médico, trataba de reanimarla. Tras intentarlo durante quince minutos, su tío informó a los padres de Luba que su hija había muerto. El papá y la mamá de Luba, y todos los demás de su grupo comenzaron a clamar a Dios. Una mujer, que en la actualidad siguen viviendo en Canadá, habló proféticamente. «Oren por Luba, no se den por vencidos. Voy a levantarla porque todavía tiene grandes cosas que hacer por mí».

Inmediatamente después de la oración, Luba comenzó a respirar con normalidad y hasta la fecha no le ha quedado ninguna secuela de su enfermedad. Luba y yo partimos al día siguiente de oír esta historia, sabiendo que la mano de Dios estaba, no sólo en nuestro matrimonio, sino también en nuestro ministerio.

Sabíamos desde el principio de nuestro matrimonio que ambos teníamos un claro llamado de Dios a servir al pueblo eslavo en todo el mundo. Desde entonces, hemos viajado a más de setenta y cinco países, entre ellos a todos los países de cultura eslava o rusa del mundo. Por todas partes, la gente nos ha pedido que les enseñemos acerca del matrimonio y la vida familiar. A lo largo de nuestros viajes siempre he contado la historia de mi padre, llevando esperanza y aliento a todos los oyentes. La gente me ha rogado que escriba esta historia en formato de libro y me asegure de que se traduzca a su idioma. Espero que Dios use este libro para llevar la esperanza a los que sufren y animar a la gente a nunca darse por vencida, y nunca sentir amargura hacia Dios, sin importar lo que la vida les depare.

Algún tiempo después del nacimiento de nuestros cuatro hijos (Lana Marie, Daniel Josiah, Paul Andrew y David James), Luba me organizó una fiesta sorpresa por mi cuarenta cumpleaños. Invitó a 140 personas, incluidos mi papá y mi mamá. Hacia el final de la fiesta, mi padre, que todavía no puede hablar inglés muy bien, se levantó y se dirigió a mí en ruso. Traté de traducir lo que decía, haciendo un gran esfuerzo por no llorar, ¡algo en lo que no tuve mucho éxito!

—Hijo mío —dijo—, me recuerdas a Josué, con una espada en sus manos luchando en el valle cara a cara contra el enemigo. Te prometo que todo el tiempo que me quede de vida, seré tu Moisés, de pie, en la cima de la montaña, con las manos extendidas, intercediendo por ti y confiando en que Dios te dé la victoria.

Aunque mi padre nunca tuvo una educación formal, ha recibido una excelente educación en los caminos de Dios. Todavía a menudo se despierta temprano y no puede volver a dormir. Así que se pone de rodillas y comienza a interceder por sus seis hijos casados y sus esposas, y por sus dieciocho nietos. Durante las frecuentes reuniones familiares, antes de que nos demos un festín con la increíble comida de mamá, mi padre siempre nos dirige unas palabras. Su mensaje es siempre el mismo, no porque no tenga nada nuevo que decir, sino porque es el mensaje de su vida. Como hijo mayor, siempre tengo el honor de traducir el mensaje de mi padre al inglés.

> —Hijos, estoy tan agradecido a Dios por haberme permitido conocer y casarme con su madre. La quiero tanto. Ella es mi palomita, mi amor, mi mayor alegría. Doy gracias a Dios todos los días por permitir que su madre y yo pudiésemos emigrar a este gran país que es Estados Unidos. También doy gracias a Dios por haberme dado seis hijos maravillosos y sus cónyuges. Y doy gracias a Dios todos los días por mis dieciocho nietos. Su madre y yo oramos por ustedes cada día. Confiamos en que, por la gracia de Dios, no sólo ustedes y sus hijos estarán con nosotros por toda la eternidad en el cielo, sino también en que los hijos de los hijos de los hijos de sus hijos, estén algún día con nosotros.

Estoy seguro de que a estas alturas ya ha podido comprender perfectamente cuál es el mensaje de la vida de mi padre: GRATITUD. Sí, es verdad que tuvo una vida muy difícil, y sí, es verdad que vio muchos milagros. Pero el regalo más grande que mi padre nos dio como niños, fue su imperecedero amor por Dios y por nuestra madre, y su espíritu de agradecimiento a Dios, sin importar lo que experimentase.

Como su hijo mayor, deseo honrar a mi padre por ser un ejemplo maravilloso para nosotros de lo que debe ser un buen padre, esposo, maestro, pastor y amigo. Hablo en nombre de todos mis hermanos cuando digo: ¡Gracias, papá! ¡Cumpliste tu promesa a Dios, y tu historia sigue viva!